Zürcher Beiträge zur Rechtswissenschaft

Herausgegeben von Mitgliedern
der Rechts- und staatswissenschaftlichen Fakultät der Universität Zürich

Barbara Schellenberg

Die Organisation der Zweckverbände

Schulthess Polygraphischer Verlag
Zürich

Abdruck der
der Rechts- und Staatswissenschaftlichen Fakultät
der Universität Zürich vorgelegten
Dissertation

© Schulthess Polygraphischer Verlag AG, Zürich 1975
ISBN 3 7255 1668 5

Meinen Eltern

Herrn Prof. Dr. Ulrich Häfelin möchte ich für die Anregung zu dieser Arbeit, für das wohlwollende Interesse und die stete Förderung herzlich danken.

Mein Dank gilt auch allen anderen Personen, die in irgendeiner Weise zum Gelingen dieser Arbeit beigetragen haben. Besondere Erwähnung verdienen die Mitarbeiter der Direktion des Innern und des Statistischen Amtes des Kantons Zürich, die mir nicht nur das Material zu dieser Arbeit bereitwillig zur Verfügung stellten, sondern mir auch jederzeit die gewünschten Auskünfte erteilten.

In der vorliegenden Arbeit wurde das Material, insbesondere aber die zürcherischen Zweckverbandsstatuten, bis Anfang August 1974 berücksichtigt und systematisch verarbeitet.

INHALTSVERZEICHNIS

Abkürzungsverzeichnis	XIII
Literaturverzeichnis	XIV
Die in der vorliegenden Arbeit berücksichtigten Rechtsquellen der interkommunalen Zusammenarbeit	XXIII
Zusammenstellung der Zürcher Zweckverbände	XXV

EINLEITUNG

I. Die Rechtsformen der interkommunalen Zusammenarbeit . . . 3

    1. Der öffentlich-rechtliche Vertrag . . . 5
    2. Der Zweckverband . . . 7
    3. Weitere öffentlich-rechtliche Formen der interkommunalen Zusammenarbeit . . . 7

II. Die Organisation des Zweckverbandes als Untersuchungsobjekt . . . 8

1. Kapitel

DER BEGRIFF DES ZWECKVERBANDES UND SEINE RECHTLICHEN GRUNDLAGEN . . . 9

I. Der Begriff des Zweckverbandes . . . 9

    1. Definition . . . 10
    2. Die Arten des Zweckverbandes . . . 11
        a) Der Freiverband . . . 12
        b) Zwangsverband und Zwangsbeitritt . . . 12
        c) Der durch ein besonderes Gesetz geschaffene Zweckverband . . . 14

II.	Die Rechtsgrundlagen des Zweckverbandes		15
	1. Die bundesrechtlichen Grundlagen		15
	a) Die Gemeindeautonomie		15
	b) Bundesrechtliche Vorschriften		16
	2. Kantonalrechtliche Vorschriften		17
	a) Grundsätzliche Regelung des Zweckverbandsrechts		17
	b) Spezialgesetzliche Vorschriften		18
III.	Der Zweckverband als öffentlich-rechtliche Körperschaft		19
IV.	Die Partner des Zweckverbandes		23
	1. Die Gemeinden		23
	a) Innerkantonale Gemeinden		23
	b) Ausserkantonale Gemeinden		25
	2. Der Kanton und andere Personen des öffentlichen Rechts als Verbandspartner?		27
	3. Private als Verbandspartner?		28
V.	Der Zweckverband als Träger von einzelnen bestimmten Gemeindeaufgaben		30
	1. Die gemeinsame Erfüllung von Gemeindeaufgaben als Verbandszweck		31
	a) Zur Frage der Übertragbarkeit von Gemeindeaufgaben		31
	b) Ist die Übertragung von regionalen Aufgaben auf den Zweckverband zulässig?		34
	c) Weitere von Theorie und Praxis zur Diskussion gestellte Einschränkungen des Verbandszweckes		34
	d) Zur Frage des Mehrzweckverbandes		36
	e) Die im Kanton Zürich festgestellten Verbandsaufgaben		37
	2. Die Übertragung der Gemeindeaufgaben zur selbständigen Erfüllung durch den Zweckverband		41
	3. Zur Abgrenzung von Zweckverband und Gemeinde		42

2. Kapitel

GRÜNDUNG UND AUFLÖSUNG DES ZWECKVERBANDES 44

I. Das Gründungsverfahren beim Freiverband 44

    1. Die materiellen Voraussetzungen für die Gründung eines freiwilligen Zweckverbandes 44
    2. Das Vorverfahren 45
    3. Das Abschlussverfahren in den Gemeinden 47
    4. Die staatliche Genehmigung der Zweckverbandsvereinbarung 55
    5. Die Veröffentlichung der Verbandsstatuten 60

II. Die Gründung von interkantonalen Zweckverbänden 61
III. Die Zwangsgründung und der Zwangsbeitritt 64

    1. Die Voraussetzungen für eine Zwangsgründung bzw. den zwangsmässigen Beitritt 64
    2. Das Verfahren der Zwangsgründung bzw. des Zwangsbeitritts 66

IV. Der nachträgliche Beitritt zu einem Freiverband 67
V. Der Austritt 72

    1. Bei Freiverbänden 72
    2. Beim Zwangsverband 77

VI. Die Auflösung des Zweckverbandes 78

    1. Bei Freiverbänden 78
    2. Beim Zwangsverband 82

3. Kapitel

STATUTEN UND REGLEMENTE 84

I.	Die Verbandsvereinbarung als Anwendungsfall des öffentlich-rechtlichen Vertrages	84
II.	Der notwendige Inhalt der Verbandsstatuten	86
III.	Das Revisionsverfahren bei Zweckverbandsstatuten	89
IV.	Reglemente	93
	1. Zur Frage der Rechtsetzungsbefugnis der Zweckverbandsorgane im allgemeinen	93
	2. Der Inhalt der Reglemente	95
V.	Das Verhältnis von Statuten und Reglementen zum kantonalen und kommunalen Recht	96
	1. Zwingendes und subsidiär anwendbares kantonales Recht	96
	2. Der Vorrang der „interkommunalen" Vorschriften im Verhältnis zum kommunalen Recht	99

4. Kapitel

DIE ORGANISATION DER ZWECKVERBÄNDE 101

I.	Grundsätzliches zur Organisation des Zweckverbandes	101
	1. Zur Frage der Organisationsautonomie	101
	2. Schranken der Organisationsautonomie	103
	3. Ist der Zweckverband autonom im Sinne der Gemeindeautonomie?	106
	4. Zum Problem der Mehrheitsentscheide	109

II.	Die beteiligten Gemeinden und ihre Mitgliedschaftsrechte (Zum Verhältnis von Zweckverband und Gemeinde)			109
	1.	Die Wahl der Delegierten in das Grundorgan		111
		a)	Der Delegierte und sein Verhältnis zur Gemeinde	112
			aa) Der Delegierte als Vertreter „seiner" Gemeinde	112
			bb) Die Wählbarkeitsvoraussetzungen für Mitglieder von Verbandsorganen	116
			cc) Amtsdauer und Stellvertretung des Gemeindedelegierten	121
			dd) Rechte und Pflichten des Gemeindedelegierten	122
			ee) Zum Problem des Weisungsrechts der Verbandsgemeinde	124
		b)	Das Wahlorgan	128
		c)	Das Wahlverfahren	138
	2.	Direkte Mitwirkungsbefugnisse der Verbandsgemeinden		139
		a)	Die den Verbandsgemeinden vorbehaltenen Kompetenzen	141
			aa) Kompetenzen der Gemeinderäte	143
			bb) Kompetenzen der Stimmberechtigten	144
		b)	Das Beschlussverfahren	145
III.	Interkommunale Organe im engeren Sinne			148
	1.	Das Grundorgan		150
		a)	Die Zweckverbandsversammlung bei gemeindeartig organisierten Verbänden	151
			aa) Zur Frage der Zulässigkeit	151
			bb) Die Kompetenzen	156
			cc) Das Beschlussverfahren	157
		b)	Die „Delegiertenversammlung" und die „Verbandskommission"	160
			aa) Die Zusammensetzung der Verbandskommission und der Delegiertenversammlung	161
			bb) Die Kompetenzen des Grundorgans	167
			cc) Das Beschlussverfahren	171

	2.	Das Exekutivorgan bei mehrstufiger Verbandsorganisation		172
		a) Die Wahl der Mitglieder		173
		b) Die Kompetenzen des Exekutivorgans		174
		c) Das Beschlussverfahren		177
	3.	Die Rechnungsprüfungskommission oder Kontrollstelle		177
		a) Die Bestellung der Rechnungsprüfungskommission		178
		b) Die Kompetenzen der Rechnungsprüfungskommission		179
	4.	Weitere Verbandsorgane		180
	5.	Die Stellung der Verbandsfunktionäre		180

5. Kapitel

DIE FINANZIERUNG DES VERBANDSZWECKES   181

I.	Die Finanzierungsarten des Zweckverbandes		181
	1. Die Beiträge der beteiligten Gemeinden		182
	2. Benützungsgebühren und Beiträge sowie privatrechtliche Leistungen		183
	3. Subventionen		183
	4. Fremdkapital		184
II.	Zur Frage der Steuerhoheit des Zweckverbandes		185
III.	Die Beitragspflicht der Gemeinden		187
	1. Die Beiträge der Gemeinden als subsidiäres Finanzierungsmittel		187
	2. Der Verteilungsschlüssel		187

6. Kapitel

WÜRDIGUNG UND KRITIK: AUSBAUMÖGLICHKEITEN UND GRENZEN DES ZWECKVERBANDES   190

I.	Würdigung der heutigen Rechtslage	190
II.	Kritik der heutigen Lösung	191
	1. Die Unüberschaubarkeit der interkommunalen Rechtsbeziehungen	191
	2. Mangelhafte Grundlagen	192
	3. Die ungenügende Veröffentlichung der Zweckverbandsstatuten	193
	4. Die Schwerfälligkeit des Zweckverbandes als Instrument der interkommunalen Zusammenarbeit	193
	5. Das Problem der Beschränkung der demokratischen Rechte durch Übertragung von Gemeindeaufgaben auf einen Zweckverband	194
	6. Das Ungenügen der Zweckverbandsorganisation zur Erfüllung von komplexen Aufgaben	195
	a) Die Lösung der Probleme der Agglomeration	195
	b) Zur Frage der Eignung des Zweckverbandes für Planungsaufgaben	196
III.	Schlussfolgerungen	197

ANHANG

Statuten des Zweckverbandes Kehrichtverwertung Zürcher Oberland (revidierte Fassung von 1974)	199
Statuten des Oberstufenschulverbandes der Schulgemeinden Dättlikon und Pfungen vom 10. Mai 1962	215

ABKÜRZUNGSVERZEICHNIS

A. A.	Anderer Ansicht
Anm.	Anmerkung
BGE	Entscheidungen des Schweizerischen Bundesgerichtes
DÖV	Die Öffentliche Verwaltung
DVBl.	Deutsches Verwaltungsblatt
GG	Gemeindegesetz
GO	Gemeindeordnung
KGG	Gesetz über kommunale Gemeinschaftsarbeit
KV	Kantonsverfassung
KZG	Gesetz über die kommunale Zusammenarbeit
MBVR	Monatsschrift für Bernisches Verwaltungsrecht und Notariatswesen
N.	Note
NZZ	Neue Zürcher Zeitung
OG	Organisationsgesetz
OR	Bundesgesetz über das Obligationenrecht vom 30. 3. 1911/ 18. 12. 1932
OS	Offizielle Sammlung der seit 10. 3. 1831 erlassenen Gesetze, Beschlüsse und Verordnungen des Eidgenössischen Standes Zürich
RRB	Regierungsratsbeschluss (Kanton Zürich)
RZVG	(deutsches) Zweckverbandsgesetz vom 7. 6. 1939, sog. Reichszweckverbandsgesetz
SJZ	Schweizerische Juristen-Zeitung
U. E.	Unseres Erachtens
ZBJV	Zeitschrift des Bernischen Juristenvereins
Zbl.	Schweizerisches Zentralblatt für Staats- und Gemeindeverwaltung
ZG	Zürcher Gesetzessammlung 1961
ZGB	Schweizerisches Zivilgesetzbuch vom 10. 12. 1907
ZSR	Zeitschrift für Schweizerisches Recht
Z. T.	Zum Teil
ZVG	Zweckverbandsgesetz

LITERATURVERZEICHNIS

(Die in diesem Verzeichnis berücksichtigten Veröffentlichungen werden nur mit dem Autorennamen zitiert; mehrere Arbeiten desselben Verfassers erhalten zusätzlich ein Kennwort. Weitere Literaturangaben und Hinweise auf Zeitungsartikel finden sich in ausführlicher Zitierung in den Anmerkungen.)

Aeppli Hans, Das Zürcherische Gesetz über das Gemeindewesen (vom 6. Juni 1929), 5. Aufl. Zürich 1943

Aktuelle Probleme der Kommunalaufsicht (Schriftenreihe der Hochschule Speyer Bd. 19), Berlin 1963

Apelt Willibalt, Der verwaltungsrechtliche Vertrag, Neudruck der Ausgabe Leipzig 1920, Aalen 1964

Aubert Jean-François, Traité de droit constitutionnel suisse, 2. vols. Paris/ Neuchâtel 1967

Ballerstedt Kurt, Zur Frage der Rechtsform gemeindlicher Wirtschaftsunternehmen, DÖV 4 (1951) 449 ff.

Baumann Wolfgang, Die rechtliche Stellung der zürcherischen Landspitäler, Diss. Zürich 1959

Bericht des Gemeinderates an den Stadtrat über den Stand und die Zukunft der interkommunalen Zusammenarbeit in der Region Bern, Bern 1970 (zit. Bericht Stadt Bern)

Bericht und Antrag des Regierungsrates an den Kantonsrat zur Motion Nr. 1237 über den Erlass eines Gesetzes über die Zweckverbände (vom 4. Dezember 1969), Amtsblatt des Kantons Zürich 1969, 1862 ff. (zit. Bericht Zürich)

Blumenstein Ernst, Das neue bernische Gemeinderecht, MBVR 16 (1918) 1 ff. (zit. Gemeinderecht)

— Die Beschaffung der Finanzmittel im Gemeindeverband, MBVR 22 (1924) 1 ff. (zit. Finanzmittel)

Bütikofer Gottfried, Die Rechtssetzungsbefugnis der Gemeinden, Diss. Zürich 1950

Dehmel Hans-Hermann, Übertragener Wirkungskreis, Auftragsangelegenheiten und Pflichtaufgaben nach Weisung (Schriften zum Öffentlichen Recht Bd. 113), Berlin 1970

Duvenbeck Wilhelm, Interkommunale Zusammenarbeit und Art. 28 Abs. 2 GG, Diss. Münster i. Westfalen 1966

Etter Christoph, Die Gewaltendifferenzierung in der zürcherischen Gemeinde (unter besonderer Berücksichtigung der Gemeinden mit ordentlicher Organisation und Organisation mit fakultativer Urnenabstimmung), Diss. Zürich 1967

Feldmann M., Eingemeindungen und Zweckverbände, Zbl. 35 (1934) 337 ff., 370 ff., 401 ff., 497 ff., 529 ff., 561 ff.

Fleiner Thomas, Die Organisation der Region, in: Region (Publikation der Stifung für eidgenössische Zusammenarbeit), Solothurn 1973, 17 ff.

Forsthoff Ernst, Lehrbuch des Verwaltungsrechts, 1. Bd.: Allgemeiner Teil, 9. Aufl. München/Berlin 1966

Gahlen Hans-Georg, Die öffentlich-rechtliche Vereinbarung als Rechtsform übergemeindlicher Zusammenarbeit, Diss. Münster i. Westfalen 1965

Gasser Hans-Peter, Die Volksrechte in der Zürcher Verfassung. Die Funktion der direkt-demokratischen Institutionen im modernen kleinräumigen Verfassungsstaat, Diss. Zürich 1966

Geiger Willi, Die Gemeindeautonomie und ihr Schutz nach schweizerischem Recht (Veröffentlichungen der Handels-Hochschule St. Gallen, Reihe A H. 24), Zürich 1950

Geilinger Robert, Die Institutionen der direkten Demokratie im Kanton Zürich, Diss. Zürich 1947

Die Gemeindeautonomie (Veröffentlichungen der Schweizerischen Verwaltungskurse an der Handels-Hochschule St. Gallen, Bd. 6), Einsiedeln/Köln 1946

Giacometti Zaccaria, Das Staatsrecht der schweizerischen Kantone, Zürich 1941

Gönnenwein Otto, Gemeinderecht, Tübingen 1963

Grawert Rolf, Rechtsfragen der grenzüberschreitenden Zusammenarbeit von Gemeinden, DVBl. 86 (1971) 484 ff.

Grisel André, Droit administratif suisse, Neuchâtel 1970

Grüter Peter, Die schweizerischen Zweckverbände. Eine Untersuchung der interkommunalen Zusammenarbeit, Diss. Zürich 1973

Gutachten über die Finanzreform in der Bundesrepublik Deutschland, Kommission für die Finanzreform, 2. Aufl. Stuttgart/Köln u. a. 1966 (zit. Gutachten über die Finanzreform)

Gutknecht Rainer, Auswirkungen des Regionalverbandes auf die Gliederung der Mittelstufe, DÖV 19 (1966) 172 ff.

Gygi Fritz, Zweckverband oder Region? Zbl. 74 (1973) 137 ff.

Häfelin Ulrich, Der kooperative Föderalismus in der Schweiz, ZSR 88/II (1969) 549 ff. (zit. Föderalismus)

– Aktuelle Fragen des Konkordatsrecht, SJZ 69 (1973) 249 ff. (zit. Fragen)

Halstenberg Friedrich, Referat in: Entspricht die gegenwärtige kommunale Struktur den Anforderungen der Raumordnung? Empfehlen sich gesetzgeberische Massnahmen der Länder und des Bundes? Welchen Inhalt sollten sie haben? (Verhandlungen des fünfundvierzigsten Deutschen Juristentages Karlsruhe 1964, Bd. II: Sitzungsbericht der Verhandlungen der kommunalrechtlichen Arbeitsgemeinschaft), München/Berlin 1965, S. J 7 ff.

Haug Winfried, Die kommunalen Zweckverbände nach altem und neuem Recht, DÖV 18 (1965) 119 ff.

Heiniger Ernst, Der Gemeinderat. Ein Beitrag zum schweizerischen Gemeinderecht, Diss. Zürich 1957

Henry Edmond, La nouvelle législation vaudoise sur les communes, Zbl. 58 (1957) 201 ff.

Huber Hans, Verbandsrecht und staatliches Recht, Zbl. 50 (1949) 52 ff.

Hungerbühler O., Das Zürcher Eingemeindungsproblem, Zbl. 31 (1930) 289 ff.

Imboden Max, Die Organisation der schweizerischen Gemeinden, Zbl. 46 (1945) 352 ff., 377 ff. = Die Gemeindeorganisation, in: Die Gemeindeautonomie, Einsiedeln/Köln 1946, 94 ff. (zit. Organisation)

– Gemeindeautonomie und Rechtsstaat, in: Demokratie und Rechtsstaat, Festgabe zum 60. Geburtstag von Zaccaria Giacometti, Zürich 1953, 89 ff. (zit. Gemeindeautonomie)

– Der verwaltungsrechtliche Vertrag (Basler Studien zur Rechtswissenschaft H. 48), Basel 1958 (zit. Vertrag)

– Schweizerische Verwaltungsrechtsprechung, 3. Aufl. Basel/Stuttgart 1968/69 (zit. Verwaltungsrechtsprechung)

Jagmetti Riccardo, Die Stellung der Gemeinden, ZSR 91/II (1972) 221 ff.

Keller Konrad, Probleme des zürcherischen Gemeinderechts, Zbl. 69 (1968) 201 ff., 225 ff. (zit. Probleme)

– Grundzüge der Gemeindeordnung der Stadt Zürich, Zürich 1971 (zit. Grundzüge)

Klotz Erhard, Zuständigkeit der kommunalen Selbstverwaltungskörperschaften in der Regionalplanung, DÖV 20 (1967) 184 ff.

Klüber Hans, Die kommunalen Zweckverbände und die sonstigen Gemeinschaftsorganisationen, in: Handbuch der kommunalen Wissenschaft und Praxis, hrsg. v. H. Peters, 1. Bd.: Kommunalverfassung, Berlin/Göttingen u. a. 1956, 541 ff. (zit. Zweckverbände)

– Das Gemeinderecht in den Ländern der Bundesrepublik Deutschland, Berlin/Heidelberg u. a. 1972

Liver Peter, Gemeinderecht, Zbl. 50 (1949) 40 ff.

Loschelder Wilhelm, Ordnung des Grossraums Hannover, DÖV 15 (1962) 531 f. (zit. Ordnung)

— Zweckverbände des Verwaltungsrechts, in: Handwörterbuch der Sozialwissenschaften, hrsg. v. R. v. Beckerath, H. Bente, C. Brinkmann u. a., 12. Bd., Stuttgart/Tübingen u. a. 1965, 495 ff. (zit. Zweckverbände)

Loude Alfred, Les associations de communes pour l'exploitation des services publics, Diss. Lausanne 1932

Lückert Wilfried, Neue Wege zur Verbesserung der kommunalen Struktur, DVBl. 81 (1966) 334 f.

Mäding Erhard, Administrative Zusammenarbeit kommunaler Gebietskörperschaften, Archiv für Kommunalwissenschaften 8 (1969) 1 ff.

von Malchus Viktor, La coopération des régions frontalières européennes, Revue de droit international, de sciences diplomatiques et politiques 50 (1972) 207 ff.

Mayer Otto, Deutsches Verwaltungsrecht, 2. Bd. 2. Aufl., München/Leipzig 1917

Mettler Max, Der interkommunale Finanzausgleich im Kanton Zürich, Zbl. 68 (1967) 449 ff. (zit. Finanzausgleich)

— Das Zürcher Gemeindegesetz unter Berücksichtigung der Praxis systematisch dargestellt, 2. umgearbeitete und erweiterte Aufl. (Schriftenreihe des Vereins Zürcherischer Gemeinderatsschreiber und Verwaltungsbeamter Nr. 6), Wädenswil o. J. (zit. Gemeindegesetz)

Meyer-Schwickerath Klaus, Der Mehrzweckverband als Institution der kommunalen Zusammenarbeit im Verdichtungsraum, DVBl. 84 (1969) 779 ff.

Meylan Jacques, Problèmes actuels de l'autonomie communale, ZSR 91/II (1972) 1 ff.

Meylan Jean, Evolution der Gemeindeautonomie in der Schweiz (Publikation des Service des intérêts généraux de la Ville de Lausanne), Lausanne 1968

Meylan Jean/Gottraux Martial/Dahinden Philippe, Schweizer Gemeinden und Gemeindeautonomie, Lausanne 1972

Monz Heinz, Die kommunale Neuordnung städtischer Ballungsräume, Saarbrücken 1962

Moser Anton, Gemeindereform durch neue Aufgabenzuteilung, Zbl. 72 (1971) 81 ff.

Müller Alfred Hermann, Rechtsträger für regionale Aufgaben, Diss. Zürich 1967

Müller, Zum Kapitel Gemeindeverbände, MBVR 21 (1923) 218 ff.

Natsch Walther Johannes, Instrumente der Regionalplanung unter besonderer Berücksichtigung des zürcherischen Rechts, Diss. Zürich 1964

Neufang Heinz, Der Siedlungsverband Ruhrkohlenbezirk (1920–1963), DÖV 16 (1963) 812 ff.

Neuhofer Hans, Handbuch des Gemeinderechts, Organisation und Aufgaben der Gemeinden Österreichs (Forschungen aus Staat und Recht 22), Wien/New York 1972

Neuwiem Erhard, Die kommunalen Zweckverbände in Preussen auf Grund des gemein-preussischen Zweckverbandsgesetzes vom 19. Juli 1911, zugleich ein Beitrag zur Lehre von den Gemeindeverbindungen, Liegnitz 1919

Niemeier Hans-Gerhart, Referat in: Entspricht die gegenwärtige kommunale Struktur den Anforderungen der Raumordnung? Empfehlen sich gesetzgeberische Massnahmen der Länder und des Bundes? Welchen Inhalt sollten sie haben? (Verhandlungen des fünfundvierzigsten Deutschen Juristentages Karlsruhe 1964, Bd. II: Sitzungsbericht der Verhandlungen der kommunalrechtlichen Arbeitsgemeinschaft), München/Berlin 1965, S. J 21 ff.

Nouvortne Albert, Interkommunale Zusammenarbeit – insbesondere zwischen Grossstädten und Umland, in: Gemeinschaftsaufgaben zwischen Bund, Ländern und Gemeinden (Schriftenreihe der Hochschule Speyer Bd. 11), Berlin 1961, S. 109 ff. (zit. Zusammenarbeit)

– Das Gesetz zur Ordnung des Grossraumes Hannover als Teil des Kommunalrechts, DÖV 16 (1963) 819 ff. (zit. Gesetz)

Pagenkopf Hans, Einführung in die Kommunalwissenschaft, 2. Aufl. Münster i. Westfalen 1961 (zit. Gesetz)

– Kommunalrecht, Köln/Berlin u. a. 1971 (zit. Kommunalrecht)

Peters Hans, Lehrbuch der Verwaltung, Berlin/Göttingen u. a. 1949

Pfisterer Thomas, Das Recht der Abwasserzweckverbände, Diss. Bern 1969

Prandl Josef/Gillessen Joachim, Gesetz über die kommunale Zusammenarbeit (Schriftenreihe des Bayerischen Gemeindetags H. 4), München 1966

Probst Rudolf, Zusammenarbeit unter Gemeinden, MBVR 61 (1963) 177 ff., 225 ff., 273 ff.

Rehm Franz-Karl, Zweckverbandsgesetz für Baden-Württemberg (Kohlhammer Taschenkommentare), Stuttgart 1964

Romer Erhard, Die rechtliche Natur des schweizerischen Güterwagenverbandes. Eine Untersuchung über die Zweckverbände des Verwaltungsrechts, Diss. Freiburg (Schweiz) 1942 (zit. Natur)

– Natur und Bedeutung der Zweckverbände im schweizerischen Verwaltungsrecht, Zbl. 45 (1944) 25 ff., 49 ff. (zit. Zweckverbände)

Rothe Karl-Heinz, Zur Neuordnung der kommunalen Gemeinschaftsarbeit in Nordrhein-Westfalen, DÖV 13 (1960) 921 ff. (zit. Neuordnung)

– Das Recht der interkommunalen Zusammenarbeit in der Bundesrepublik Deutschland, Göttingen 1965 (zit. Zusammenarbeit)

– Das Grossstadt-Umland Problem, DVBl. 84 (1969) 784 ff.

Rübel Eduard Carl, Der kommunale Zweckverband nach zürcherischem Recht, mit besonderer Berücksichtigung des Verbandes der stadt-zürcherischen reformierten Kirchgemeinden, Diss. Zürich 1936

Rudolf, Fragen aus dem Recht der Gemeindeverbände, MBVR 21 (1923) 161 ff.

Salzwedel Jürgen, Die Grenzen der Zulässigkeit des öffentlich-rechtlichen Vertrages (Neue Kölner rechtswissenschaftliche Abhandlungen H. 11), Berlin 1958

Scherrer Josef, Die Demokratie in der ordentlichen Gemeindeorganisation des Kantons St. Gallen, Diss. Zürich 1965

Schmid Hans, Die rechtliche Stellung der römisch-katholischen Kirche im Kanton Zürich, Diss. Zürich 1973

Schön Wolfgang/Schneider Gerhard, Gesetz über kommunale Gemeinschaftsarbeit (Kommunale Schriften für Hessen 13), Köln/Berlin u. a. 1970

Seydel Peter, Die kommunalen Zweckverbände, Göttingen 1955

Statistische Berichte des Kantons Zürich: Zweckverbände von Gemeinden im Kanton Zürich Ende 1970, 24. Jg. H. 1, Zürich 1971
   Vervielfältigt Nachträge für die Jahre 1971 und 1972 (zit. Statistische Berichte)

Stillhardt Arthur, Eingemeindung oder Zweckverband (Eine vergleichende Gegenüberstellung an Hand der Verhältnisse in der Agglomeration Luzern), Diss. Zürich 1956

Streiff Ullin, Die Gemeindeorganisation mit Urnenabstimmung im Kanton Zürich, Diss. Zürich 1959

Stutz Wendolin, Die kommunalen Zweckverbände im Kanton Aargau, Diss. Freiburg (Schweiz) 1964

Die Verbindungen zwischen den Gemeinden im Kanton Bern, Bestandesaufnahme zusammengestellt durch das kantonale Planungsamt im Auftrage der Direktion des Gemeindewesens, Bern 1971 (zit. Verbindungen)

Wagener Frido, Gemeindeverbandsrecht in Nordrhein-Westfalen, Kommentar zur Landkreisordnung, Amtsordnung, Landschaftsverbandsordnung und zum Gesetz über kommunale Gemeinschaftsarbeit, Köln/Berlin u. a. 1967

Weber Werner, Entspricht die gegewärtige kommunale Struktur den Anforderungen der Raumordnung? Empfehlen sich gesetzgeberische Massnahmen der Länder und des Bundes? Welchen Inhalt sollten sie haben?, Gutachten für den fünfundvierzigsten Deutschen Juristentag, in: Verhandlungen des fünfundvierzigsten Deutschen Juristentages Karlsruhe 1964, Bd. I Teil 5, München/Berlin 1964 (zit. Struktur)

—   Staats- und Selbstverwaltung in der Gegenwart (Göttinger rechtswissenschaftliche Studien H. 9), 2. Aufl. Göttingen 1967 (zit. Selbstverwaltung)

Wettstein Walter, Die Gemeindegesetzgebung des Kantons Zürich, Kommentar, Zürich 1907

Widtmann J./Schlephorst H., Das Recht der Zweckverbände (Praxis der Gemeindeverwaltung, Loseblattwerk), Wiesbaden 1963

Wolff Hans J., Verwaltungsrecht I, ein Studienbuch, 7. Aufl. München 1968 (zit. I)

— Verwaltungsrecht II (Organisations- und Dienstrecht), 3. Aufl. München 1970 (zit. II)

Zwahlen Henri, L'autonomie communale à la lumière de la jurisprudence récente du Tribunal fédéral suisse, in: Mélanges Marcel Bridel, Lausanne 1968, 631 ff.

Zwischengemeindliche Zusammenarbeit, Gutachten der Kommunalen Gemeinschaftsstelle für Verwaltungsvereinfachung, Köln 1963 (zit. Zwischengemeindliche Zusammenarbeit I)

Zwischengemeindliche Zusammenarbeit II, Ergänzungen und Weiterführung, Gutachten der Kommunalen Gemeinschaftsstelle für Verwaltungsvereinfachung, Köln 1966 (zit. Zwischengemeindliche Zusammenarbeit II)

Die in der vorliegenden Arbeit berücksichtigten Rechtsquellen der interkommunalen Zusammenarbeit

I. Schweiz

(Wird den kantonalen Gesetzen in der Zusammenstellung keine eigene Abkürzung beigefügt, dann sind sie in den Anmerkungen mit dem Kantonsnamen und der allgemeinen Abkürzung GG [= Gemeindegesetz] aufgeführt.)

Aargau: Entwurf zum Gesetz über die Einwohnergemeinden (Gemeindegesetz), Entwurf des Regierungsrates vom 12. Juni 1972

Basel-Landschaft: Gesetz betreffend die Organisation und Verwaltung der Gemeinden vom 14. 3. 1881

Bern: Gemeindegesetz vom 5. 9. 1972

Freiburg: Gesetz V vom 7. 5. 1963 zur Ergänzung des Gesetzes über die Gemeinden und Pfarreien vom 19. 5. 1894 (Zweckverbände)
(ZVG)

Graubünden: Gemeindegesetz vom 28. 4. 1974

Luzern: Gemeindegesetz vom 9. 10. 1962

Neuenburg: Loi du 21. 12. 1964 sur les communes

St. Gallen: Gesetz über die Organisation und Verwaltung der Gemeinden und Bezirke und das Verfahren vor den Verwaltungsbehörden (Organisationsgesetz) vom 29. 11. 1947 (OG)

Schaffhausen: Gesetz über das Gemeindewesen (Gemeindegesetz) vom 9. 7. 1892

Solothurn:	Gemeindegesetz vom 27. 3. 1949
Tessin:	Legge sulla fusione, separazione e consorziamento di comuni del 6. 3. 1945 (ZVG)
Thurgau:	Gesetz über die Organisation der Gemeinden und das Bürgerrecht vom 4. 4. 1944
Waadt:	Loi du 28. 2. 1956 sur les communes
Zürich:	Gesetz über das Gemeindewesen vom 6. 6. 1926
Zug:	Entwurf zum Gesetz betreffend das Gemeindewesen (Gemeindegesetz), Antrag der Direktion des Innern vom Januar 1973

II. Bundesrepublik Deutschland

Zweckverbandsgesetz vom 7. 6. 1939, sog. Reichszweckverbandsgesetz (RZVG)

Baden-Württemberg:	Zweckverbandsgesetz vom 24. 7. 1963 (ZVG)
Bayern:	Gesetz über die kommunale Zusammenarbeit vom 12. 7. 1966 (KZG)
Hessen:	Gesetz über kommunale Gemeinschaftsarbeit vom 16. 12. 1969 (KGG)
Nordrhein-Westfalen:	Gesetz über kommunale Gemeinschaftsarbeit vom 26. 4. 1961 (KGG)

Zusammenstellung der Zürcher Zweckverbände

(Die Zusammenstellung berücksichtigt die bis zum 1. 8. 1974 vom Zürcher Regierungsrat genehmigten Zweckverbände. – Nennen die Verbandsstatuten einen Titel des Zweckverbandes, so wird dieser im Verzeichnis verwendet; andernfalls wird er unter einer allgemeinen Bezeichnung, wie z. B. Abwasserreinigungsverband, und dem Sitz des Verbandes aufgeführt. Die Daten beziehen sich auf die regierungsrätliche Genehmigung der Zweckverbandsstatuten. Soweit bei den Namen der Verbandsgemeinden nichts besonderes vermerkt ist, handelt es sich um politische Gemeinden.
– In den Anmerkungen werden die einzelnen Zweckverbände durch einen allgemeinen Titel und durch eine Zahl, welche mit der fortlaufenden Numerierung innerhalb der einzelnen Aufgabenbereiche der Zusammenstellung übereinstimmt, qualifiziert; z. B. Abwasserreinigungsverband 3 = Zweckverband Kläranlage Küsnacht-Erlenbach vom 14. 6. 1956.)

I. Abwasserreinigung, Kanalisation

1. *Abwasserreinigungsverband Oberweningen*   8. 3.1956
Oberweningen, Schöfflisdorf

2. *Abwasserreinigungsverband Knonau*   15. 3.1956
Knonau, Mettmenstetten

3. *Kläranlage Küsnacht-Erlenbach*   14. 6.1956
Erlenbach, Küsnacht

4. *Kläranlageverband Kloten-Opfikon*   24. 7.1958
Kloten, Opfikon

5. *Abwasserreinigungsverband Fehraltorf*   26. 2.1959
Fehraltorf, Russikon

6. *Abwasserreinigungs- und Kehrichtbeseitigungsverband*   21. 5.1959
   Schaffhausen
        Einwohnergemeinden Neuhausen und Schaffhausen (SH),
        Feuerthalen, Flurlingen

7. *Gemeindeverband Kläranlage Limmattal*   10. 9.1959
        Dietikon, Geroldswil, Oberengstringen, Oetwil a. d. L.,
        Schlieren, Unterengstringen, Urdorf, Weiningen

8. *Verband für den gemeinsamen Bau und Betrieb des Abwasser-*   10. 9.1959
   Hauptsammelkanals Dietikon-Oberengstringen
        Dietikon, Oberengstringen, Schlieren, Unterengstringen,
        Urdorf

9. *Verband für den gemeinsamen Bau und Betrieb des Abwasser-*   10. 9.1959
   Hauptsammelkanals Dietikon-Oetwil a. d. L.
        Geroldswil, Oetwil a. d. L., Weiningen

10. *Abwasserreinigungsverband Adliswil*   15.10.1959/
         Adliswil, Langnau, Thalwil   rev. 13. 3.1974

11. *Klär- und Verbrennungsanlage Dübendorf*   17.12.1959
         Dietlikon, Dübendorf, Wallisellen, Wangen

12. *Abwasserreinigungsverband Rorbas*   22. 6.1960
         Embrach, Freienstein-Teufen, Rorbas

13. *Abwasser-Verband Tösstal*   13.10.1960
         Turbenthal, Wila, Zell

14. *Abwasserreinigungsverband Meilen*   22.12.1960
         Herrliberg, Meilen, Uetikon

15. *Gemeindeverband Kläranlage Thalwil*   5. 4.1962
         Oberrieden, Rüschlikon, Thalwil

16. *Abwasserreinigungsverband Egg*   16.12.1960
         Egg, Oetwil a. S.

17.	Kläranlage-Verband Pfungen Dägerlen, Dättlikon, Hettlingen, Neftenbach, Pfungen	18. 7.1968
18.	Kläranlageverband Andelfingen Adlikon, Andelfingen, Henggart, Humlikon, Kleinandelfingen	13. 3.1969
19.	Abwasserreinigung Fischbach-Glatt Dielsdorf, Neerach, Niederglatt, Niederhasli, Oberglatt, Regensberg, Rümlang, Steinmaur	20. 3.1969
20.	Zweckverband Abwasserreinigungsanlage Bläsimüli Russikon, Wildberg	8. 5.1969
21.	Kläranlage-Verband Flaachtal Berg a. I., Buch a. I., Dorf, Flaach, Volken	31. 7.1969
22.	Kläranlage Bubikon-Dürnten Bubikon, Dürnten	21. 8.1969
23.	Abwasserreinigungsverband Birmensdorf Aesch, Birmensdorf, Bonstetten, Stallikon, Uitikon, Wettswil	15. 1.1970
24.	Abwasserreinigungsverband Schwerzenbach Fällanden, Schwerzenbach, Volketswil	29. 1.1970
25.	Kläranlage-Verband Stammertal Oberstammheim, Unterstammheim, Waltalingen	14. 5.1970
26.	Kläranlageverband Buchs-Dällikon Buchs, Dällikon	17. 2.1972
27.	Kläranlage Gossau-Grüningen Gossau, Grüningen	15. 3.1972
28.	Abwasserverband Oberes Surbtal Einwohnergemeinden Oberehrendingen, Schneisingen, Unterehrendingen (AG), Niederweningen, Oberweningen, Schleinikon, Schöfflisdorf	13. 9.1972

29.	*Kläranlage Ellikon* Munizipalgemeinde Frauenfeld, Ortsgemeinde Kefikon (TG), Bertschikon, Dinhard, Ellikon a. d. T., Rickenbach, Wiesendangen	18.10.1972
30.	*Kläranlageverband Buechbrunnen* Dachsen, Laufen-Uhwiesen	29.11.1972
31.	*Abwasserverband Wil-Hüntwangen-Wasterkingen* Hüntwangen, Wasterkingen, Wil	4. 4.1973
32.	*Kläranlageverband Weinland* Kleinandelfingen, Marthalen, Trüllikon	13. 3.1974
33.	*Abwasserreinigungsverband Otelfingen* Boppelsen, Dänikon, Hütikon, Otelfingen	10. 4.1974

II. Kehrichtbeseitigung

(Vgl. auch Abwasserreinigung Nr. 6, 7, 11)

1.	*Zweckverband für die Kehrichtverwertung im Zürcher Oberland* Bauma, Bubikon, Dürnten, Fehraltorf, Fischenthal, Gossau, Greifensee, Grüningen, Hinwil, Illnau, Jona (SG), Mönchaltorf, Pfäffikon, Rapperswil (SG), Russikon, Rüti, Seegräben, Uster, Volketswil, Wald, Weisslingen, Wetzikon	6. 7.1961/ rev. 17.10.1968
2.	*Zweckverband für die Kehrichtverwertung im Berzirk Horgen* Hirzel, Horgen, Hütten, Kilchberg, Langnau, Oberrieden, Richterswil, Rüschlikon, Schönenberg, Thalwil, Wädenswil	20. 2.1964/ rev. 24. 8.1967

3. *Gemeindeverband Kehricht- und Schlammaufbereitungs-*   21. 5.1964
   anlage Pfannenstiel
       Egg, Herrliberg, Hombrechtikon, Männedorf,
       Meilen, Oetwil a. S., Stäfa, Uetikon

4. *Zweckverband für die Kehrichtverwertung im Bezirk Affoltern*   28. 7.1966
       Aeugst, Affoltern a. A., Bonstetten, Hausen, Hedingen,
       Kappel, Knonau, Maschwanden, Mettmenstetten, Obfel-
       deln, Ottenbach, Rifferswil, Wettswil

5. *Zweckverband für die Kehricht- und Schlammverbrennung*   3.11.1966
   im Zürcher Unterland
       Bachenbülach, Bülach, Dielsdorf, Eglisau, Embrach,
       Freienstein-Teufen, Glattfelden, Hochfelden, Höri,
       Hüntwangen, Neerach, Niederglatt, Niederhasli,
       Niederweningen, Oberembrach, Oberglatt, Ober-
       weningen, Rafz, Regensberg, Rorbas, Schleinikon,
       Schöfflisdorf, Stadel, Steinmaur, Wasterkingen,
       Weiach, Winkel

6. *Kehrichtorganisation Winterthur Umgebung*   13. 3.1974
       Altikon, Bertschikon, Brütten, Dägerlen, Dättlikon,
       Dinhard, Ellikon a. d. T., Lindau, Hettlingen, Nef-
       tenbach, Pfungen, Rickenbach, Seuzach

III. Wasserversorgung

1. *Wasserversorgung Effretikon-*   25. 8.1932/
   Tagelswangen   rev. 13. 3.1974
       Illnau, Lindau

2. *Seewasserwerk Hirsacker-Appital*   15.10.1953
       Horgen, Oberrieden, Richterswil, Wädenswil

3. *Gruppenwasserversorgung Steinmaur-Schöfflisdorf*   11.12.1958
   Schöfflisdorf, Steinmaur

4. *Wasserversorgungsverband Lindau*   6.12.1962
   Lindau, Zivilgemeinde Lindau, Zivilgemeinde Winterberg

5. *Gruppenwasserversorgung Vororte und*   14. 9.1966/
   Gruppe Furttal: rev. 27. 2.1974
   Boppelsen, Buchs, Dällikon, Dänikon, Dielsdorf, Hütikon, Zivilgemeinde Oberhasli, Otelfingen, Regensdorf, Rümlang
   Gruppe Kloten:
   Kloten, Lufingen, Zivilgemeinde Oberembrach, Winkel
   Gruppe Gross-Lattenbuck:
   Bassersdorf, Zivilgemeinde Brüttisellen, Dietlikon, Illnau, Nürensdorf, Opfikon, Wallisellen, **Zivilgemeinde Wangen**
   Gruppe Oberes Glattal:
   Dübendorf, Fällanden, Greifensee, Schwerzenbach, Uster, Volketswil

6. *Wasserversorgungsverband Meilen*   18. 7.1968
   Egg, Herrliberg, Meilen

7. *Zweckverband Wasserversorgung Meilen-Egg*   18. 7.1968
   Egg, Meilen

8. *Wasserversorgungsverband Geroldswil*   23. 9.1971
   Geroldswil, Oetwil a. d. L., Weiningen

IV. Schulwesen

(PS = Primarschulgemeinde; OS = Oberstufenschulgemeinde; VS = Vereinigte Schulgemeinde)

1. *Oberstufenschulverband Männedorf*   24. 8.1961
   VS Männedorf, VS Oetwil, VS Stäfa, VS Uetikon

2. *Oberstufenschulverband Pfungen*   10. 5.1962
   VS Dättlikon, VS Pfungen

3. *Oberstufenschulverband Wiesendangen-Rickenbach*   30. 5.1963
   OS Rickenbach, VS Wiesendangen

4. *Oberstufenschulverband Wiesendangen-Elgg*   30. 5.1963
   OS Elgg, VS Wiesendangen

5. *Schulverband Wiesendangen-Bertschikon*   30. 5.1963
   PS Bertschikon, VS Wiesendangen

6. *Spezialklassenverband Affoltern a. A.*   18. 1.1962
   PS Aeugst, PS Affoltern a. A., PS Bonstetten,
   PS Hausen, PS Hedingen, PS Kappel, PS Knonau,
   PS Maschwanden, PS Mettmenstetten, PS Obfelden,
   PS Ottenbach, PS Rifferswil, PS Stallikon, PS Wettswil

7. *Sonderklasse Wehntal*   10. 6.1966
   PS Niederweningen, PS Schleinikon, PS Schöfflisdorf-Oberweningen

8. *Spezialklassenverband Dielsdorf-Steinmaur-Regensberg*   29. 6.1967/
   PS Dielsdorf, PS Regensberg, PS Steinmaur   rev. 9. 4.1970
   und 20. 2. 1974

9. *Sonderschulung im Bezirk Horgen*
   Adliswil, Horgen, Kilchberg, Langnau, Oberrieden,   16. 7. 1970
   Rüschlikon, Thalwil

10. *Spezialklassenverband Stäfa* 17. 6.1971
    VS Hombrechtikon, VS Stäfa

11. *Schulpsychologischer Dienst im Bezirk Meilen* 28. 3.1963
    Erlenbach, VS Herrliberg, VS Hombrechtikon,
    VS Küsnacht, VS Männedorf, VS Meilen, VS Oetwil,
    VS Stäfa, VS Uetikon, VS Zumikon

12. *Schulpsychologischer Beratungsdienst im Bezirk Uster* 5. 1.1967
    OS Brüttisellen, PS + OS Dübendorf, PS Fällanden,
    PS Greifensee, VS Maur, OS Nänikon-Greifensee,
    VS Schwerzenbach, PS + OS Uster, VS Volketswil,
    PS Wangen

13. *Schulpsychologischer und heilpädagogischer Dienst des* 28. 5.1970
    Bezirkes Pfäffikon
    PS + OS Bauma, PS Fehraltorf, VS Hittnau, PS Kyburg,
    VS Lindau, PS + OS Pfäffikon, VS Sternenberg, PS + OS
    Weisslingen, PS + OS Wila, PS Wildberg

14. *Zweckverband zur Lösung spezieller schulischer Aufgaben im* 14.10.1971
    Bezirk Andelfingen
    PS Adlikon, PS + OS Andelfingen, PS Benken,
    PS Berg a. I., PS Buch a. I., PS Dachsen, PS Dorf,
    VS Feuerthalen, PS + OS Flaach, PS Flurlingen,
    PS Henggart, PS Humlikon, PS Kleinandelfingen,
    PS Laufen-Uhwiesen, PS + OS Marthalen, PS Ober-
    stammheim, PS + OS Ossingen, PS Rheinau,
    OS Stammheim, PS Thalheim, PS Trüllikon,
    PS Truttikon, OS Uhwiesen, PS Unterstammheim,
    PS Volken, PS Waltalingen

15. *Schulpsychologischer Dienst des Bezirkes Horgen* 21.10.1971
    VS Hirzel, Horgen, PS Hütten, Kilchberg, Langnau,
    VS Oberrieden, PS + OS Richterswil, Rüschlikon,
    Thalwil, Wädenswil, OS Wädenswil-Schönenberg-Hütten

16. *Mädchenfortbildungsschule Zürcher Oberland* 23.11.1967
    OS Bäretswil, OS Bauma, VS Bubikon, OS Dürnten,
    VS Fehraltorf, VS Fischenthal, OS Gossau, VS Grüningen, OS Hinwil, VS Hittnau, OS Illnau, VS Lindau,
    OS Nänikon-Greifensee, OS Pfäffikon, OS Russikon,
    OS Rüti, OS Uster, VS Volketswil, OS Wald, OS Wetzikon-Seegräben

17. *Schulgesundheitspflege Uster-Greifensee* 4. 1.1968
    PS Greifensee, OS Nänikon-Greifensee, Uster, OS Uster

18. *Werkjahrschule Zürcher Oberland* 11. 6.1970
    PS + OS Bäretswil, OS Bauma, VS Bubikon, PS + OS
    Dürnten, VS Fischenthal, PS + OS Gossau, VS Grüningen,
    OS Hinwil, PS + OS Rüti, OS Wald, PS Wetzikon,
    OS Wetzikon-Seegräben

19. *Werkjahrschule Effretikon* 14.11.1973
    VS Fehraltorf, VS Illnau, VS Lindau, OS Turbenthal-Wildberg, OS Weisslingen-Kyburg

V. Spitäler

1. *Kreisspital-Verband Bülach* 1. 1.1936/
    Bachenbülach, Bülach, Eglisau, Embrach, Glattfelden, rev. 14. 5.1970
    Hochfelden, Höri, Hüntwangen, Kloten, Lufingen,
    Niederglatt, Oberembrach, Oberglatt, Rafz, Rümlang, Stadel, Wasterkingen, Weiach, Wil, Winkel

2. *Bezirksspital-Verband Affoltern* 7. 6.1956
    Aeugst, Affoltern a. A., Bonstetten, Hausen, Hedingen,
    Kappel, Knonau, Maschwanden, Mettmenstetten,
    Obfelden, Ottenbach, Rifferswil, Stallikon, Wettswil

3. *Spitalverband Limmattal* 30. 7.1959
   Aesch, Birmensdorf, Dietikon, Geroldswil, Oberengstringen, Oetwil a. d. L., Schlieren, Unterengstringen, Urdorf, Weiningen

4. *Bezirksspital-Verband Uster* 10. 9.1959
   Dübendorf, Egg, Fällanden, Greifensee, Maur, Mönchaltorf, Schwerzenbach, Uster, Volketswil, Wallisellen, Wangen

5. *Spitalverband Pfäffikon* 23. 2.1961
   Fehraltorf, Hittnau, Illnau, Lindau, Pfäffikon, Russikon, Weisslingen, Wildberg

6. *Kreisspital-Verband Wetzikon* 15. 3.1962/
   Bäretswil, Gossau, Grüningen, Hinwil, Seegräben, rev. 25. 6.1970
   Wetzikon

7. *Bezirksspital-Verband Dielsdorf* 29.11.1962
   Bachs, Boppelsen, Buchs, Dällikon, Dänikon, Dielsdorf, Hüttikon, Neerach, Niederglatt, Niederhasli, Niederweningen, Oberglatt, Oberweningen, Otelfingen, Regensberg, Regensdorf, Rümlang, Schöfflisdorf, Schleinikon, Stadel, Steinmaur, Weiach

8. *Kreisspital-Verband Rüti* 23. 4.1970
   Bubikon, Dürnten, Hinwil, Hombrechtikon, Rüti

9. *Spitalverband Bauma* 8.10.1970
   Bäretswil, Bauma, Fischenthal, Sternenberg, Turbenthal, Wila

10. *Regionalspital Wädenswil* 6. 9.1972
    Hütten, Richterswil, Schönenberg, Wädenswil

VI. Alters- und Pflegeheime

1. *Kranken- und Altersheim Feuerthalen*   16.11.1967
   Dachsen, Feuerthalen, Flurlingen, Laufen-Uhwiesen

2. *Alters- und Pflegeheim Flaachtal*   28. 8.1969
   Berg a. I., Buch a. I., Dorf, Flaach, Henggart, Volken

3. *Kranken- und Altersheim Seuzach*   8.10.1970
   Attikon, Dägerlen, Dinhard, Ellikon a. d. T., Hettlingen, Rickenbach, Seuzach, Wiesendangen

4. *Alters- und Pflegeheim Stammertal*   5. 8.1971
   Oberstammheim, Thalheim, Unterstammheim, Waltalingen

5. *Alterswohnheime und Alterssiedlungen im Bezirk Affoltern*   13. 1.1972
   Aeugst, Affoltern a. A., Bonstetten, Hausen, Hedingen, Kappel, Knonau, Maschwanden, Mettmenstetten, Obfelden, Ottenbach, Rifferswil, Stallikon, Wettswil

6. *Kranken- und Altersheimverband Eulachtal*   19. 4.1972
   Bertschikon, Elgg, Elsau, Hagenbuch, Hofstetten, Schlatt

7. *Alters- und Pflegeheim im Morgen*   8.11.1972
   Geroldswil, Oberengstringen, Oetwil a. d. L., Unterengstringen, Weiningen

8. *Altersheim Tösstal*   28. 3.1973
   Turbenthal, Wila, Wildberg, Zell

VII. Amtsvormundschaft, Alkoholfürsorge

1. *Amtsvormundschaftsverband Uster*   31. 1.1952
   Dübendorf, Fällanden, Greifensee, Maur, Mönchaltorf, Schwerzenbach, Uster, Volketswil, Wangen

2. *Amtsvormundschaftsverband Meilen*   21. 5.1964
   Erlenbach, Herrliberg, Hombrechtikon, Küsnacht, Männedorf, Meilen, Oetwil a. S., Stäfa, Uetikon, Zollikon, Zumikon

3. *Sozialdienst für Erwachsene im Bezirk Affoltern*   18. 2.1965
   Aeugst, Affoltern a. A., Bonstetten, Hausen, Hedingen, Kappel, Knonau, Maschwanden, Mettmenstetten, Obfelden, Ottenbach, Rifferswil, Stallikon, Wettswil

4. *Amtsvormundschaftsverband Winterthur*   6. 5.1965
   Attikon, Bertschikon, Brütten, Dägerlen, Dättlikon, Dinhard, Elgg, Ellikon a. d. T., Elsau, Hagenbuch, Hettlingen, Hofstetten, Neftenbach, Pfungen, Rickenbach, Schlatt, Seuzach, Turbenthal, Wiesendangen, Zell

5. *Erwachsenen- und Alkoholfürsorgestelle des Bezirkes Pfäffikon*   10. 7.1969
   Bauma, Fehraltorf, Hittnau, Illnau, Kyburg, Lindau, Pfäffikon, Russikon, Sternenberg, Weisslingen, Wila, Wildberg

6. *Sozialdienst für Erwachsene Dübendorf*   13. 2.1974
   Dübendorf, Egg, Fällanden, Greifensee, Maur, Mönchaltorf, Schwerzenbach, Volketswil, Wangen

7. *Amtsvormundschaftsverband Bülach*   13. 2.1974
   Bachenbülach, Bassersdorf, Embrach, Feienstein-Teufen, Glattfelden, Höri, Kloten, Nürensdorf, Oberembrach, Opfikon, Rorbas, Wallisellen, Wasterkingen, Wil

VIII. Armenfürsorge

(Im Kanton Zürich gibt es gestützt auf § 65 Abs. 2 des Gesetzes über die Armenfürsorge vom 23. 10. 1927 Armenverbände mit Zweckverbandscharakter, deren Statuten nicht bei der Zürcher Direktion des Innern deponiert sind. Es handelt sich um die Armenverbände Andelfingen, Flaach-Volken, Niederhasli-Niederglatt, Niederweningen, Schöfflisdorf, Steinmaur-Neerach, Weiningen. Vgl. Statistische Berichte, 32)

IX. Kirchenwesen

1. *Verband der stadtzürcherischen evangelisch-reformierten Kirchgemeinden*   18. 4.1909/ rev. 23. 7.1953
   Reformierte Kirchgemeinden Zürich-Affoltern, Albisrieden, Altstetten, Aussersihl, Balgrist, Enge, Fluntern, Fraumünster, Friesenberg, Grossmünster, Hard, Hirzenbach, Höngg-Oberengstringen, Hottingen, Im Gut, Industriequartier, Leimbach, Matthäus, Neumünster, Oberstrasse, Oerlikon, Paulus, Predigern, St. Peter, Saatlen, Schwamendingen, Seebach, Sihlfeld, Unterstrass, Wiedikon, Wipkingen, Witikon, Wollishofen

2. *Verband der evangelisch-reformierten Kirchgemeinden der Stadt Winterthur*   27. 9.1956
   Reformierte Kirchgemeinden Winterthur-Stadt, Mattenbach, Oberwinterthur, Seen, Töss, Veltheim, Wülflingen

3. *Verband der römisch-katholischen Kirchgemeinden der Stadt Zürich*   10.12.1964
   Römisch-katholische Kirchgemeinden Zürich-Allerheiligen, Bruder Klaus, Dreikönigen, Erlöser, Guthirt, Heilig Geist, Heilig Kreuz, Liebfrauen, Maria Lourdes, Oerlikon, St. Anton, St. Felix und Regula, St. Franziskus, St. Gallus, St. Josef, St. Katharina, St. Konrad, St. Martin, St. Peter und Paul, St. Theresia, Wiedikon, Witikon

4. *Verband für reformierte Seelsorge im Bezirksspital Uster*   29. 6.1967
 Reformierte Kirchgemeinden Dübendorf-Schwerzenbach, Egg, Fällanden, Maur, Uster-Greifensee, Volketswil, Wallisellen, Wangen

5. *Verband Mision Catolica Espanola Winterthur*   24. 8.1967
 Römisch-katholische Kirchgemeinden Bauma, Bülach, Egg, Illnau-Linda 1, Kloten, Pfäffikon, Regensdorf, Turbenthal, Winterthur

6. *Verband Missione Cattolica Italiana Winterthur*   24. 8.1967
 Römisch-katholische Kirchgemeinden Bülach, Dielsdorf, Glattfelden-Eglisau, Illnau-Lindau, Kloten, Opfikon, Pfäffikon, Regensdorf, Turbenthal, Winterthur, Zell

7. *Verband Missione Cattolica Italiana Oberland*   22. 2.1968
 Römisch-katholische Kirchgemeinden Bauma, Egg, Herrliberg, Hinwil, Hombrechtikon, Küsnacht, Männedorf, Meilen, Rüti, Stäfa, Wald, Wetzikon

8. *Reformierter Gemeindeverband Limmattal*   10. 9.1970
 Reformierte Kirchgemeinden Birmensdorf-Aesch, Dietikon, Schlieren, Uitikon, Urdorf, Weiningen, Zürich-Höngg-Oberengstringen

9. *Verband Missione Cattolica Italiana Albis*   15.11.1972
 Römisch-katholische Kirchgemeinden Adliswil, Hirzel-Schönenberg, Horgen, Kilchberg, Langnau, Thalwil, Wädenswil

10. *Kirchlicher Zweckverband Zürcher Oberland*   17. 1.1973
 Reformierte Kirchgemeinden Bäretswil, Bauma, Dübendorf, Fehraltorf, Fischenthal, Grüningen, Hinwil, Hittnau, Lindau, Maur, Pfäffikon, Rüti, Seegräben, Sternenberg, Wald, Wangen, Weisslingen, Wetzikon, Wila, Wildberg

11. *Kirchlicher Regionalverband Meilen*   19.12.1973
    Reformierte Kirchgemeinden Erlenbach, Herrliberg,
    Hombrechtikon, Küsnacht, Männedorf, Meilen, Oet-
    wil a. S., Stäfa, Uetikon, Zumikon

X. Friedhof- und Bestattungswesen

(Die Mehrzahl der Friedhofverbände wurde unter der Bezeichnung „Friedhofgemeinde" vor 1900 gegründet; wenn neuere vom Regierungsrat genehmigte Statuten vorliegen, wird in der Zusammenstellung das Genehmigungsdatum aufgeführt. — Die Statuten der Friedhofverbände Niederweningen, Otelfingen, Rorbas-Freienstein, Stammheim [vgl. Statistische Berichte, 33] sind im Register der Verbandsstatuten der Zürcher Direktion des Innern nicht enthalten.)

1. *Friedhof- und Bestattungsverband Bassersdorf-Nürensdorf*   Gründung
    Bassersdorf, Nürensdorf   vor 1900

2. *Friedhof- und Bestattungsverband Embrach*   29. 4.1923/
    Embrach, Oberembrach   rev. 13. 3.1974

3. *Friedhof- und Bestattungsverband Steinmaur-Neerach*   3.10.1946
    Neerach, Steinmaur

4. *Friedhof- und Bestattungsverband Schöfflisdorf*   15. 2.1951
    Oberweningen, Schleinikon, Schöfflisdorf

5. *Friedhof- und Bestattungsverband Flaach*   14. 1.1960
    Flaach, Volken

6. *Friedhofgemeinde Elgg*   27. 7.1961
    Bertschikon, Elgg, Hagenbuch, Hofstetten

7. *Friedhof- und Bestattungsverband Bülach*   21. 9.1961
    Bachenbülach, Bülach, Hochfelden, Höri, Winkel

8.	*Friedhof- und Bestattungsverband Weiningen* Geroldswil, Oetwil a. d. L., Unterengstringen, Weiningen	2. 2.1967
9.	*Friedhof- und Bestattungsverband Dällikon* Dällikon, Dänikon	26.10.1967
10.	*Friedhof- und Bestattungsverband Birmensdorf* Aesch, Birmensdorf	24.10.1968
11.	*Gemeindeverband Friedhof Laufen* Dachsen, Flurlingen, Laufen-Uhwiesen	29. 4.1970
12.	*Friedhofgemeinde Andelfingen* Adlikon, Andelfingen, Humlikon, Kleinandelfingen	12. 9.1973

XI. Regionalplanung

1.	*Zweckverband Planungsgruppe Knonaueramt* Aeugst, Affoltern a. A., Bonstetten, Hausen, Hedingen, Kappel, Knonau, Maschwanden, Mettmenstetten, Obfelden, Ottenbach, Rifferswil, Stallikon, Wettswil	25. 2.1965
2.	*Zweckverband Planungsgruppe Winterthur* Bertschikon, Brütten, Dägerlen, Dättlikon, Dinhard, Elgg, Ellikon a. d. T., Elsau, Hagenbuch, Hettlingen, Hofstetten, Illnau, Kyburg, Lindau, Neftenbach, Pfungen, Rickenbach, Schlatt, Seuzach, Turbenthal, Weisslingen, Wiesendangen, Winterthur, Zell	3. 3.1966
3.	*Zweckverband Planungsgruppe Furttal* Boppelsen, Buchs, Dällikon, Dänikon, Hüttikon, Otelfingen, Regensdorf	14. 7.1966

XII. Verschiedenes

1. *Zweckverband für die regionale Tierkörpersammelstelle*   18.11.1971
   Regensdorf
   Doppelsen, Buchs, Dällikon, Dänikon, Dielsdorf, Hüttikon, Niederhasli, Niederweningen, Oberweningen, Otelfingen, Regensberg, Regensdorf, Rümlang, Schleinikon, Schöfflisdorf, Steinmaur

2. *Zweckverband für die regionale Tierkörpersammelstelle*   24. 2.1972
   Fehraltorf
   Bauma, Fehraltorf, Hittnau, Illnau, Kyburg, Lindau, Pfäffikon, Russikon, Sternenberg, Turbenthal, Weisslingen, Wila, Wildberg, Zell

3. *Zivilschutz-Gemeindeverband Turbenthal-Wila-Wildberg*   20. 9.1972
   Turbenthal, Wila, Wildberg

4. *Örtliche Schutzorganisation Rickenbach-Ellikon*   12. 9.1973
   Ellikon a. d. T., Rickenbach

5. *Zweckverband Schiessanlage Beichlen-Wädenswil*   22.12.1966
   Richterswil, Wädenswil

6. *Schiessanlageverband Hettlingen*   16. 4.1970
   Hettlingen, Seuzach

7. *Zweckverband Schwimmbad Rafz-Wil*   15. 9.1960
   Rafz, Wil

8. *Zweckverband Schwimm- und Sportanlagen Dietlikon-Wangen*   7. 1.1971
   Dietlikon, Wangen

9. *Autobetrieb Stadel-Neerach*   17. 4.1969/
   Neerach, Stadel   rev. 7.11.1973

10. *Zweckverband Jugendsekretariats-Gebäude im Bezirk*   17. 6.1971
    Dielsdorf
    Bachs, Boppelsen, Buchs, Dällikon, Dänikon, Dielsdorf,
    Hüttikon, Neerach, Niederglatt, Niederhasli, Niederweningen,
    Oberglatt, Oberweningen, Otelfingen, Regensberg,
    Regensdorf, Rümlang, Schleinikon, Schöfflisdorf,
    Stadel, Steinmaur, Weiach

11. *Pensionskassenverband Rüti*   6. 1.1972
    Primarschulgemeinde Rüti, Oberstufenschulgemeinde
    Rüti, reformierte Kirchgemeinde Rüti

12. *Zweckverband regionales Feuerwehrpikett Embrachertal*   30. 8.1972
    Embrach, Freienstein-Teufen, Lufingen, Rorbas

EINLEITUNG

Die rund 3000 Schweizer Gemeinden gerieten in jüngerer Zeit durch wachsende Bedürfnisse der Wohlstandsgesellschaft und neue gesetzliche Verpflichtungen in immer grössere Schwierigkeiten. Langfristige Investitionen, vor allem auf den Gebieten des Gewässerschutzes, der Kehrichtbeseitigung und des Zivilschutzes, lassen die kommunale Verschuldung in beunruhigendem Masse anwachsen [1]. Es sind aber nicht nur die angespannte Finanzlage, sondern auch die administrativen, technischen und personellen Anforderungen der neuen Aufgaben, welche die Gemeinden in ihrer Existenz gefährden [2]. Besonders schwierig ist die Lage für kleine Gemeinden [3], die schon aus finanziellen Gründen sich das für jede moderne Verwaltung notwendige Mindestmass an personellem und technischem Aufwand kaum leisten können. Kleinere Gemeinschaften, die in der Regel am Grundsatz der Nebenamtlichkeit ihrer Exekutivbehörden festhalten, werden häufig nicht über genügend geeignete Kandidaten für anspruchsvollere Gemeindeämter verfügen und sind damit auf die Hilfe von aussenstehenden Fachleuten angewiesen. Unter dem Druck der neuen Kommunalaufgaben hat sich aber auch die zeitliche Belastung durch ein nebenamtliches Gemeindeamt derart vergrössert, dass ein solches vielfach nur unter besonderen persönlichen Opfern zu bewältigen ist [5], womit sich der Kreis der verfügbaren Personen weiter einschränkt.

---

1   Meylan/Gottraux/Dahinden, 179; NZZ vom 13. 3. 1974 I 120/21 (Bericht des Schweizerischen Gemeindeverbandes).

2   Nach dem Gutachten über die Finanzreform (S. 87 N. 335) ist die Finanzkraft entscheidend für die Eigenständigkeit der kommunalen Selbstverwaltung gegenüber dem Staat.

3   Für kleinere und mittlere Gemeinden ist heute die Kapitalbeschaffung infolge des ausgetrockneten Kapitalmarktes fast unmöglich geworden (NZZ vom 13. 3. 1974 I 120/21). — In der Schweiz hatten 1970 47,2 % aller Gemeinden bis 500 Einwohner (vgl. Meylan/Gottraux/Dahinden, 84). Im Kanton Zürich zählten 1970 57 der 171 politischen Gemeinden weniger als 1000 und davon 24 weniger als 500 Einwohner (vgl. Pressemitteilung 3/1970 des Statistischen Amtes des Kantons Zürich).

4   Gutachten über die Finanzreform, 84 N. 319.

5   Für die Gemeinde Männedorf (ca. 7500 Einwohner) ist der Gemeindepräsident ca. 20 Stunden pro Woche für sein Amt tätig (NZZ vom 9. 2. 1969 85/23).

Schon anfangs dieses Jahrhunderts verschafften sich die Gemeinden durch Zusammenarbeit — eine Form der Selbsthilfe — gewisse Erleichterungen. Es zeigte sich nämlich, dass der Bau und Betrieb interkommunaler Werke den finanziellen, personellen und administrativen Aufwand der einzelnen Gemeinde verringern. Eine regionale Abwasserreinigungsanlage kommt beispielsweise erheblich billiger zu stehen als die entsprechenden individuellen Anlagen der einzelnen Gemeinden [6]. Der Betrieb einer Gemeinschaftsanlage ermöglicht aber auch oft Einsparungen im Personalhaushalt sowie die Entlastung der Verwaltung der einzelnen Gemeinden.

Die Forderung nach Zusammenarbeit und Koordination entspricht nicht nur einem echten Bedürfnis der Gemeinden, sondern liegt in einem Teil der neuen Aufgaben selbst und deren Lösungsmöglichkeiten begründet. Solche kommunalen Verpflichtungen lassen häufig eine auf die einzelne Gemeinde beschränkte Betrachtungsweise nicht zu, da sich ihre Wirkungen über den kommunalen Bereich hinaus erstrecken. In solchen Fällen erweist sich eine Koordination der ausführenden Körperschaften als zweckmässig oder sogar notwendig, weil stets ein überlokaler Bezugspunkt gegeben ist. Wir denken hier in erster Linie an die planerische Tätigkeit der Gemeinden, die ihren Zweck nur dann erfüllt, wenn sie sich in ein Gesamtkonzept einordnet und in Übereinstimmung mit den benachbarten Gemeinden erfolgt. Ähnlich stellt sich das Problem bei Wasserversorgung und Abwasserreinigung [7], die unter Umständen nur durch Zusammenarbeit einzelner Gemeinden zweckmässig erfüllt werden können.

Ein weiterer Grund für die Zusammenarbeit liegt in der technischen Realisierbarkeit gewisser Aufgaben. Als besonders aktuelles Beispiel seien die Kehrichtverbrennungsanlagen erwähnt, die erst von einer bestimmten Grösse und einem be-

---

6   Das Projekt der Abwasserreinigungsanlage für die Region Murten (6 Gemeinden, 6305 Einwohner) ist auf 17,3 Mio. Franken veranschlagt. Kläranlagen für jede Gemeinde einzeln würden zusammen 2,6 Mio. Franken mehr kosten (NZZ vom 3. 2. 1972 I 56/18). Nach einem Bericht des Abwasserverbandes „Oberes Surbtal" ergeben Kostenvergleiche zwischen ortseigenen Anlagen und einer regionalen Anlage Baukosteneinsparungen von 0,18 Mio. Franken zugunsten der regionalen Anlage. Die jährlichen Betriebskosteneinsparungen betragen Fr. 35'000.—.

7   Pfisterer, 25.

stimmten Ausnützungsgrad an wirtschaftlich betrieben werden können. Einzelne Kantone bemühen sich deshalb um eine Konzentration beim Bau neuer Verbrennungsanlagen [8].

In den Ballungsräumen um ein grosstädtisches Zentrum, in den sog. Agglomerationen sind einzelne Probleme nur noch durch Zusammenarbeit oder Koordination der einzelnen Gebietskörperschaften befriedigend zu lösen. Aus dem Zusammenwachsen der einzelnen Gemeinden ergeben sich bereits faktisch gewisse Kontakte unter denselben. Darüberhinaus verlangen gewisse Aufgaben mit überlokalem Charakter, wie z. B. der öffentliche Verkehr, die Finanzierung von Kulturinstituten der Kernstadt, die Regionalplanung und die Lösung von Umweltproblemen dringend nach einem gemeinsamen Vorgehen [9]. In der Zusammenarbeit der Agglomerationsgemeinden sieht man heute eher eine Möglichkeit, die vielschichtigen Probleme des Stadtumlandes zu meistern, als in der Eingemeindung [10].

I. Die Rechtsformen der interkommunalen Zusammenarbeit

Die Praxis hat die verschiedensten Rechtsformen der interkommunalen Zusammenarbeit entwickelt [11], deren Spektrum von der mehr oder weniger formlosen Konsultation oder Absprache bis zur Bildung eines neuen Rechtsträgers reicht. Der Kreis der verwirklichten Formen ist aber nur schwer erfassbar, da die gesetzli-

---

8   Für den Kanton Zürich wird sogar die Frage der Stillegung einzelner Anlagen geprüft, da eine Lösung mit drei Kehrichtregionen die günstigsten Betriebs- und Berechnungsgrundlagen liefert (NZZ vom 26. 1. 1973 II 42/25 und vom 13. 3. 1973 I 119/22).

9   Für die Verhältnisse der Agglomeration Bern vgl. Bericht Bern. — In der Bundesrepublik Deutschland hat man sich schon eingehender und seit längerer Zeit mit diesen Problemen befasst, vgl. z. B. Monz, 21 ff.; Nouvortne, Zusammenarbeit 109 ff.

10 Hans Jürgen v. d. Heide, Zum Bericht der Sachverständigenkommission für die Vereinfachung der Verwaltung, II. Kommunalpolitische Vorschläge, DÖV 13 (1960) 248.

11 Für die Schweiz vgl. Grüter, 23 ff. und Meylan/Gottraux/Dahinden, 54 ff. und 231 ff.; Jean Meylan, 21 ff. — Für die Bundesrepublik Deutschland vgl. Zwischengemeindliche Zusammenarbeit I, 55 f.

chen Grundlagen häufig lückenhaft und die einzelnen Absprachen und Vereinbarungen zum Teil nicht schriftlich fixiert oder, mangels einer allgemeinen Publikationspflicht, nur bei den beteiligten Gemeinden einsehbar sind.

Die Organisationsformen der interkommunalen Zusammenarbeit lassen sich, wie jene der rein kommunalen Tätigkeit [12], grundsätzlich in solche des öffentlichen und solche des Privatrechts gliedern. Die elastischeren Formen des Privatrechts sind in der Regel nur dort zulässig, wo es nicht um die Erfüllung von hoheitlichen Aufgaben geht [13]. Im Bereich der öffentlichen Daseinsvorsorge werden dagegen die Formen des öffentlichen und des Privatrechts verwendet [14]. So gibt es beispielsweise Kehrichtverbrennungsanlagen sowohl in der Form des Zweckverbandes [15] als auch in der privatrechtlichen Form der Aktiengesellschaft [16]. Diese Auswahlmöglichkeit ist u. E. dann nicht gegeben, wenn das Gesetz für die Lösung einer bestimmten Aufgabe, wie z. B. der Führung von Sonderklassen oder gemeinsamen Oberstufenschulen gemäss § 20 Abs. 2 und § 68 Abs. 1 des zürcherischen Gesetzes betreffend die Volksschule vom 11. 6. 1899, den Zweckverband vorsieht [17]. Im übrigen ist es den Gemeinden überlassen, die einem bestimmten Zweck angemessene Rechtsform zu verwirklichen. Häufig machen die Träger der öffentlichen Verwaltung von den Formen des Privatrechts Gebrauch, und es ist deshalb gerade im Rahmen einer Untersuchung des öffentlich-rechtlichen Zweckverbandes zu betonen, dass die Körperschaft des öffentlichen Rechts keine typische Organisationsform der Leistungsverwaltung ist [18]. Das angesprochene Phänomen, das im Schlagwort „Flucht ins Privatrecht" seinen Ausdruck findet, wird im allgemeinen mit der Schwerfälligkeit der öffentlich-rechtlichen Formen und der abschreckenden Wirkung der direkten Unterstellung unter die staatliche Aufsicht begründet [19]. Öffent-

---

12 Rupert Scholz, Das Wesen und die Entwicklung der gemeindlichen öffentlichen Einrichtungen (Schriften zum Öffentlichen Recht Bd. 52, Berlin 1967), 22.

13 Feldman 533: Mettler, Gemeinderecht 30: Jagmetti, 387: Duvenbeck, 29.

14 Ballerstedt, 453.

15 Vgl. vorn S. XXVIII f. die zürcherischen Kehrichtbeseitigungsverbände.

16 Z. B. Kehrichtbeseitigungs-AG Solothurn-Bern (NZZ vom 30. 8. 1973 I 400/18), Projekt der „Pro Rheno AG" (NZZ vom 27. 9. 1974 I 448/23).

17 Aehnlich Duvenbeck, 29.

18 Wolfgang Rüfner, Formen öffentlicher Verwaltung im Bereich der Wirtschaft (Schriften zum Öffentlichen Recht Bd. 44, Berlin 1967), 242.

19 Klüber, Zweckverbände 546 f.

liche Unternehmungen in privatrechtlicher Organisationsform entziehen sich weitgehend den politischen Einflüssen und können ein rein „technisch-kaufmännisches Geschäftsgebahren" entwickeln [20]. Auf die komplexe Fragestellung: „Öffentlich- oder privatrechtliche Organisationsformen der interkommunalen Zusammenarbeit?" kann aber nur am Rande dieser Untersuchung eingetreten werden.

Die vorliegende Arbeit befasst sich ausschliesslich mit dem Zweckverband, da er sich zweifellos als interessantestes öffentlich-rechtliches Instrument der interkommunalen Zusammenarbeit erwiesen hat. Den übrigen Kooperationsformen des öffentlichen Rechts werden wir uns nur einleitend in einem knappen Überblick zuwenden, um den Zweckverband in einen Gesamtzusammenhang zu stellen; im übrigen treten diese Formen häufig in Verbindung oder Ergänzung von Zweckverbänden auf. Die privatrechtlichen Formen, insbesondere aber der Verein und die einfache Gesellschaft, spielen als Vorstufe oder bei der Vorbereitung eines Zweckverbandes eine gewisse Rolle [21] und sollen deshalb an geeigneter Stelle erwähnt werden. Die Vereinigung von Gemeinden und die Eingemeindung fallen ausser Betracht, da es sich dabei nicht um interkommunale Zusammenarbeit, sondern um den Untergang der betroffenen Gemeinde handelt.

1. Der öffentlich-rechtliche Vertrag

In der Schweiz findet der öffentlich-rechtliche Vertrag zwischen Gemeinden auf den verschiedensten Gebieten Verwendung [22]. Die uns bekannten kantonalen Gesetze haben jedoch auf eine ausdrückliche Regelung dieser Rechtsform verzichtet [23]. Von Theorie und Praxis wird die Zulässigkeit der öffentlich-rechtlichen Verträge zwischen gleichgeordneten Selbstverwaltungskörpern, insbesondere zwischen Gemeinden, seit längerer Zeit nicht mehr in Frage gestellt [24]. Heute werden

---

20   Rüfner (zit. Anm. 18) 254.

21   Mettler, Gemeinderecht 31; vgl. auch hinten S. 47.

22   Grüter, 37 ff.

23   In der Bundesrepublik Deutschland hat der öffentlich-rechtliche Vertrag als Instrument der interkommunalen Zusammenarbeit unter dem Titel „öffentlich-rechtliche Vereinbarung" in verschiedenen Ländern eine Regelung gefunden, vgl. z. B. in Hessen: §§ 24 ff. KGG und in Nordrhein-Westfalen: §§ 23 ff. KGG.

24   Imboden, Vertrag 13.

aber auch Vereinbarungen des öffentlichen Rechts zwischen unter- und übergeordneten Trägern von Verwaltungsaufgaben anerkannt. Der Kreis der möglichen Vertragspartner ist somit nicht auf Gemeinden beschränkt [25], sondern kann auch auf den Staat ausgedehnt werden. Im Unterschied zum Zweckverband entsteht durch den Abschluss eines einfachen verwaltungsrechtlichen Vertrages kein neuer Rechtsträger [26].

Die kommunale Praxis hat drei Grundformen von Verträgen des öffentlichen Rechts entwickelt: Durch rechtsgeschäftliche Willenserklärung verpflichtet sich eine Gemeinde entweder, eine bestimmte Aufgabe für die übrigen Vertragspartner zu erfüllen, ohne deren Rechte und Pflichten zu tangieren, oder, eine bestimmte Aufgabe der übrigen Beteiligten in ihre Zuständigkeit zu übernehmen, wobei Rechte und Pflichten der Erfüllung auf sie übergehen, oder, als dritte Variante, den übrigen Partnern die Mitbenützung einer von ihr betriebenen Einrichtung bzw. Anlage zu ermöglichen [27]. Die letztgenannte Art des öffentlich-rechtlichen Vertrages zwischen Gemeinden ist in der Schweiz allgemein unter der Bezeichnung „Anschlussvertrag" bekannt. Dieser dient bei einzelnen Zweckverbänden der Ergänzung der gemeinschaftlichen Lösung. Nur auf diesem Weg war es z. B. möglich, zwischen dem Kläranlageverband Kloten-Opfikon [28] und dem Kanton Zürich eine Regelung über die Abnahme und Reinigung des Abwassers aus dem Flughafenareal in der zentralen Abwasserreinigungsanlage Opfikon zu treffen [29].

---

25 Mettler, Gemeinderecht 37.
26 Rübel, 91.
27 Rothe, Zusammenarbeit 42.
28 Abwasserreinigungsverband 4.
29 Der Anschlussvertrag ist in RRB 2701/1958 (Genehmigungsbeschluss des Abwasserreinigungsverbandes 4) enthalten. Der Anschlussvertrag der Stadt Winterthur mit dem Abwasserverband Tösstal über die Abnahme und Klärung des Abwassers der Gemeinden Turbenthal, Wila und Zell durch die Kläranlage der Stadt Winterthur (vgl. RRB 4179/1960 Genehmigungsbeschluss des Abwasserreinigungsverbandes 13) ist ein Beispiel für einen Anschlussvertrag zwischen gleichgeordneten Körperschaften.

2. Der Zweckverband

Den Zweckverband finden wir unter verschiedenen Bezeichnungen in den meisten Schweizer Kantonen [30]. Charakteristisch für diese Form der interkommunalen Zusammenarbeit ist die Bildung eines neuen Rechtsträgers, der, ausser beim Zwangsverband, auf einer freiwilligen Vereinbarung der Verbandsgemeinden beruht. Auch der Zweckverband wird für eine Vielzahl von Gemeindeaufgaben verwendet.

3. Weitere öffentlich-rechtliche Formen der interkommunalen Zusammenarbeit

In der Bundesrepublik Deutschland kennt man neben den beiden genannten Rechtsformen das Institut der kommunalen Arbeitsgemeinschaft [31]. Es handelt sich dabei um die loseste Form der zwischengemeindlichen Zusammenarbeit, die sich vor allem für die Vorbereitung und die Koordination von Gemeinschaftslösungen eignet [32]. Die kommunale Arbeitsgemeinschaft kann keine für die Mitglieder verbindlichen Beschlüsse fassen und ist im allgemeinen auch nicht Trägerin von Rechten und Pflichten [33]. — Im übrigen stehen im Zusammenhang mit den Vorschlägen über eine Gemeindereform verschiedene neue Lösungen zur Diskussion. Diese neuen Formen, wie z. B. der Industriekreis oder die Stadtunion, sind im wesentlichen auf die Probleme der Agglomerationsgebiete zugeschnitten [34], haben aber bis heute keine rechtliche Verwirklichung gefunden.

---

30 Grüter, 200.

31 Zwischengemeindliche Zusammenarbeit I, 55; Rothe, Zusammenarbeit 27 ff. Gesetzliche Grundlagen haben z. B. die Länder Hessen in den §§ 3 und 4 KGG und Nordrhein-Westfalen in den §§ 2 und 3 KGG.

32 Zwischengemeindliche Zusammenarbeit I, 59.

33 Rothe, Zusammenarbeit 32.

34 Rothe, Zusammenarbeit 127 ff.

Im Kanton Graubünden wurde neuerdings der sog. Regionalverband eingeführt, der gemäss Art. 59 des Gemeindegesetzes vom 28. 4. 1974 als Mehrzweckverband konzipiert ist. Im Unterschied zum einfachen Gemeindeverband, d. h. Zweckverband nach der Terminologie der vorliegenden Arbeit, soll die räumliche Überschneidung zwischen verschiedenen Regionalverbänden vermieden werden [35]. Im Kanton Aargau ist ein ähnliches Institut unter der Bezeichnung „Gemeindeverband" geplant [36].

II. Die Organisation des Zweckverbandes als Untersuchungsobjekt

Der Zweckverband gilt als differenziertestes und ausbaufähigstes Instrument der interkommunalen Zusammenarbeit. Auf ihn werden heute grosse Hoffnungen für die Bewältigung neuer Kommunalaufgaben, wie z. B. der Regionalplanung [37], gesetzt. Die vorliegende Arbeit wird sich also auch mit der Frage befassen müssen, wie weit der Zweckverband diesen Wünschen zu entsprechen vermag. Da die organisatorischen Möglichkeiten in erster Linie über die Ausbaufähigkeit eines Rechtsinstituts entscheiden, werden wir uns im Rahmen dieser Untersuchung vorwiegend mit der Organisation des Zweckverbandes und den damit zusammenhängenden Fragen beschäftigen. Die Verbandsorgane und ihre Kompetenzen sowie die Rechte und Pflichten der Gemeinden als Verbandspartner sollen ausführlich zur Darstellung gelangen. Da die kantonalen Gesetze zum Teil nur sehr knappe Grundlagen für die organisatorische Ausgestaltung des Zweckverbandes enthalten, müssen wir uns vor allem auf die von der Praxis entwickelten Organisationsformen stützen. Mit der Darstellung der zürcherischen Praxis soll eine gewisse Klärung und Systematisierung der Zweckverbandsformen angestrebt werden, die umso wünschenswerter ist, als die Zweckverbandsstatuten im Kanton Zürich keiner Publikationspflicht unterliegen und in der Regel nur den beteiligten Gemeinden und dem Regierungsrat als Genehmigungsbehörde bekannt sind.

---

35   Botschaft der Regierung an den Grossen Rat des Kantons Aargau zum Erlass eines Gemeindegesetzes vom 28. 6. 1973, 143.

36   NZZ vom 27. 2. 1969 III 129/17; Tages-Anzeiger vom 26. 3. 1969, 6.

37   Gygi, 145 ff.

1. Kapitel

DER BEGRIFF DES ZWECKVERBANDES UND SEINE RECHTLICHEN GRUNDLAGEN

I. Der Begriff des Zweckverbandes

Der Zweckverband ist im europäischen Raum das verbreitetste öffentlich-rechtliche Institut der kommunalen Zusammenarbeit [1]. Seine grösste Tradition hat er in der Bundesrepublik Deutschland [2], wo auch die ausführlichsten gesetzlichen Grundlagen vorliegen [3].

In der Schweiz wird die Organisation der Gemeinden durch das Recht der Kantone bestimmt [4]. Diese Kompetenzausscheidung ist auch für die Regelung der kommunalen Zusammenarbeit massgebend. Der kantonale Gesetzgeber hat sich jedoch häufig auf eine sehr summarische Ordnung der interkommunalen Organisa-

---

1   Für die Verhältnisse in der Schweiz vgl. Feldmann, Rübel, Stutz, Pfisterer, Grüter. – In der Bundesrepublik Deutschland hat der Zweckverband eine besonders grosse Verbreitung gefunden, vgl. Gönnenwein, 431 ff.: Klüber, 544 ff.; Seydel, 80 ff. – Für Österreich vgl. Neuhofer, 395 ff. – Offenbar soll auch in Frankreich die interkommunale Zusammenarbeit der fast 38'000 Gemeinden gefördert werden; ein neues Gesetz von 1971 sieht neben anderen Formen der Zusammenarbeit auch ein „syndicat intercommunal" – ein Gemeindeverband zur Lösung bestimmter gemeinsamer Aufgaben – vor, vgl. dazu NZZ vom 14. 5. 1971 I 221/1.

2   Zur historischen Entwicklung des Zweckverbandes in Deutschland vgl. Neuwiem, 46 ff.; Klüber, Zweckverbände 542 ff.

3   Z. B. Zweckverbandsgesetz vom 7. 6. 1939; Baden-Württemberg: Zweckverbandsgesetz vom 24. 7. 1963; Bayern: Gesetz über die kommunale Zusammenarbeit vom 12. 7. 1966; Hessen: Gesetz über kommunale Gemeinschaftsarbeit vom 16. 12. 1969; Nordrhein-Westfalen: Gesetz über die kommunale Gemeinschaftsarbeit vom 26. 4. 1961.

4   Giacometti, 71.

tionsformen, insbesondere des Zweckverbandes, beschränkt oder auf eine allgemeine Normierung überhaupt verzichtet [5]. Unabhängig davon ist in allen Kantonen eine Vielzahl von Zweckverbänden feststellbar [6]. Die Gemeinden haben selbständig verschiedene, ihren Bedürfnissen angepasste Organisationsformen entwickelt [7].

Weil der Zweckverband nicht einheitlich geregelt ist, und z. T. ausreichende kantonale Rechtsgrundlagen fehlen, muss er als Ausgangspunkt für die vorliegende Untersuchung definiert werden. Die Definition hat sich an den vorhandenen gesetzlichen Bestimmungen und an der Praxis der Kantone zu orientieren.

1. Definition

Unter Zweckverband oder Verband soll in dieser Arbeit nur noch ein mit den folgenden Wesensmerkmalen ausgestattetes Institut der kommunalen Zusammenarbeit verstanden werden:

Der Zweckverband ist der in Form einer öffentlich-rechtlichen Körperschaft erfolgte Zusammenschluss von grundsätzlich selbständig bleibenden Gemeinden zur gemeinsamen Erfüllung bestimmter einzelner Gemeindeaufgaben [8].

---

5   Vgl. hinten, S. 17.

6   Grüter, 205 ff. – In der Statistik der Stiftung für eidgenössische Zusammenarbeit wurden 250 Zweckverbände registriert (Grüter, 198). Diese Zahl umfasst u. E. nur einen kleinen Teil der tatsächlich bestehenden Verbände, wurden doch im Kanton Zürich ca. 150 Zweckverbände (vgl. vorn S. XXV ff. und Statistische Berichte, 30 ff. und Ergänzungen; Bericht Zürich, 1866), im Kanton Bern über 200 Gemeindeverbände gemäss Art. 67 des alten GG vom 9. 12. 1917 (vgl. Verbindungen, 1 ff. und Gygi, 144) und im Kanton Waadt 12 „Vereinigungen von Gemeinden", d. h. nach der Terminologie dieser Arbeit Zweckverbände (vgl. Jean Meylan, 25) verzeichnet.

7   Vgl. hinten S. 101 ff.

8   Vgl. Bern: Art. 138 GG; Freiburg: Art. 1 Abs. 1 ZVG; Graubünden: Art. 50, 51 und 53 GG; Neuenburg: Art. 66 Abs. 1 GG; Waadt: Art. 112 GG; Zürich: Art. 47bis KV und § 7 GG. Ähnliche Umschreibungen enthalten Entwürfe zu neuen Gemeindegesetzen: Aargau: § 78 Entwurf GG; Zug: § 111 Entwurf GG. Entsprechende Definitionen mit gewissen Varianten finden sich auch in der Literatur; vgl. z. B. Mayer, 686; Neuwiem, 40; Rübel, 85; Mettler, Gemeinderecht, 31; A. Müller, 20; Pfisterer, 59; Grüter, 49; Bericht Zürich, 1864 f.

Wesentlich für den Zweckverband sind nach dieser Definition die Rechtsform der öffentlich-rechtlichen Körperschaft, die ausschliessliche Mitgliedschaft von Gemeinden und als Verbandszweck die gemeinsame Erfüllung von Gemeindeaufgaben.

In Gesetzgebung und Literatur erscheinen verschiedene Bezeichnungen für das hier behandelte Rechtsinstitut. Am häufigsten wird der in der Bundesrepublik Deutschland gebräuchliche Begriff „Zweckverband" verwendet [9]. Dieser Terminus wird von einzelnen Autoren abgelehnt, da er sich für die Unterscheidung von anderen Verbänden nicht eigne [10]. Auf diesen Terminologiestreit soll jedoch nicht weiter eingetreten werden, weil er für eine rechtliche Betrachtungsweise unerheblich ist. In neueren Gesetzen findet sich oft die Bezeichnung „Gemeindeverband" [11]. Die unterschiedliche Bezeichnung ist nicht Ausdruck einer unterschiedlichen rechtlichen Ausgestaltung; die Begriffe „Zweckverband" und „Gemeindeverband" werden vom Gesetzgeber in der Regel synonym verwendet. – Die tessinische Gesetzgebung spricht von „Consorzio" oder „Consorziamento di comuni"; in den Kantonen Freiburg und Waadt ist die Bezeichnung „Association de communes" und in Neuenburg der Begriff „Syndicat intercommunal" gebräuchlich.

2. Die Arten des Zweckverbandes

Die uns bekannten Zweckverbände lassen sich nach ihrer Entstehung in drei Kategorien einteilen [12].

---

9   Mayer, 686; Seydel, 13; Rübel, 85; Pfisterer, 59; Grüter, 60. Die folgenden kantonalen Gesetze verwenden die Bezeichnung „Zweckverband": Freiburg: Titel des ZVG; Solothurn: § 10 GG; Zürich: § 7 GG. – In der Gesetzgebung der Bundesrepublik Deutschland ist diese Bezeichnung allgemein gebräuchlich.

10 Romer, Zweckverbände 25; Pfisterer, 59.

11 Bern: Art. 138 GG; Graubünden: Art. 51 Abs. 2 GG; Aargau: § 78 Entwurf GG; Zug: § 111 Entwurf GG.

12 Vgl. hinten S. 44 ff.

a)   Der Freiverband

Die meisten Zweckverbände beruhen auf der freien Willenseinigung der Verbandsgemeinden [13] und werden deshalb als Freiverbände bezeichnet. Wesensmerkmal dieser Verbände sind die Freiwilligkeit der Verbandsbildung und die weitgehende Autonomie der Verbandspartner bei der Ausgestaltung der Verbandsorganisation. Die Befugnis der Gemeinden zum Abschluss von Vereinbarungen und zur Bildung von Zweckverbänden ist aus der bundesrechtlich garantieren Gemeindeautonomie abzuleiten [14]. Zur Verbandsgründung bedarf es also keiner vom kantonalen Gesetzgeber ausdrücklich formulierten Ermächtigung der Gemeinden.

b)   Zwangsverband und Zwangsbeitritt

Seltener begegnet man in der kantonalen Praxis dem sog. Zwangsverband. Dieser wird unter der Voraussetzung eines dringenden öffentlichen Interesses durch staatliche Verfügung auch gegen den Willen der betroffenen Gemeinden geschaffen [15]. Nach der Meinung einzelner Autoren sollte im Zuge einer Intensivierung der interkommunalen Beziehungen auch der Zwangsverband vermehrt Verwendung finden [16].

Für eine zwangsweise Bildung von Zweckverbänden ist eine gesetzliche Grundlage unentbehrlich [17]. Dieses Erfordernis begründet sich aus der Gemeindeautonomie, welche die Gemeinden berechtigt, „ihre Angelegenheiten innerhalb der Schran-

---

13   Mayer, 686; Neuwiem, 60; Rübel, 113.
14   Vgl. hinten S. 15 f.
15   Zum Gründungsverfahren des Zwangsverbandes vgl. hinten S. 66 f.
16   Moser, 84.
17   Mayer, 688; Pfisterer, 46. — Es wurde auch schon die Meinung vertreten, dass die Gründung eines Zwangsverbandes, als weniger einschneidender Eingriff, aus der Kompetenz des Kantons zur Eingemeindung oder Verschmelzung von Gemeinden abgeleitet werden könne. Diese Lösung ist überhaupt nur dort in Erwägung zu ziehen, wo der Gesetzgeber die Einführung des Zwangsverbandes nicht verweigerte; vgl. dazu MBVR 17 (1919) 128 f.; Feldmann, 501 f. Sie ist aber u. E. grundsätzlich abzulehnen, da jede Beschränkung der Gemeindeautonomie einer ausdrücklichen gesetzlichen Grundlage bedarf; ähnlich Pfisterer, 46.

ken von Verfassung und Gesetz selbständig zu ordnen"[18]. Wird die Selbständigkeit der Gemeinden beschnitten, wie dies beispielsweise durch die Schaffung von Zwangsverbänden der Fall ist, so darf diese Beschränkung nur gestützt auf eine gesetzliche Ermächtigung erfolgen. Eine entsprechende Regelung kann im allgemeinen Kommunalrecht der Kantone oder, was in der Praxis eher zutrifft, in kantonalen Spezialverwaltungsgesetzen verankert sein.

Im Kanton Zürich können die Gemeinden schon seit längerer Zeit zwangsweise in einem Zweckverband zusammengeschlossen werden[19]. Seine heutige Ordnung erfährt der zürcherische Zwangsverband in Art. 47bis Abs. 2 der Kantonsverfassung und in § 7 Abs. 2 des Gemeindegesetzes. In der langjährigen Zweckverbandspraxis wurde jedoch nur ein einziges Mal vom Zwangsverband Gebrauch gemacht; dieser wurde 1968 aufgelöst[20].

Auf die Möglichkeit der Einführung von Zwangsverbänden durch Spezialgesetz verweist das bernische Gemeinderecht ausdrücklich[21]. Im übrigen wird offenbar die Bildung von Zwangsverbänden häufig durch die kantonalen Wasserschutzgesetze vorgesehen[22].

Die Bundesrepublik Deutschland kennt das Instrument des Zwangsverbandes, das in der neueren Gesetzgebung unter dem Titel „Pflichtverband" zu finden ist[23], schon seit längerer Zeit[24]. Neuerdings hat der Zwangsverband mit der ausführlichen Regelung der interkommunalen Gesetzgebung auch Eingang in die Gesetzgebung der österreichischen Bundesländer gefunden[25].

---

18 Giacometti, 74.

19 Rübel, 129.

20 Es handelt sich um den sog. Naturalverpflegungsverband, der durch Regierungsratsbeschluss entstand (vgl. Beschluss betreffend die Naturalverpflegung armer Durchreisender vom 9. 3. 1888 [ZG 3, 76]); zur Geschichte dieses Verbandes vgl. Rübel, 163 f.; Mettler, Gemeinderecht 34; RRB 1824/1936 = Zbl. 38 (1937) 51 f. Zur Aufhebung des Naturalverpflegungsverbandes vgl. RRB 87/1968.

21 Bern: Art. 139 Abs. 1 GG.

22 Pfisterer, 47.

23 Vgl. z. B. § 1 RZVG; Baden-Württemberg: § 2 Abs. 1 ZVG; Hessen: § 13 Abs. 1 KGG.

24 Neuwiem, 91 ff.

25 Neuhofer, 396.

Nach einzelnen kantonalen Gesetzen können Gemeinden von Staates wegen verpflichtet werden, einem bereits bestehenden Zweckverband beizutreten. Der zwangsweise Beitritt ist beispielsweise im aargauischen Entwurf eines Gemeindegesetzes vorgesehen [26], während das Gemeindegesetz des Kantons Neuenburg seine Regelung allgemein den kantonalen Spezialgesetzen vorbehält [27]. Auch in einzelnen zürcherischen Gesetzen ist der Zwangsbeitritt vorgesehen [28]. Für die Möglichkeit eines zwangsweisen Beitrittes zu einem Zweckverband gilt ebenfalls das Erfordernis der gesetzlichen Grundlage.

c) Der durch ein besonderes Gesetz geschaffene Zweckverband

Die Lösung der vielschichtigen Probleme einer Agglomeration wurde in der Bundesrepublik Deutschland auch auf dem Weg eines durch Spezialerlass geschaffenen Verbandes versucht [29]. Dieses Gesetz bestimmt Aufgaben, Partner und Organisation der neuen öffentlich-rechtlichen Körperschaft. Ihre Rechtfertigung findet die Gründung durch Gesetz darin, dass ein Zusammenschluss wegen der divergierenden Interessen der beteiligten Gemeinden nur zwangsweise erreicht werden kann und dass die allgemeinen Zweckverbandsgesetze keine genügenden Grundlagen für die Bewältigung derart komplexer Probleme enthalten [30].

---

26 Aargau: § 80 Abs. 2 Entwurf GG.

27 Neuenburg: Art. 66 Abs. 2 GG.

28 Vgl. z. B. § 32 Abs. 2 der Verordnung über die Staatsbeiträge an die Krankenpflege vom 26. 2. 1968. – Gemäss § 32 Abs. 1 soll sich jede Gemeinde, die zum Einzugsgebiet eines kommunalen oder regionalen Krankenhauses gehört, mit einem angemessenen Anteil an dessen Kosten beteiligen. Der Abs. 2 der erwähnten Bestimmung lautet: „Widersetzt sich eine Gemeinde dieser Kostenbeteiligungspflicht, kommt das Verfahren nach § 7 des Gesetzes über das Gemeindewesen zur Anwendung."

29 Peters, 100; Rothe, Zusammenarbeit 110 ff.; – zum „Zweckverband Gross-Berlin" vgl. Neuwiem, 53; Kritik bei Monz, 26; – zum „Siedlungsverband Ruhrkohlenbezirk" vgl. Klüber, Zweckverbände 560 f.; Neufang, 812 ff.: Monz, 28 f. und zum „Verband Grossraum Hannover" vgl. Weber, Struktur 11 ff.; Loschelder, Ordnung 531 f.; Nouvortne, Gesetz 819.

30 Neuwiem, 53.

II. Die Rechtsgrundlagen des Zweckverbandes

1. Die bundesrechtlichen Grundlagen

Jede freiwillige interkommunale Zusammenarbeit ist Ausdruck der vom Bund garantierten Gemeindeautonomie. Die Organisationsformen der zwischengemeindlichen Zusammenarbeit werden vom Recht des Bundes und der Kantone bestimmt.

a) Die Gemeindeautonomie

Seit vielen Jahren wird die Gemeindeautonomie vom Bundesgericht als klagbares Verfassungsrecht anerkannt [31]. In jüngerer Zeit haben Theorie [32] und Praxis [33] den Umfang dieses Rechts neu umschrieben. Unbestritten blieb dabei, dass die korporativen, d. h. organisatorischen Aufgaben Teil der Gemeindeautonomie sind. Inhalt dieser organisatorischen Autonomie ist die von Bundes- und kantonalem Recht begrenzte Befugnis der Gemeinden, ihre Organisation zu bestimmen [34]. Sie umfasst aber auch die Möglichkeit zu rechtsgeschäftlichem Handeln, inbesondere die Befugnis zum Abschluss von öffentlich-rechtlichen Verträgen [35]. Eine so verstandene Gemeindeautonomie ist

---

[31] Imboden, Gemeindeautonomie 98; Aubert, 592 N. 1646; Zwahlen, 631.

[32] Liver, 40 ff. insbesondere 44 f.; Geiger, 66 f.; Imboden, Gemeindeautonomie 100 ff.; Grisel 135 ff.; Jacques Meylan, 49 ff.

[33] Eindeutigste Formulierung in BGE 93 I 431 ff. — Vgl. dazu Zwahlen, 640 ff.; Jagmetti, 317.

[34] Giacometti, 77 f.; Geiger, 73 ff.

[35] Imboden, Vertrag 78. — Nach Pfisterer (S. 36) sollte die Befugnis zur Zusammenarbeit nicht der organisatorischen Autonomie im traditionellen Sinn zugeordnet werden, da sie eine Organisationsbefugnis eigener Prägung sei. Diese Unterscheidung erscheint aber eher theoretischer Natur, da auch die „Organisationsbefugnis eigener Prägung" aus der Gemeindeautonomie abzuleiten ist; unter dieser Voraussetzung sind mit dieser Unterscheidung auch keine rechtlichen Konsequenzen verknüpft.

Grundlage auch für jede freiwillige Zweckverbandsbildung [36]. Als Institutsgarantie setzt sie der interkommunalen Zusammenarbeit aber auch gewisse Schranken [37].

b) Bundesrechtliche Vorschriften

Die Anwendbarkeit der bundesrechtlichen Vorschriften über die juristischen Personen ist auf Zweckverbände ohne Zweifel gegeben [38], da diese den öffentlich-rechtlichen Körperschaften zuzurechnen sind [39]. In Betracht kommen in erster Linie die Art. 52 Abs. 2 und 59 Abs. 1 ZGB. Nach diesen Bestimmungen erlangen öffentlich-rechtliche Körperschaften auch ohne Eintrag ins Handelsregister Rechtspersönlichkeit. Im übrigen verweisen die Vorschriften des ZGB auf das öffentliche Recht des Bundes und der Kantone, womit die in diesem Zusammenhang interessierende Frage nach der Anwendbarkeit des Bundesverwaltungsrechts auf Zweckverbände im positiven Sinn zu beantworten ist [40].

---

36 Feldmann, 498; Probst, 231. – Nach Romer (Zweckverbände, 53 f.) ist die Bildung von Zweckverbänden deshalb ganz allgemein auch ohne gesetzliche Ermächtigung oder Grundlage möglich. – Diese allgemeine Regel bedarf aber insofern einer Einschränkung, als gewisse Kommunalaufgaben von der Sache her nicht von verschiedenen Gemeinden gemeinsam erfüllt werden können. Zweckverbände ohne gesetzliche Ermächtigung sind jedenfalls nur in jenen Bereichen zulässig, wo die Aufgabe keine selbständige, individuelle Erledigung durch die Gemeinden verlangt. – Nach Imboden (Vertrag, 152) sind die Gemeinden im Prinzip durch das übergeordnete Recht verpflichtet, ihre Obliegenheiten mit eigenen Mitteln wahrzunehmen und deshalb müsse ihnen die Möglichkeit des Zusammenwirkens durch besondere Bestimmungen verliehen werden. U. E. ist aber in der organisatorischen Autonomie der Gemeinden auch die Möglichkeit zur gemeinsamen Erfüllung von Aufgaben mitenthalten, sofern diese nicht aus ihrer Natur heraus nach einer selbständigen Erledigung verlangen. Im übrigen stellt sich auch die Frage, ob die gemeinsame Erfüllung durch den Zweckverband nicht auch als „Wahrnehmung mit eigenen Mitteln" verstanden werden kann.

37 Vgl. hinten S. 36.

38 Blumenstein, Gemeinderecht 13; Feldmann, 498; Rübel, 208 ff.; Mettler, Gemeinderecht 32; Grüter, 84.

39 Vgl. hinten S. 19 ff.

40 Z. B. Bundesgesetz über den Schutz der Gewässer gegen Verunreinigungen vom 8. 9. 1971. Vgl. dazu Pfisterer (S. 50), der die Verhältnisse unter der Herrschaft des entsprechenden Bundesgesetzes vom 16. 3. 1955 darstellt.

2. Kantonalrechtliche Vorschriften

a) Grundsätzliche Regelung des Zweckverbandes

Die Verfassungen der Kantone Neuenburg, Nidwalden, Obwalden und Zürich erwähnen den Zweck- oder Gemeindeverband ausdrücklich [41]. Neben dem freiwilligen Zusammenschluss ist in zwei Fällen auch der Zwangsverband [42] bzw. der zwangsweise Beitritt [43] zu einem Zweckverband von der kantonalen Verfassung vorgesehen.

Nur eine kleinere Zahl von Kantonen verfügt über eine ausführliche allgemeine Regelung des Zweckverbandes oder gar über ein eigentliches Zweckverbandsgesetz [44]. Die kantonale Kommunalgesetzgebung beschränkt sich häufig auf eine knappe Erwähnung des Zweckverbandes und eine Andeutung seiner Organisation [45]. In Kantonen ohne Gemeindegesetz [46] sind Zweckverbandsregelungen im allgemeinen nur in Spezialgesetzen zu finden. – Eine gewohnheitsrechtliche Grundlage wird für einen Teil der bisherigen Zweckverbände des Kantons Aargau angenommen [47].

---

41 Neuenburg: Art. 64 Abs. 2 KV; Nidwalden: Art. 72 KV; Obwalden: Art. 84 KV; Zürich: Art. 47bis KV.

42 Zürich: Art. 47bis Abs. 2 KV.

43 Neuenburg: Art. 64 Abs. 2 KV.

44 Bern: Art. 136 – 150 GG; Freiburg: ZVG; Graubünden: Art. 50 – 62 GG; Neuenburg: Art. 66 – 90 GG; Waadt: Art. 112 – 128 GG; Aargau: §§ 78 – 105 Entwurf GG; Zug: §§ 108 – 120 Entwurf GG.

45 Z. B. Zürich: § 7 GG; Basel-Landschaft: § 7 GG; Luzern: §§ 64 und 65 GG; St. Gallen: Art. 33 OG; Schaffhausen: Art. 2 GG; Tessin: ZVG.

46 Appenzell-Ausserrhoden, Appenzell-Innerrhoden, Nidwalden, Obwalden, Uri. – Vgl. dazu Meylan/Gottraux/Dahinden, 69 f.

47 Stutz, 62 ff.

b)   Spezialgesetzliche Vorschriften

Ist die zwischengemeindliche Zusammenarbeit in einem bestimmten Bereich der Kommunalaufgaben besonders erwünscht, so verweisen die dort geltenden kantonalen Gesetze häufig auf die Möglichkeit der Verbandsgründung [48]. Dieser Verweis bedeutet einmal, dass auf dem betreffenden Gebiet die allgemeinen Bestimmungen des Zweckverbandsrechts zur Anwendung kommen [49], und sodann, dass die interkommunale Zusammenarbeit bei der angesprochenen Aufgabe im allgemeinen nur in der Form des Zweckverbandes erfolgen kann [50]. Einige der hier angesprochenen Gesetze enthalten aber auch zusätzliche Voraussetzungen für die Gründung eines Zweckverbandes oder Ergänzungen der organisatorischen Bestimmungen [51] und gehen als leges speciales der allgemeinen Zweckverbandsregelung vor. So sind im Kanton Zürich auf einzelnen Gebieten nur benachbarte Gemeinden

---

48   Z. B. im Schulwesen (gemeinsame Schulen oder Klassen): Bern: Art. 7 des Gesetzes über die Primarschule vom 2. 12. 1951; Graubünden: Art. 2 des Schulgesetzes vom 19. 11. 1961; Wallis: Art. 8 Abs. 3 des Gesetzes über das öffentliche Unterrichtswesen vom 4. 7. 1962; Zürich: §§ 20 Abs. 2 und 68 Abs. 1 des Gesetzes betreffend die Volksschule vom 11. 6. 1899; – im Bau- und Planungswesen (gemeinsame Ortsplanung): Bern: Art. 39 des Gesetzes über die Bauvorschriften vom 26. 1. 1958; Graubünden: Art. 7 des Bau- und Planungsgesetzes vom 26. 4. 1964; Zürich: § 8a des Baugesetzes für Ortschaften mit städtischen Verhältnissen vom 23. 4. 1893; – beim Wasserschutz (gemeinsame Kläranlagen): Aargau: § 35 des Gesetzes über die Nutzung und den Schutz der öffentlichen Gewässer vom 22. 3. 1954; Bern: Art. 110 Abs. 1 des Gesetzes über die Nutzung des Wassers vom 3. 12. 1950; – beim Vollzug verschiedener Bundesgesetze: Bern: Art. 6 Abs. 2 des Einführungsgesetzes zum Bundesgesetz über die Alters- und Hinterlassenenversicherung vom 13. 7. 1948; St. Gallen: Art. 33 des Gesetzes über die Krankenversicherung vom 16. 10. 1966; Zürich: § 2 Abs. 1 des Gesetzes über die Einführung des Bundesgesetzes über die Alters- und Hinterlassenenversicherung und die Abänderung des Gesetzes über die Erbschafts- und Schenkungssteuer vom 28. 9. 1947; § 8 des Einführungsgesetzes zu den Bundesgesetzen über die Arbeitslosenversicherung und die Arbeitsvermittlung vom 1. 2. 1953.

49   Mettler, Gemeinderecht 33.

50   Duvenbeck, 29.

51   Rübel, 111.

ermächtigt, Zweckverbände zu bilden [52]. Als Beispiel für einschränkende organisatorische Vorschriften sei etwa erwähnt, dass in den Zürcher Schulzweckverbänden der Beschluss über die Dauer der Schulpflicht den einzelnen Verbandsgemeinden vorbehalten bleiben muss, und nicht den Verbandsorganen übertragen werden darf [53].

III. Der Zweckverband als öffentlich-rechtliche Körperschaft

Die Rechtsnatur des Zweckverbandes wird nur in einem Teil der kantonalen Vorschriften näher bestimmt. Einzelne neuere Gesetze bezeichnen ihn ausdrücklich als öffentlich-rechtliche Körperschaft [54], andere qualifizieren ihn durch Verleihung der juristischen Person des öffentlichen Rechts als solche [55], und nach den Vorschriften zweier Kantonsverfassungen sind die Gemeinden berechtigt, in den Formen des öffentlichen Rechts Gemeindeverbände zu bilden [56]. Die Gesetzgebung des Kantons Zürich verzichtet jedoch auf jede rechtliche Charakterisierung, und deshalb muss in dieser Arbeit auch die Frage nach der Rechtsnatur des zürcherischen Zweckverbandes gestellt werden.

---

52 Z. B. § 1 Abs. 3 des Gerichtsverfassungsgesetzes vom 29. 1. 1911 (gemeinsame Friedensrichterämter); § 3 Abs. 2 des Gesetzes über die hauswirtschaftliche Fortbildungsschule vom 5. 7. 1931 (gemeinsame hauswirtschaftliche Fortbildungsschule); § 15 Abs. 1 der Verordnung über die medizinischen Hilfsberufe vom 11. 8. 1966. – In § 23 Abs. 2 der Vollziehungsverordnung vom 26. 1. 1959 zum Gesetz über die Organisation der Jugendhilfe vom 24. 11. 1957 wird für die Bewilligung zur Führung eines gemeinsamen Jugendsekretariates zusätzlich vorausgesetzt, dass die Verbandsgemeinden zusammen mindestens 15'000 Einwohner haben müssen oder dass wegen ihrer Verkehrslage eine regionale Sonderlösung zweckmässig ist.

53 § 41 der Verordnung betreffend das Volksschulwesen vom 31. 3. 1900.

54 Bern: Art. 138 GG; Graubünden: Art. 53 Abs. 1 GG; Thurgau: § 48 a GG; Aargau: § 78 Abs. 1 Entwurf GG; Zug: § 111 Abs. 1 Entwurf GG.

55 Freiburg: Art. 6 Abs. 1 ZVG; Neuenburg: Art. 68 Abs. 1 GG; Waadt: Art. 113 Abs. 3 GG. In Schaffhausen kann den Verbänden juristische Persönlichkeit verliehen werden (vgl. Art. 2 Abs. 2 GG).

56 Nidwalden: Art. 72 Abs. 1 KV; Obwalden: Art. 84 Abs. 1 KV.

Für den Begriff der Körperschaft des öffentlichen Rechts ist die Mitgliedschaft entscheidend [57]. Diese konkretisiert sich in dem den Verbandsmitgliedern zustehenden Recht, sich an der Willensbildung des Verbandes zu beteiligen [58]. Diese Willensbildung erfolgt in der Regel in besonders dafür geschaffenen Organen. — In den Zürcher Zweckverbänden sind die Befugnisse der Gemeinden durchwegs als Mitgliedschaftsrechte aufzufassen. So verfügen alle Verbände über ein Grundorgan aus Vertretern jeder Verbandsgemeinde, das als Willensbildungsorgan des Verbandes ausgestaltet ist [59]. Da jeder Körperschaft zwangsläufig Rechtspersönlichkeit zukommt [60], ist in zweiter Linie zu prüfen, ob die Zürcher Zweckverbände den juristischen Personen des öffentlichen Rechts zuzurechnen sind. Um grundsätzlich als juristische Persönlichkeit anerkannt zu werden, muss in den Statuten der Wille zur Körperschaftsbildung klar zum Ausdruck kommen [61]. Diese Bedingung ist zweifellos von all jenen Verbänden erfüllt, deren Statuten ausdrücklich festhalten, dass der neuen Vereinigung Rechtspersönlichkeit zukomme [62]. Charakteristisch für eine juristische Person des öffentlichen Rechts ist aber auch ihre Ausstattung mit hoheitlichen Befugnissen [63]. Soll ein Zweckverband kommunale Aufgaben selbständig erfüllen können [64], so muss er, um seinen Verpflichtungen gerecht zu werden, über einzelne Hoheitsrechte verfügen. Aus diesen Gründen sind auch den

---

57 Forsthoff, 454 f.
58 Peters, 111.
59 Vgl. hinten S. 160 ff.
60 Imboden, Verwaltungsrechtsprechung 583. — Zur juristischen Person des öffentlichen Rechts im allgemeinen vgl. Peters, 104 ff.; Forsthoff, 450 ff.; Wolff, I 212.
61 Imboden, Verwaltungsrechtsprechung 584.
62 Z. B. Art. 1 der Vereinbarung Abwasserreinigungsverband 1; Art. 2 der Vereinbarung Kehrichtbeseitigungsverband 2; Art. 1 Abs. 2 der Vereinbarung Wasserversorgungsverband 3.
63 Peters, 105; Forsthoff, 455; Wolff, I 213.
64 Vgl. hinten S. 41 f.

Zweckverbänden des Kantons Zürich einzelne solcher Rechte verliehen worden [65].
— Ein äusseres Merkmal der juristischen Person des öffentlichen Rechts besteht darin, dass diese der Staatsaufsicht unterstellt ist, womit die Erfüllung der öffentlichen Aufgabe sichergestellt und die „Einordnung in den staatlichen Verwaltungsorganismus" [66] deutlich zum Ausdruck gebracht wird. Die Mehrheit der uns bekannten Zweckverbandstatuten erwähnt die Staatsaufsicht ausdrücklich und fügt in der Regel bei, dass diese — wie bei einer Gemeinde — **nach** den Bestimmungen der Gemeindegesetzgebung zu erfolgen habe [67]. — Zuletzt sei noch kurz auf das Problem der Entstehung von juristischen Personen des öffentlichen Rechts eingetreten. Nach der Mehrzahl der in der Lehre vertretenen Meinungen entstehen diese stets durch einen Staatsakt [68]. In der regierungsrätlichen Genehmigung der Verbandsstatuten ist ein solcher, die Rechtspersönlichkeit des Zweckverbandes begründender Verwaltungsakt zu sehen. Enthalten die Vereinbarungen eine Bestimmung, in welcher der Zweckverband als juristische Person des öffentlichen Rechts deklariert wird [69], dann genügt für die Entstehung der Rechtspersönlichkeit auch die vorbehaltlose Genehmigung durch den Regierungsrat. Nur in einem Teil der Genehmigungsbeschlüsse des Zürcher Regierungsrates wird ausdrücklich festgestellt,

---

[65] Z. B. Beamtencharakter der Mitglieder von Verbandsorganen (vgl. hinten S. 116 ff. und Feldmann, 499); Verwaltungsgerichtsbarkeit für vermögensrechtliche Streitigkeiten zwischen Gemeinden oder Gemeindeverbänden (§ 81 lit. a des Zürcher Gesetzes über den Rechtsschutz in Verwaltungssachen Verwaltungsrechtspflegegesetz vom 24.5.1959; vgl. dazu Rechenschaftsbericht des Verwaltungsgerichts des Kantons Zürich an den Kantonsrat 1966, 39 Nr. 25; Zbl. 74 1973 467 ff.); Erhebung von Gebühren: z. B. Art. 15 lit. n der Vereinbarung Spitalverband 6 (Erlass einer Taxordnung für den Anstaltsbetrieb); Satzungsrecht: z. B. Art. 7 lit. 1 der Vereinbarung Abwasserreinigungsverband 14 (Erlass eines Verwaltungsreglementes).

[66] Peters, 105.

[67] Z. B. Art. 29 der Vereinbarung Abwasserreinigungsverband 14; Art. 48 der Vereinbarung Kehrichtbeseitigungsverband 2; Art. 48 der Vereinbarung Wasserversorgungsverband 2; Art. 31 der Vereinbarung Schulverband 8; Art. 39 der Vereinbarung Spitalverband 8. — Gehören die Gemeinden verschiedenen Bezirken an, so entscheidet der Regierungsrat im Genehmigungsbeschluss der Verbandsstatuten regelmässig über die Zuständigkeit der Bezirksbehörden; vgl. z. B. RRB 4164/1966 (Genehmigung der Vereinbarung Kehrichtbeseitigungsverband 5): „Da sich der rechtliche Sitz des Verbandes in Bülach befindet und die Gemeindeverwaltung Bülach mit der Rechnungs- und Kassenführung betraut wird, erscheint es als gegeben, den Verband der Aufsicht des Bezirksrates Bülach zu unterstellen."

[68] Peters, 108; Wolff, I 212. Nach Forsthoff (S. 451 und 458) und Grisel (S. 105) bedarf es immer eines formellen Gesetzes.

[69] Vgl. Anm. 62.

dass der Verband mit der Genehmigung Rechtspersönlichkeit erlange [70]. – All diesen Überlegungen ist zu entnehmen, dass es sich bei den meisten Zweckverbänden des Kantons Zürich, gleich wie bei jenen anderer Kantone oder des Auslands [71], um öffentlich-rechtliche Körperschaften handelt [72]. Unter der Herrschaft des Zürcher Gemeindegesetzes sind aber auch Gemeindeverbindungen denkbar, denen die Rechtspersönlichkeit fehlt [73].

Was die Frage der rechtlichen Stellung des Zweckverbandes im Verhältnis zu derjenigen der Gemeinde betrifft, ist daran zu erinnern, dass der Verband ausschliesslich der Erfüllung von kommunalen Aufgaben dient und durch den freien Willen der Verbandsgemeinden ins Leben gerufen wird, weshalb er den Gemeinden in der Verwaltungshierarchie nicht übergeordnet werden kann. Er ist weder als „ranghöheres" noch als „rangniedrigeres Gemeinwesen" konzipiert [74].

---

[70] Z B. RRB 3422/1959 (Genehmigung der Vereinbarung Spitalverband 3). In RRB 2000/1932 (Genehmigung der ersten Vereinbarung des Wasserversorgungsverbandes 1) wird festgestellt, dass die Verbandsgemeinden zum Betrieb einer Wasserversorgung einen Zweckverband mit eigener Rechtspersönlichkeit im Sinne von § 7 des Gemeindegesetzes gegründet haben.

[71] Für die Bundesrepublik Deutschland: Peters, 111; Klüber, Zweckverbände 547. – Nach Seydel (S. 12) geht die Tendenz eindeutig dahin, alle Zweckverbände als öffentlich-rechtliche Körperschaften auszugestalten.

[72] Mettler, Gemeinderecht 32. – Für die Schweiz im allgemeinen vgl. Grisel, 142.

[73] Mettler, Gemeinderecht 33.

[74] Probst, 233. – Zum Verhältnis der Gemeinde zum Zweckverband im allgemeinen, vgl. hinten S. 110 ff.

IV. Die Partner des Zweckverbandes

1. Die Gemeinden

a) Innerkantonale Gemeinden

Nach § 7 Abs. 1 des Zürcher Gemeindegesetzes kommen als Mitglieder eines Zweckverbandes nur Gemeinden in Frage [75]; andere Personen des öffentlichen und des Privatrechts, insbesondere aber der Kanton, sind als Verbandspartner auszuschliessen [76]. Im alten zürcherischen Gesetz betreffend das Gemeindewesen vom 27. 6. 1875 war der Kreis der verbandsfähigen Gemeinwesen insofern noch weiter eingeschränkt, als sich nur benachbarte politische Gemeinden für die gemeinschaftliche Besorgung einzelner Geschäftszweige verbinden und hiefür besondere Organe aufstellen konnten [77]. Diese Einschränkung wurde im neuen Gemeindegesetz fallengelassen, und so können sich heute alle zürcherischen Gemeindearten (politische Gemeinden, Zivilgemeinden, Schulgemeinden und Kirchgemeinden) an Zweckverbänden beteiligen. – Auch in den übrigen Kantonen sind, im Gegensatz zur Bundesrepublik Deutschland [78], im allgemeinen nur Gemeinden als Träger eines Zweckverbandes zugelassen [79]. Neben den politischen Gemeinden werden häufig auch Spezialgemeinden ausdrücklich zur Zweckverbandsbildung ermächtigt. Im Kanton Zürich sind beispielsweise Schul- und Kirchgemeinden von Gesetzes wegen zur Verbandsgründung aufgerufen [80]. – In einem Zweckverband können sich nicht nur

---

75 Vgl. dazu auch Bericht Zürich, 1864 f.; Mettler, Gemeinderecht 36.
76 Vgl. hinten S. 27 ff.
77 Vgl. § 8 Abs. 1 des Gesetzes betreffend das Gemeindewesen vom 27. 6. 1875 (OS 18 [1876] 524 ff.) und dazu Wettstein, 18 N. 43.
78 Vgl. hinten S. 27 f.
79 Gygi, 146; Grüter, 112 ff.
80 Vgl. § 20 Abs. 2 und § 68 Abs. 1 des Gesetzes betreffend die Volksschule vom 11. 6. 1899 und § 14 des Gesetzes über die evangelisch-reformierte Landeskirche vom 7. 7. 1963 sowie § 14 Abs. 2 des Gesetzes über das katholische Kirchenwesen vom 7. 7. 1963.

gleichartige Gemeinden zusammenschliessen [81]. So gibt es im Kanton Zürich, entsprechend der gleichgelagerten Aufgabenstellung der verschiedenen Gemeindearten, auf dem Gebiet der Wasserversorgung Verbände, in welchen sich gleichzeitig politische und Zivilgemeinden [82] und auf dem Gebiet des Schulwesens solche, in welchen sich politische Gemeinden, Primar- und Oberstufenschulgemeinden sowie vereinigte Schulgemeinden [83] verbinden. Ebenso sind Vereinbarungen zwischen räumlich sich überlagernden Gemeinden zulässig [84].

An einem Zweckverband müssen vernünftigerweise mindestens zwei Gemeinden beteiligt sein [85], im übrigen sind ihnen keine grössenmässigen Schranken gesetzt [86]. Der Kreis der an einem Zweckverband beteiligten Gemeinden wird durch die Verbandsaufgabe, geographische Gegebenheiten und das Interesse der potentiellen Verbandsmitglieder an der Zusammenarbeit bestimmt. Bei der Durchsicht der Zürcher Zweckverbände fällt auf, dass sich Zürich als grösste politische Gemeinde

---

81 Rübel, 101.

82 Wasserversorgungsverbände 4, 5.

83 Z. B. Schulverbände 11, 12.

84 Rübel, 101; Mettler, Gemeinderecht 37. – Z. B. Schulverbände, an welchen die Primar- und Oberstufenschulgemeinde desselben Gebietes beteiligt sind, vgl. Schulverbände 12, 13, 18, oder ein Zweckverband zur Führung einer Pensionskasse, an welchem die Primarschul-, die Oberstufenschul- und die evangelisch-reformierte Kirchgemeinde desselben Gebietes partizipieren, vgl. Pensionskassenverband Rüti (Verschiedenes 11).

85 Feldmann, 500. – Ca. 1/4 der Zürcher Zweckverbände hat nur zwei Mitglieder, vgl. z. B. Abwasserreinigungsverbände 1, 2, 3, 4, 16, 20, 22; Wasserversorgungsverbände 1, 7; Schulverbände 2, 3, 4, 5; Friedhofverbände 1, 2, 3, 5, 9, 10; Zweckverbände (Verschiedenes) 4, 5, 6.

86 Vgl. Grüter, 110 f. – 33 der 129 bei der Direktion des Innern aufliegenden Zweckverbandsstatuten erwähnen mehr als 10 Mitglieder (ca. 1/4 aller Verbände), davon hat der Kirchenverband 1 33 Mitglieder, der Wasserversorgungsverband 5 28 Mitglieder und der Kehrichtbeseitigungsverband 4 27 Mitglieder. – Vgl. auch die Zusammenstellung der Zweckverbände nach Zahl der beteiligten Gemeinden (Statistische Berichte, 6). – Im Jahr 1970 waren noch 7 Gemeinden, d. h. Gebiete von politischen Gemeinden des Kantons Zürich, an keinem Zweckverband beteiligt (vgl. Statistische Berichte, 7).

bis heute an keinem Verband beteiligt hat, während sich die Zweckverbände in den Bezirken Affoltern, Hinwil, Pfäffikon und Dielsdorf häufen [87]. Damit bestätigt sich auch im Kanton Zürich die Regel: Je kleiner die Gemeinde, desto grösser das Bedürfnis nach gemeinsamer Erfüllung von Aufgaben [88]. Freiwillige interkommunale Zusammenarbeit spielt vor allem zwischen Gemeinden gleicher Grösse [89] und gleicher Interessenlage. Fehlen diese beiden Voraussetzungen, dann werden sich Gemeinden nur in Ausnahmefällen zur gemeinsamen Lösung von Problemen bereitfinden. Stadtrandgemeinden sträuben sich beispielsweise gegen eine Zusammenarbeit mit der Grossstadt, weil sie deren Übergewicht fürchten und im Zweckverband eine Vorstufe der Eingemeindung sehen; die Grossstadt dagegen beteiligt sich kaum an einem Zweckverband, weil sie zum Teil über genügend finanzielle und personelle Reserven zur selbständigen Erledigung ihrer Aufgaben verfügt und sich anderseits von den kleineren Verbandspartner nicht überstimmen lassen will [90].

b) Ausserkantonale Gemeinden

Interkommunale Zusammenarbeit lässt sich oft nur über die Kantonsgrenzen hinweg zweckmässig organisieren. Da die Kantone keine allgemein verbindliche Rechtsgrundlage für die grenzüberschreitende Zusammenarbeit zwischen Gemeinden besitzen, müssen sie, um den Gemeinden auch diese Möglichkeit zu erschliessen, eine solche Rechtsgrundlage von Fall zu Fall erst schaffen. In der Regel wird den interkantonalen Zweckverbänden ein Vertrag zwischen den zuständigen Kantonsregierungen zugrunde gelegt [91]. Um das Gründungsverfahren von interkanto-

---

87 Die politische Gemeinde Schöfflisdorf ist beispielsweise an 7, Dielsdorf an 6, Affoltern, Geroldswil und Knonau sind an je 5, Bauma und Herrliberg an je 4 und Hinwil ist an 2 Zweckverbänden beteiligt.

88 Für die Bundesrepublik Deutschland vgl. Seydel, 85.

89 Für die Bundesrepublik Deutschland vgl. Duvenbeck, 31; Loschelder, Zweckverbände 500.

90 Seydel, 87.

91 Zum interkantonalen Vertrag als Rechtsgrundlage für grenzüberschreitende Zweckverbände vgl. hinten S. 61 ff. — Beispiele für die interkantonale Zusammenarbeit zwischen Gemeinden: Abwasserreinigungsverband 6; Kehrichtbeseitigungsverband 1.

nalen Zweckverbänden zu vereinfachen, kann der kantonale Gesetzgeber die besonderen Probleme der grenzüberschreitenden Zusammenarbeit auch im allgemeinen Zweckverbandsrecht ordnen [92]. In der Bundesrepublik Deutschland haben einzelne Länder schon seit längerer Zeit von dieser Möglichkeit Gebrauch gemacht [93], andere haben in Vereinfachung des in der Schweiz gebräuchlichen Verfahrens mit benachbarten Ländern einen Staatsvertrag über die grundsätzliche Regelung von grenzüberschreitenden Zweckverbänden abgeschlossen [94]. In Österreich wird ein Zweckverband von Gemeinden verschiedener Bundesländer als verfassungsgesetzlich unzulässig bezeichnet, da die Errichtung einer gemeinsamen Aufsichtsbehörde weder durch die Landes- noch die Bundesgesetzgebung möglich sei [95].

Für Gemeinden im Gebiet der Landesgrenze stellt sich häufig das Problem der interkommunalen Zusammenarbeit auf internationaler Ebene. Obschon sich die Kooperation gerade hier als immer dringlicher erweist, sind die einzelnen Staaten noch kaum zur internationalen Regelung dieser Fragen geschritten [96].

---

92 Gygi, 147. – Nach § 79 Abs. 2 des aargauischen Entwurfes zum GG kann eine Gemeinde mit Zustimmung des Regierungsrates einem ausserkantonalen Gemeindeverband beitreten.

93 Z. B. Nordrhein-Westfalen: § 3 Abs. 4 KGG.

94 Vgl. den bei Prandl/Gillessen (S. 121 ff.) aufgeführten Staatsvertrag zwischen dem Land Baden-Württemberg und dem Freistaat Bayern über Zweckverbände und öffentlich-rechtliche Vereinbarungen vom 17. 12. 1965.

95 Neuhofer, 397.

96 von Malchus, 250. – Als Beispiele seien das Projekt einer deutsch-schweizerischen Gemeinschaftskläranlage am Rhein (aargauische Gemeinden Fisibach, Kaiserstuhl, zürcherische Gemeinde Bachs und die deutschen Gemeinden Bergöschingen, Hohentengen, Lienheim und Stetten), vgl. NZZ vom 4. 8. 1971 358/10, und das Projekt einer Abwasserreinigungsanlage im Gebiet von Basel und St. Louis, vgl. NZZ vom 2. 6. 1972 II 252/25, erwähnt. Seit 1971 ist im schaffhausischen Grenzort Ramsen die erste deutsch-schweizerische Gemeinschaftskläranlage im Bau (vgl. NZZ vom 18. 2. 1973 80/36).

2. Der Kanton und andere Personen des öffentlichen Rechts als Verbandspartner?

In letzter Zeit hat sich gezeigt, dass auf einzelnen Gebieten der interkommunalen Zusammenarbeit auch eine Mitgliedschaft der Kantone erwünscht wäre, da diesen oft eine weitgehende Finanzierung der Verbandsaufgaben überbunden wird und deshalb ein direktes Mitbestimmungsrecht in Verbandsangelegenheiten notwendig erscheint. Eine Beteiligung im Sinne der Mitgliedschaft des Staates, d. h. Kantons, oder anderer Körperschaften des öffentlichen Rechts an Zweckverbänden ist aber nach zürcherischem Recht nicht möglich, da der Zweckverband als Instrument der horizontalen Zusammenarbeit zwischen Gemeinden ausgestaltet ist [97]. Auch nach den Vorschriften der meisten anderen Kantone ist der Zweckverband als Vereinigung von Gemeinden zu verstehen [98]. Dass diese Ausgestaltung nicht aus der Rechtsnatur des Zweckverbandes abgeleitet werden kann, sondern eine Besonderheit der schweizerischen Gesetzgebung darstellt, zeigen die gesetzlichen Regelungen in der Bundesrepublik Deutschland [99]. Sie alle kennen die Möglichkeit der Mitglied-

---

[97] Mettler, Gemeinderecht 37; Jagmetti, 390; Gygi, 146. – Bei der Regelung des öffentlichen Verkehrs im Kanton Zürich hat man von der Verwendung des Zweckverbandes abgesehen (vgl. Keller, 16; R. Jagmetti, Der regionale öffentliche Verkehr, NZZ vom 30. 5. 1972 II 247/19; Verkehrspolitische Eingemeindung?, NZZ vom 10. 1. 1972 I 526/1) und das neue Institut des „Regionalen Verkehrsbetriebes" geschaffen (vgl. §§ 4 ff. des Gesetzes über den regionalen öffentlichen Verkehr vom 4. 6. 1972, OS 44, 530 ff.) — Auch die Mitgliedschaft eines anderen Zweckverbandes ist nach der Genehmigungspraxis des Zürcher Regierungsrates ausgeschlossen (RRB 3638/1969).

[98] Ausnahme Thurgau: Nach § 48 a Abs. 1 GG können sich Gemeinden sowie andere öffentlich-rechtliche Koorporationen zur Erfüllung bestimmter dauernder Aufgaben zu Zweckverbänden zusammenschliessen.

[99] Gemäss § 3 Abs. 1 RZVG können neben Gemeinden oder Gemeindeverbänden (= Gebietskörperschaften) auch andere öffentliche Körperschaften, Anstalten und Stiftungen Verbandsglieder eines Zweckverbandes sein; ähnlich z. B. Baden-Württemberg: § 2 Abs. 2 ZVG; Bayern: Art. 18 Abs. 2 KZG; Hessen: § 5 Abs. 2 KGG. Bedingung ist aber, dass in jedem Fall mindestens eine Gemeinde beteiligt ist; vgl. dazu Seydel, 107; Klüber, Zweckverbände 546. — Da der Zweckverband kommunale und nicht staatliche Aufgaben zu erfüllen hat, kommen Bund und Länder nur als zusätzliche Mitglieder in Frage.

schaft von anderen Körperschaften, Anstalten und Stiftungen des öffentlichen Rechts. — Durch Gesetzesänderung könnte der Zweckverband auch in der Schweiz zum Instrument der vertikalen Kooperation werden. Vorläufig ist aber eine solche Erweiterung des Zweckverbandsrechts nicht geplant, da vermutliche Kantone und Gemeinden befürchten, sie könnten im Verband vom ranghöheren bzw. rangniedrigeren Rechtsträger in „ungebührlicher" Weise überstimmt werden.

Selbstverständlich können aber auch im Anwendungsbereich der zürcherischen Zweckverbandsvorschriften der Kanton oder andere Körperschaften durch einen Anschlussvertrag, d. h. durch einen einfachen öffentlich-rechtlichen Vertrag zwischen Kanton und Zweckverband, mittelbar an der Verbandstätigkeit beteiligt werden. Der Vertrag zwischen dem Kläranlageverband Kloten-Opfikon einerseits und dem Staat Zürich anderseits über die Abnahme und Reinigung des Abwassers aus dem Flughafenareal in der zentralen Abwasserreinigungsanlage in Opfikon [100] ist ein Beispiel dafür. Dem Kanton Zürich wird in der Zweckverbandsvereinbarung das Recht eingeräumt, an den Sitzungen der Verbandsorgane mit beratender Stimme teilzunehmen [101].

3. Private als Verbandspartner?

Als Mitglieder eines Zweckverbandes kommen nach den allgemeinen kantonalen Zweckverbandsvorschriften in der Regel nur Gemeinden in Frage; Private sind von der Mitgliedschaft jedenfalls ausgeschlossen. In diesem Zusammenhang wird auch immer wieder betont, dass die Gemeinde in ihrer Gesamtheit und nicht etwa die Stimmberechtigten Partner des Zweckverbandes sind [102].

---

100 Diese Vereinbarung ist im regierungsrätlichen Genehmigungsbeschluss des Abwasserreinigungsverbandes 4 enthalten; vgl. RRB 2701/1958.
101 Art. 4 Abs. 2 der Vereinbarung Abwasserreinigungsverband 4.
102 Blumenstein, MBVR 22 (1924) 2; Feldmann, Zbl. 35 (1934) 500; Rübel 147; Mettler, Gemeinderecht 33; Pfisterer, 154; besonders eindeutig zu dieser Frage MBVR 31 (1933) 455. Für die Bundesrepublik Deutschland vgl. Wolff, II 168.

Der Zürcher Regierungsrat hat in einem Genehmigungsbeschluss ausdrücklich festgestellt, er anerkenne nur Gemeinden im Sinne von § 1 des Gemeindegesetzes, nicht aber Personen des Privatrechts als Mitglieder eines Zweckverbandes [103]. Von dieser Rechtslage ist offenbar auch im Kanton Freiburg auszugehen, obschon das Zweckverbandsgesetz in Art. 5 des deutschen Textes vorsieht, ein Unternehmen, dessen Betrieb an der vorgesehenen Aufgabe direkt interessiert sei, könne dem Verband beitreten und zwar zu Bedingungen, die vertraglich geregelt werden müssten. Gemäss einer Auskunft der Freiburger Direktion des Justiz-, Gemeinde- und Pfarreiwesens ist davon auszugehen, dass Privatunternehmen unter der Herrschaft des aktuellen Zweckverbandsgesetzes keine Vollmitgliedschaft an Zweckverbänden erwerben können. Sie folgt in ihrer Begründung den Ausführungen des grossrätlichen Berichterstatters, der in der parlamentarischen Beratung des Gesetzes unter der mehrdeutigen Formulierung nur die Möglichkeit einer vertraglichen Einigung zwischen Verband und privatem Unternehmen verstanden wissen will und eine Vollmitgliedschaft aus Gründen eines unerwünschten Übergewichtes der Privaten ablehnt [104]. — Einzelne kantonale Spezialgesetze sprechen ebenfalls von einer Zusammenarbeit zwischen Privaten und Gemeinde [105]. Es ist aber auch in diesen Beispielen zu bezweifeln, dass sie tatsächlich eine Vollmitgliedschaft von Privaten an Zweckverbänden ins Auge fassen, da ein Zusammenwirken zwischen öffentlichen und privaten Rechtsträgern ebenso gut in anderen Rechtsformen zu realisieren ist.

---

103 RRB 3798/1967 (Genehmigung des Wasserversorgungsverbandes 5). — Da in der Verbandsgemeinde Kloten die Wasserversorgung von einer privatrechtlichen Genossenschaft besorgt wird, stellte sich in diesem Beispiel das Problem der Rechtsbeziehung zwischen der verbandsfähigen politischen Gemeinde, bzw. dem Zweckverband, und der mit der Wasserversorgung betrauten Genossenschaft. Das interne Verhältnis zwischen Gemeinde und Genossenschaft wurde in einem besonderen Vertrag geregelt; dies ist die einzige Möglichkeit, um eine juristische Person des Privatrechts an der Tätigkeit eines Zweckverbandes indirekt zu beteiligen. Vgl. dazu Statistische Berichte, 19.

104 Amtliches Tagblatt des Kantons Freiburg 1963, 287.

105 In Art. 130 Abs. 1 des bernischen Gesetzes über die Nutzung des Wassers vom 3. 12. 1950 wird für die Ausführung von Massnahmen an bestimmten Gewässern, soweit erforderlich, die Zusammenarbeit von Gemeinwesen und Privaten vorgesehen.

Die Ländergesetzgebung der Bundesrepublik Deutschland zeigt, dass der Ausschluss von Privaten als Vollmitglieder eines Zweckverbandes nicht von allen Gesetzgebern verwirklicht worden ist. Vom theoretischen Standpunkt aus erscheint aber eine solche Mitgliedschaft bei Verbänden mit Hoheitsbefugnissen zumindest ungewöhnlich, wenn nicht sogar unzulässig. Nach den Zweckverbandsvorschriften der deutschen Länder sind Private als Mitglieder eines Zweckverbandes zugelassen, wenn dadurch die Erfüllung der Verbandsaufgabe gefördert wird und Gründe des öffentlichen Wohls nicht dagegen sprechen [106]. Der Versuch, Private an der Verbandsbildung zu beteiligen, muss aber heute als gescheitert betrachtet werden, da in der Praxis weiterhin die erprobten und bewährten gemischtwirtschaftlichen Betriebe, die keiner direkten staatlichen Aufsicht unterstellt sind, als Rechtsformen der Zusammenarbeit zwischen der öffentlichen Hand und den Privaten den Vorzug geniessen [107].

Weil nur Gemeinden und Gemeindeverbände, d. h. nach deutscher Terminologie Gebietskörperschaften höherer Ordnung, zur Bildung von Pflichtverbänden gezwungen werden können, ist die Mitgliedschaft von Privaten sowie von Körperschaften, Anstalten und Stiftungen des öffentlichen Rechts auf die sog. Freiverbände beschränkt [108].

V. Der Zweckverband als Träger von einzelnen bestimmten Gemeindeaufgaben

Als Verbandszweck bezeichnen die kantonalen Gesetze im allgemeinen die gemeinsame Besorgung einzelner Aufgaben oder Geschäfts- oder Verwaltungszweige der Gemeinden [109]; von zwei kantonalen Bestimmungen wird auch die Erfüllung regionaler Aufgaben ausdrücklich dazu gezählt [110]. Im Mittelpunkt der folgenden Ausführungen sollen zunächst einmal die Gemeindeaufgaben als Verbandszweck im allgemeinen und deren Eignung als Verbandsaufgabe im besondern stehen.

---

106 Z. B. § 3 Abs. 3 RZVG; Baden-Württemberg: § 2 Abs. 2 ZVG; Bayern: Art. 18 Abs. 2 KZG; Hessen: § 5 Abs. 2 KGG; Nordrhein-Westfalen: § 4 Abs. 2 KGG.

107 Klüber, Zweckverbände 546. – Klüber (Gemeinderecht, 327) bezeichnet die Beteiligung von Privaten u. E. zu Recht als systemwidrig.

108 Rothe, Zusammenarbeit 73.

109 Z. B. Basel-Landschaft: § 7 Abs. 1 GG; Freiburg: Art. 1 Abs. 1 ZVG; Neuenburg: Art. 66 Abs. 1 GG; Waadt: Art. 112 GG; Zürich: § 7 Abs. 1 GG.

110 Bern: Art. 138 GG; Aargau: § 78 Abs. 1 Entwurf GG.

*1. Die gemeinsame Erfüllung von Gemeindeaufgaben
als Verbandszweck*

Die dem Zweckverband übertragenen Angelegenheiten sind stets Kommunalaufgaben, deren Besonderheit darin besteht, <u>dass sie für mehrere Gemeinden gemeinsam durch einen von diesen geschaffenen Rechtsträger erfüllt werden</u> [111]. Jedenfalls kann es sich also nur um die gemeinsame Erfüllung von Gemeindeangelegenheiten handeln; die Übernahme von Aufgaben, die den Gemeinden nicht zustehen, ist auch auf dem Umweg über den Zweckverband nicht zulässig [112].

a) Zur Frage der Übertragbarkeit von Gemeindeaufgaben

Der Umfang der den Gemeinden zustehenden Kompetenzen wird durch die Vorschriften der Kantone und indirekt auch durch diejenigen des Bundes bestimmt. Von Theorie und Praxis wurden die Kommunalaufgaben in verschiedene Kategorien eingeteilt. Auf die heute umstrittene Unterscheidung von eigenem und

---

111 Mayer, 690.
112 Seydel, 107; vgl. auch Mettler, Gemeinderecht 38; Klüber, Zweckverbände 547; Neuwiem, 56. – Für den Kanton Waadt vgl. Henry, 206. – Im Kanton Zürich wird den Regionalplanungsverbänden auch die Aufstellung und Nachführung eines vom Regierungsrat zu genehmigenden Gesamtplanes gemäss § 8 b des Baugesetzes für Ortschaften mit städtischen Verhältnissen vom 23. 4. 1893 übertragen (vgl. § 3 der Vereinbarung Regionalplanungsverband 1; § 3 der Statuten Regionalplanungsverband 2; § 3 der Statuten Regionalplanungsverband 3). Zu dieser Regelung bemerkt der Regierungsrat in seiner Begründung der Genehmigungsbeschlüsse: Nach der genannten Gesetzesbestimmung, „welche den Gesamtplan abschliessend regelt, fällt der Erlass solcher Pläne indessen ausschliesslich in die Zuständigkeit des Regierungsrates; das Festsetzungsverfahren ist dabei unter Fühlungnahme mit den Behörden der beteiligten Gemeinden durchzuführen. Diese Kompetenzordnung kann mit der vorliegenden Verbandsvereinbarung nicht abgeändert werden. Es wird deshalb bezüglich eines Gesamtplanes nach § 8 b des Baugesetzes lediglich die Aufgabe des Verbandes sein, einen solchen Plan auszuarbeiten und dem Regierungsrat zur Festsetzung vorzulegen." (Vgl. RRB 689/1965; RRB 725/1966; RRB 2587/1966).

übertragenem Wirkungsbereich der Gemeinden ist jedoch im Rahmen dieser Arbeit nicht weiter einzutreten, da die Möglichkeit der gemeinsamen Erfüllung von Aufgaben durch einen Zweckverband nicht von den für diese Unterscheidung massgebenden Kriterien abhängig ist, sondern von der grundsätzlichen Frage, ob eine Aufgabe überhaupt auf einen anderen Rechtsträger übertragbar sei.

An erster Stelle ist festzuhalten, dass dem Verband nur einzelne Gemeindeaufgaben überbunden werden können. Eine Aushöhlung der Gemeindetätigkeit durch einen Zweckverband, die im Ergebnis einer Vereinigung der beteiligten Gemeinden oder der Bildung einer „Supergemeinde" gleichkommt, ist rechtswidrig [113], da den Gemeinden das Recht zur Selbstauflösung nicht zusteht. Nach dieser grundsätzlichen Bemerkung ist aber auch auf Beschränkungen der Verbandsbildung einzutreten, die sich aus einzelnen Rechten und Pflichten der Gemeinden oder aus dem Vertragscharakter der Verbandsvereinbarung ergeben. — Gewisse Kompetenzen, wie z. B. die Bestellung der Gemeindeexekutive, sind derart eng mit der Existenz der Gemeinde verknüpft, dass sie aus diesem Grund nicht auf einen Zweckverband übergehen können; andere Aufgaben, wie z. B. die Bürgerrechtserteilung, sind aus ihrer Natur als unübertragbar zu verstehen, und bei einer letzten Gruppe von Kommunalaufgaben wird von Gesetzes wegen die Delegationsmöglichkeit ausgeschlossen. Hier sind zunächst einmal jene Rechte zu erwähnen, welche die Gemeindegesetzgebung den Stimmberechtigten jeder Gemeinde als unübertragbar zugewiesen hat. Nach Art. 51 Abs. 1 der Zürcher Kantonsverfassung und den §§ 41 Abs. 1 und 2 sowie 91 des Gemeindegesetzes sind dies Beschlüsse über den Bestand und die Organisation der Gemeinde, insbesondere der Erlass der Gemeindeordnung und ihre Änderung sowie die Oberleitung der kommunalen Finanzverwaltung. Derartige Fragen können nicht von Zweckverbandsorganen entschieden werden; hier sind Verbandsbeschlüsse jeder Art, d. h. auch Mehrheitsbeschlüsse der Verbandsgemeinden bzw. ihrer Organe [114] ausgeschlossen.

In diesen Zusammenhang gehört aber auch die Feststellung, dass dem Zweckverband, im Gegensatz zur Gemeinde, die Steuerhoheit nicht zukommt. Eine selbständige Erhebung von Steuern durch den Verband ist unzulässig [115]. Die Ge-

---

113 Klüber, Zweckverbände 547; Neuhofer 396; Mettler, Gemeinderecht 39.

114 Vgl. hinten S. 90 ff.

115 Ausdrücklich Freiburg: Art. 16 Abs. 4 ZVG; Neuenburg: Art. 80 GG; Waadt: Art. 125 GG; Zug: § 113 Entwurf GG. Vgl. auch Blumenstein, Finanzmittel 3; Feldmann, 562; Rübel, 170 f.; Pfisterer, 229; Mettler, Gemeinderecht 42. — Für die Bundesrepublik Deutschland vgl. Rothe, Zusammenarbeit 88; Pagenkopf, Kommunalrecht 180.

meinden können jedoch das ihnen zustehende Recht zur Festsetzung und Erhebung der Steuern dem Zweckverband übertragen [116], was de facto einer Steuerhoheit des Verbandes sehr ähnlich sehen kann. In einzelnen Vereinbarungen der gemeindeartig organisierten Friedhofverbände im Kanton Zürich wird das Recht zur Erhebung einer selbständigen Friedhofsteuer erwähnt [117]. Es kann sich dabei aber nie um ein selbständiges Besteuerungsrecht im Sinne der Steuerhoheit handeln [118]. Gleiches gilt für jene Kirchenverbände, deren Hauptzweck in der Vereinheitlichung der Steuersätze liegt [119].

Der Umfang der dem Zweckverband übertragenen Rechte wird aber auch durch die Vertragsnatur der Verbandsstatuten beschränkt. Um dem vertragsähnlichen Charakter gerecht zu werden, muss der Verbandszweck in den Statuten genau umschrieben werden. Sogenannte „offene" Zweckverbände, deren Zwecksetzung erst durch die Verbandsorgane festgelegt wird, sind nach heutigem Recht unzulässig [120]. Dies hat zur Folge, dass nur einzeln bestimmte Aufgaben vom Zweckverband erfüllt werden können. Als weitere Konsequenz des vertraglichen Charakters der Verbandsvereinbarung bedürfen grundlegende Änderungen, insbesondere die Änderung oder Erweiterung des Verbandszwecks, der Zustimmung jeder Verbandsgemeinde und können nicht den Verbandsorganen übertragen werden [121].

---

116   Rübel, 171 f.; Mettler, Gemeinderecht 42.
117   Z. B. Art. 2 Abs. 2 der Vereinbarung Friedhofverband 3; Art. 3 Ziff. 6 der Vereinbarung Friedhofverband 8.
118   Der regierungsrätliche Genehmigungsbeschluss zum Friedhofverband 8 (RRB 371/1967) ist in dieser Beziehung zweideutig, indem er feststellt, dem Zweckverband sei das Recht übertragen, zur Bestreitung seiner Ausgaben selbständig Steuern zu erheben.
119   Z. B. Kirchenverbände 1, 3. – Vgl. dazu Schmid, 374.
120   Bericht Zürich, 1872.
121   Vgl. hinten S. 90 ff.

b) Ist die Übertragung von regionalen Aufgaben auf den Zweckverband zulässig?

In einer neueren Arbeit [122] wird die Ansicht vertreten, der Zweckverband dürfe nicht mit regionalen Aufgaben betraut werden, da sich seine Tätigkeit nur auf lokale bzw. kommunale Angelegenheiten beziehen könne. Dieser Meinung kann nicht zugestimmt werden, da neuere Darstellungen des Kommunalrechts „die Allzuständigkeit der Gemeinde nicht mehr auf Angelegenheiten der örtlichen Gemeinschaft beschränken, sondern grundsätzlich auf alle öffentlichen Aufgaben erweitern, die auf Gemeindegebiet anfallen" [123]. Eine klare Abgrenzung von lokalen und regionalen Aufgaben ist u. E. auch nicht möglich, da heute die meisten kommunalen Verpflichtungen einen überörtlichen Bezugspunkt haben [124]. Für die Verhältnisse im Kanton Zürich ist im übrigen auch daran zu erinnern, dass, vom öffentlichen Verkehr abgesehen [125], keine eigenen Rechtsträger zur Erfüllung von regionalen Aufgaben bestehen. Die Gemeinden können auf diesen Gebieten, jedenfalls soweit der Kanton keinen Gebrauch seiner Kompetenzen gemacht hat, im lokalen Bereich tätig werden.

c) Weitere von Theorie und Praxis zur Diskussion gestellte Einschränkungen des Verbandszweckes

Gemäss § 7 Abs. 1 des Zürcher Gemeindegesetzes sind die Gemeinden zur gemeinsamen Besorgung einzelner Zweige der Gemeindeverwaltung ermächtigt. Eine Interpretation dieser Formulierung in dem Sinne, dass dem Zweckverband nur Verwaltungsaufgaben übertragen werden dürfen [126], ist zu eng und formalistisch. Dem

---

122 A. Müller, 23.
123 Dehmel, 108. – Vgl. auch Bericht Zürich, 1872.
124 Klotz, 187; Dehmel, 112. Nach Wolff (II, 178) ist jede überörtliche Aufgabe auch eine örtliche (d. h. ortsbezogene) Angelegenheit. – Zur Überlagerung von lokal lösbaren Aufgaben durch überörtliche Anknüpfungspunkte vgl. Jagmetti, 325 f.
125 Vgl. Anm. 97.
126 Diese Ansicht wird von A. Müller (S. 24) vertreten.

Zweckverband stehen vielmehr alle Aufgaben zu, „die Gegenstand der Gemeindeadministration bilden können"[127], insbesondere aber auch Rechtsetzungsfunktionen[128].

Vor kürzerer Zeit hatte sich die Praxis mit der Frage zu befassen, ob der freiwillige interkommunale Finanzausgleich dem Bereich der Kommunalaufgaben angehöre und deshalb auch einer gemeinschaftlichen Lösung in Form eines Zweckverbandes zugänglich sei. – Die Zürcher Gemeinden Kilchberg, Küsnacht, Meilen, Rüschlikon, Uitikon, Zollikon und Zumikon hatten im Jahr 1965 einen Zweckverband zur Unterstützung finanzschwacher Gemeinden des Kantons Zürich gegründet[129], der inzwischen durch den Erlass des Gesetzes über die Staatsbeiträge an die Gemeinden und über den Finanzausgleich vom 11. 9. 1966 hinfällig wurde[130]. In der Begründung des regierungsrätlichen Genehmigungsbeschlusses wurde zwar festgestellt, dass eine Gemeinde mit der finanziellen Unterstützung einer anderen Gemeinde in der Regel keine eigenen Zwecke verfolge; das vorgesehene Ausmass der Unterstützung (total Fr. 500'000.–) gehe jedoch nicht über die Kompetenzen der Gemeinden hinaus und könne deshalb nicht als unzulässig bezeichnet werden[131].

Zusammenfassend ist festzuhalten, dass alle Gemeindeaufgaben, die nach dem Willen des Gesetzgebers oder gemäss ihrer Natur eine gemeinsame Erfüllung nicht ausschliessen, auf einen Zweckverband übertragen werden können[132].

---

127 Mettler, Gemeinderecht 39.

128 Rübel, 196 ff.; Natsch, 168; Pfisterer, 120 ff. – Zum Problem der Rechtsetzungsbefugnis des Zweckverbandes im allgemeinen vgl. hinten S. 93 f.

129 Vgl. RRB 1383/1965 und Mettler, Finanzausgleich 451.

130 Bericht Zürich 1871 f.

131 RRB 1383/1965. – Max Imboden war in einem Gutachten an die Verbandsgemeinden vom 12. 8. 1966 (S. 27 des maschinengeschriebenen Exemplars) ebenfalls der Ansicht, die freiwilligen Beiträge der Gemeinden seien Zugeständnisse im Rahmen ihrer Autonomie. – Vgl. dazu auch Mettler, Gemeinderecht 39.

132 In der theoretischen Literatur werden bei den sog. Gesamtaktverträgen, zu welchen auch die Zweckverbandsvereinbarung gezählt wird, die Grenzen der Zulässigkeit im allgemeinen weit gezogen; vgl. Salzwedel, 255. – Ähnlich für Österreich Neuhofer, 397.

d)   Zur Frage des Mehrzweckverbandes

Der Wortlaut der gesetzlichen Grundlagen des Zweckverbandes lässt im allgemeinen eine gemeinsame Erfüllung mehrerer Aufgaben durch denselben Zweckverband zu [133]. Solche sog. Mehrzweckverbände gab es schon unter der Herrschaft des Preussischen Zweckverbandsgesetzes vom 19. 7. 1911. Ihre Gründung wurde begrüsst, da sie eine Häufung von sich überschneidenden interkommunalen Organisationen auf engem Raum verhinderten [134]. Auch heute wird aus Gründen der Verwaltungseffizienz und der Überschaubarkeit der interkommunalen Verhältnisse eine vermehrte Bildung von Mehrzweckverbänden gefordert [135]. Gefahr dieser Aufgabenkonzentration in einem Verband ist die Aushöhlung der Gemeindezuständigkeiten, die theoretisch bis zur Zusammenlegung der gesamten Gemeindeverwaltung aller Verbandsgemeinden führen könnte [136]. Eine solche Entwicklung würde die Existenz der von der Verfassung vorgesehenen, sich selbst verwaltenden Gebietskörperschaften unterster Stufe in Frage stellen und die Gemeindeautonomie im Sinne der Institutsgarantie aushöhlen. Bei der Untersuchung der kantonalen Verbandspraxis haben sich diese Bedenken aber zerstreut, da der Mehrzweckverband wenig verbreitet ist; er hat auch im Kanton Zürich nur in vereinzelten Fällen Ver-

---

133   Ausdrücklich Bern: Art. 138 GG. – In der Bundesrepublik Deutschland vgl. z. B. Nordrhein-Westfalen: § 4 Abs. 1 KGG, kommentiert bei Rothe, Neuordnung 25.

134   Neuwiem, 58 f.

135   Meyer-Schwickerath, 781 ff.; Lückert, 334 f. – Es wird auch die Meinung vertreten, dass die Bildung von Mehrzweckverbänden das organische Zusammenwachsen von Gemeinden fördere (Lückert, 335).

136   Meyer-Schwickerath, 781. Nach Klüber (Gemeinderecht, 328) ist der Zweckverband nie zu einer umfassenden kommunalen Tätigkeit berechtigt; eine Aushöhlung der Mitgliedergemeinden ist nicht möglich, da er sich auf die Aufgaben zu beschränken habe, zu deren Lösung er gegründet wurde. – Den Bedenken gegenüber dem Mehrzweckverband wird auch mit dem Argument begegnet, dass die mittelbare Verwaltung durch einen Zweckverband ebenfalls kommunale Selbstverwaltung sei (vgl. Zwischengemeindliche Zusammenarbeit I, 68 N. 4. 83).

wendung gefunden [137]. In den Zürcher Beispielen wurden dem Zweckverband jeweils zwei ineinandergreifende Aufgaben des Umweltschutzes (Abwasserreinigung und Kehrichtbeseitigung), des Schulwesens (Führung einer Sonderklasse und eines schulpsychologischen Dienstes) oder der Fürsorge (Führung der Amtsvormundschaft und einer Beratungsstelle für Alkoholgefährdete) übertragen. — Die Aussage, dass die Mehrheit der Zweckverbände der Erfüllung von Einzelaufgaben diene, ist auch unter den heutigen Verhältnissen richtig.

e) Die im Kanton Zürich festgestellten Verbandsaufgaben

Der Schwerpunkt der Zürcher Zweckverbände liegt, sowohl was die Anzahl als was die finanziellen Aufwendungen betrifft, auf dem Gebiet der Abwasserreinigung und Kanalisation [138], gefolgt von den Verbänden auf dem Gebiet der

---

137 Z. B. Abwasserreinigungsverbände 6, 7, 11, Schulverband 11 und Amtsvormundschaftsverband 5. — Eine ähnliche Situation ist im Kanton Bern feststellbar; vgl. NZZ vom 1. 2. 1973 I 51/21.

138 Im allgemeinen vgl. Pfisterer, 44 f. und Grüter, 163 ff. — Zürich: 33 Zweckverbände (vgl. Zusammenstellung vorn S. XXV ff. und Statistische Berichte 20 ff. und 30 f.). Die Baukosten der Kläranlage und der Abwasserkanäle des Abwasserreinigungsverbandes 19 betrugen beispielsweise 13,285 Mio. Fr., an welche Bund und Kantone Subventionen leisteten (vgl. NZZ vom 19. 1. 1969 37/23; die Baukosten der Kläranlage Abwasserreinigungsverband 17 beliefen sich auf 2,948 Mio. Fr. (vgl. NZZ vom 19. 6. 1970 II 279/27). — Bern: 21 Zweckverbände (vgl. Verbindungen, 11 ff.); — Waadt: 3 Zweckverbände (vgl. Meylan, 25). In vielen anderen Kantonen wurden in letzter Zeit zahlreiche Abwasserreinigungsverbände gegründet; z. B. Aargau (vgl. NZZ vom 9. 12. 1973 I 592/20; die Kosten der Abwasserreinigungsanlage der Gemeinden Mellikon, Rekingen, Rietheim, Rümikon, Wislikofen und Zurzach betrugen 11,8 Mio. Fr.); — Solothurn: 12 Zweckverbände (vgl. NZZ vom 2. 8. 1972 II 356/10); — sogar im Tessin wurden in Chiasso und Umgebung und im oberen Mendrisiotto zwei Abwasserreinigungsverbände geschaffen (vgl. NZZ vom 2. 11. 1970 I 509/23; — Thurgau: Es bestehen Zweckverbände in den Regionen Arbon, Bischofszell, Ermatingen, Frauenfeld, Mittelthurgau usw. (vgl. NZZ vom 7. 12. 1969 714/35 und vom 18. 8. 1970 I 380/14). — Auch in der Bundesrepublik Deutschland wurde eine kaum überschaubare Zahl von Zweckverbänden auf dem Gebiet der Wasserwirtschaft, insbesondere für die Aufgaben der Wasserversorgung und Abwasserbeseitigung gegründet; vgl. Weber, Selbstverwaltung 120.

Kehrichtbeseitigung [139], der Wasserversorgung [140], des Schulwesens [141], der öffentlichen Fürsorge [142], des Spitalwesens [143], des Kirchenwesens [144], des Friedhofwesens [145] und der Regionalplanung [146]. Mehreren Verbänden ist der

---

139 Zürich: 9 Verbände (vgl. Zusammenstellung vorn S. XXVIII f. und Statistische Berichte, 23 ff. und 34 f.); − Bern: 2 Verbände (Verbindungen, 13); − Waadt: 1 Verband (Jean Meylan, 25). In verschiedenen anderen Kantonen entstanden zahlreiche Kehrichtbeseitigungsanlagen; z. B. Aargau: Kehrichtverbrennungsanlage für 32 Gemeinden der Region Aarau-Lenzburg, deren Kosten 9,173 Mio. Fr. betrug (vgl. NZZ vom 8. 5. 1970 208/23); − Glarus/Schwyz: Regionale Kehrichtverbrennungsanlage in Niederurnen (vgl. NZZ vom 14. 9. 1972 I 429/23); − Graubünden: Regionale Kehrichtverbrennungsanlage in Trimmis, für die ein Bauprojekt in der Grössenordnung von 15 Mio. Fr. vorliegt (vgl. NZZ vom 15. 11. 1971 II 533/14 und vom 18. 5. 1972 I 228/23); − Thurgau: 2 Verbände (vgl. NZZ vom 16. 3. 1970 II 125/14).

140 Zürich: 8 Zweckverbände (vgl. Zusammenstellung vorn S. XXIX f. und Statistische Berichte, 19 f. und 30 f.); − Bern: 17 Verbände (vgl. Verbindungen, 10 f.); − Waadt: 7 Verbände (vgl. Jan Meylan, 25).

141 Zürich: 19 Verbände (vgl. Zusammenstellung vorn S. XXXI ff. und Statistische Berichte, 15 ff. und 37 f.); − Bern: 75 Verbände (vgl. Verbindungen, 1 ff.).

142 Zürich: 7 Amtsvormundschaftsverbände und Alkoholfürsorgeverbände (vgl. Zusammenstellung vorn S. XXXVI und Statistische Berichte, 18 f. und 31 f.) und 7 Armenfürsorgeverbände (Statistische Berichte, 10 f. und 32); − Bern: 18 Verbände (Verbindungen, 17 f.).

143 Zürich: 10 Zweckverbände (vgl. Zusammenstellung vorn S. XXXIII f. und Statistische Berichte, 17 ff. und 38 f.); − Bern: 19 Verbände (vgl. Verbindungen, 14 f.).

144 Zürich: 11 Zweckverbände (vgl. Zusammenstellung vorn S. XXXVII ff. und Statistische Berichte, 12 f. und 35 f.).

145 Zürich: 16 Zweckverbände (vgl. Zusammenstellung vorn S. XXXIX f. und Statistische Berichte, 11 f. und 35 f.); − Bern: 60 Verbände (vgl. Verbindungen, 22 ff.).

146 Zürich: 3 Zweckverbände (vgl. Zusammenstellung vorn S. XL und Statistische Berichte, 26 und 36).

Bau und Betrieb von Kranken- und Altersheimen [147], von Schiessanlagen [148], von Schwimmbädern [149] sowie von Tierkörpersammelstellen [150] oder der Aufbau einer gemeinsamen Zivilschutzorganisation [151] übertragen. Einzelne Verbände wurden zum Betrieb einer Autobusverbindung [152], zum Bau eines gemeinsamen Jugendsekretariatsgebäudes [153], zur Organisation einer gemeinsamen Pensionskasse [154] sowie eines gemeinsamen Feuerwehrpiketts [155] geschaffen. In Schaffhausen hatte man die Bildung eines Zweckverbandes für die Errichtung und den Betrieb eines Verwaltungsrechenzentrums, an dem auch der Kanton beteiligt werden sollte, erwogen [156]. Als Rechtsträger des Städtebundtheaters Biel-Solothurn soll in Zukunft ein Zweckverband auftreten [157]. In einzelnen Zürcher Gemeinden beschäftigte man sich mit der Frage, ob sie sich zum Bau einer regionalen Fernsehantennenanlage in einem Zweckverband zusammenschliessen sollten [158]. – Diese

---

[147] Zürich: 8 Zweckverbände (vgl. Zusammenstellung vorn S. XXXV und Statistische Berichte, 27 und 40); – Bern: 2 Verbände (vgl. Verbindungen, 18 f.); – St. Gallen: Pflegeheim in Uznach, dessen Baukosten 4,4 Mio. Fr. betrugen (vgl. NZZ vom 15. 9. 1972 I 431/22; – Solothurn, wo die Einwohner- oder Bürgergemeinden zum Beitritt zu einem Altersheimverband verpflichtet werden sollen (vgl. NZZ vom 15. 6. 1972 II 275/9).

[148] Zürich: 2 Zweckverbände (vgl. Zusammenstellung vorn S. XLI und Statistische Berichte, 27 und 40).

[149] Zürich: 2 Zweckverbände (vgl. Zusammenstellung vorn S. XLI).

[150] Zürich: 2 Zweckverbände (vgl. Zusammenstellung vorn S. XLI).

[151] Zürich: 2 Zweckverbände (vgl. Zusammenstellung vorn S. XLI).

[152] Zürich: 1 Zweckverband (vgl. Zusammenstellung vorn S. XLI).

[153] Zürich: 1 Zweckverband (vgl. Zusammenstellung vorn S. XLII).

[154] Zürich: 1 Zweckverband (vgl. Zusammenstellung vorn S. XLII).

[155] Zürich: 1 Zweckverband (vgl. Zusammenstellung vorn S. XLII). – Auf den Gebieten der Berufsberatung, der Forstwirtschaft sowie zur Führung von Arbeitslosenkassen, von Eheberatungsstellen und von Jugendsekretariaten bestehen laut Grüter (S. 205 ff.) in anderen Kantonen weitere Zweckverbände.

[156] NZZ vom 25. 2. 1972 I 94/23.

[157] NZZ vom 21. 8. 1972 I 387/21.

[158] NZZ vom 21. 11. 1973 II 542/21.

Zusammenstellung vermittelt ein anschauliches Bild von der Vielfalt der von Zweckverbänden erfüllten Gemeindeaufgaben [159]. Eine Intensivierung der zwischengemeindlichen Zusammenarbeit ist vor allem auf den Gebieten der Abwasserreinigung und der Kehrichtbeseitigung feststellbar; eine ähnliche Entwicklung bahnt sich aber auch beim Bau und Betrieb von Alters- und Pflegeheimen an. Hauptgrund dafür ist die Einsicht, dass die durch Erlasse des Bundes und der Kantone neu begründeten Pflichten der Gemeinden aus sachlichen Gründen vielfach nur überörtlich optimal zu erfüllen sind [160]. Ob der Zweckverband in jedem Fall die geeignetste Rechtsform zur Lösung der interkommunalen Probleme ist, kann nicht generell beantwortet werden, sondern ist für jede Aufgabe und jeden Kanton einzeln zu untersuchen. Für die Raumplanung beispielsweise gehen die Ansichten darüber auseinander: In einer neueren Arbeit wird der Zweckverband als brauchbares Instrument der Planung bezeichnet [161]; ein anderer Autor [162] ist dagegen der Ansicht, dass der Zürcher Zweckverband nicht als „echte Planungsgmeinschaft" ausgestaltet werden könne, da ihm selbständige Entscheidungs- und Vollzugskompetenzen fehlen.

---

159 Für die Verhältnisse in der Bundesrepublik Deutschland vgl. die Tabellen bei Rothe (Zusammenarbeit, 62 f.) und Zwischengemeindliche Zusammenarbeit II, 29 Ziff. 2.43. Das Schwergewicht der deutschen Zweckverbände liegt im Schul- und Feuerlöschwesen; vgl. dazu auch Pagenkopf, Kommunalrecht 182.

160 Mäding, 16.

161 Gygi, 144 ff. — Auch in der Praxis haben sich offenbar Zweckverbände mit Planungsaufgaben durchgesetzt (NZZ vom 11. 7. 1974 II 317/13).

162 Natsch, 169.

2. Die Übertragung der Gemeindeaufgaben zur selbständigen Erfüllung durch den Zweckverband

Mit der Gründung eines Zweckverbandes gehen die in der Vereinbarung umschriebenen Aufgaben auf den Verband über und scheiden aus dem Tätigkeitsbereich der beteiligten Gemeinden aus [163]. Als öffentlich-rechtliche Körperschaft erfüllt der Zweckverband die ihm übertragenen Aufgaben als eigene Aufgaben [164]. Die Zuständigkeit der Verbandsgemeinden reduziert sich im Umfang der Verbandsaufgaben. Diese Ansicht findet ihre Bestätigung darin, dass der Verband direkt der Staatsaufsicht unterstellt ist [165]. In den neueren Gesetzen und Gesetzesentwürfen wird die Tatsache der Kompetenzübertragung ausdrücklich festgehalten [166] und etwa folgendermassen formuliert: „Der Gemeindeverband tritt im Umfang der ihm übertragenen Aufgaben an die Stelle der ihm angeschlossenen Gemeinden (...) und hat in diesem Bereich deren Pflichten und Rechte mit Einschluss der Befugnis, Gebühren und Vorzugslasten aufzuerlegen" [167]. Damit wird auch anerkannt, dass der Verband direkt mit den einzelnen Gemeindeeinwohnern in Beziehung treten kann [168]. — In Literatur [169] und Gesetzgebung [170] der Bundesrepublik Deutschland wird die Lösung der Kompetenzübertragung schon seit längerer Zeit vertreten.

---

163 Pfisterer, 64; Probst, 233. — A.A. Blumenstein (Finanzmittel, 2) und Romer (Zweckverbände, 50), welche die Gemeinden auch nach der Verbandsgründung als Träger der Aufgaben bezeichnen; nicht so eindeutig Feldmann (S. 500), der die Trägerfunktion den verbundenen Gemeinden als solchen zuschreibt.

164 Pfisterer, 65.

165 Vgl. vorn S. 21.

166 Bern: Art. 141 GG; Graubünden: Art. 56 GG; Aargau: § 83 Abs. 1 Entwurf GG; Zug: § 111 Abs. 2 Entwurf GG.

167 Bern: Art. 141 GG.

168 Probst, 233.

169 Klüber, Zweckverbände 555 f.; Pagenkopf, Kommunalrecht 179; Wolff, II 265; Loschelder, Zweckverbände 498.

170 Z. B. Baden-Württemberg: § 4 Abs. 1 ZVG; Bayern: Art. 23 Abs. 1 KZG; Hessen: § 8 Abs. 1 KGG.

Als Konsequenz dieser Kompetenzdelegation sind die Gemeinden, ähnlich der Verpflichtung der Kantone in den interkantonalen Rechtsbeziehungen [171], durch den Beitritt zu einem Zweckverband gehalten, der interkommunalen Regelung Geltung zu verschaffen. Dies wird einerseits dadurch erreicht, dass die Gemeinde mit dem Beitritt zum Verband die rechtliche Möglichkeit verliert, im Rahmen der von der Vereinbarung umschriebenen Zwecksetzung tätig zu werden, insbesondere aber verbandswidriges Recht zu setzen. Anderseits werden die Gemeinden durch den Beitritt verpflichtet, die Realisierung des Verbandszweckes durch vereinbarungskonformes Verhalten, durch Mitwirkung in den Verbandsorganen sowie durch finanzielle Beiträge zu ermöglichen.

3. Zur Abgrenzung von Zweckverband und Gemeinde

Der Zweckverband gehört gleich wie die Gemeinden zu den öffentlich-rechtlichen Körperschaften. Ist daraus zu folgern, dass Zweckverband und Gemeinde einander gleichgesetzt werden können? — In einzelnen älteren Untersuchungen [172] und Zweckverbandsstatuten [173] wird der Zweckverband als Gemeinde bezeichnet. Dieser Qualifizierung widersprechen aber die rechtlichen Grundlagen und theoretische Überlegungen.

Bereits 1931 stellte der Zürcher Regierungsrat fest, dass Zweckverbände im Sinne von § 7 des Gemeindegesetzes nicht in der in § 1 des genannten Gesetzes enthaltenen Aufzählung der Gemeindearten aufgeführt sind und dass sie auch durch

---

171 Häfelin, Fragen 256.

172 Wettstein, 18 N. 43; 55 N. 126 (für das alte Gesetz des Kantons Zürich betreffend das Gemeindewesen vom 27. 6. 1875). Imboden (Organisation, 356) differenziert, indem er den Zweckverband nicht zur Gemeinde im engeren Sinn zählt, ihn aber seinem Wesen nach als eine weitere, allerdings auf freier Vereinbarung beruhende Spezialgemeinde bezeichnet.

173 Z. B. Art. 1 der Vereinbarung Friedhofverband 3; § 1 Abs. 1 der Vereinbarung Friedhofverband 6.

die Kantonsverfassung eine eigene Regelung erfahren haben. Diese selbständige systematische Behandlung lasse deutlich erkennen, „dass der Gesetzgeber die Zweckverbände nicht einfach als ‚Gemeinden', sondern als Gebilde eigener Art behandelt wissen wollte"[174]. Der Unterschied zur Gemeinde ergebe sich ohne weiteres auch aus der praktischen Tatsache, dass Zweckverbände, je nach Verbandszweck, die verschiedensten Organisationsformen aufweisen könnten. – Der Regierungsratsbeschluss enthält u. E. die wesentlichen Kriterien, um die systematisch selbständige Einordnung des Zweckverbandes zu rechtfertigen und eine Gleichschaltung mit der Gemeinde auszuschliessen. – Die mehr theoretische Frage, ob der Zweckverband Gebietskörperschaft sei, ist ebenfalls zu verneinen, da ihm das diese auszeichnende Charakteristikum der Allzuständigkeit fehlt[175]. Der Wirkungskreis des Zweckverbandes ist nicht allumfassend, sondern wird durch die Statuten, d. h. durch den Willen der Verbandspartner in jedem Fall genau festgelegt und kann nur im besonderen Verfahren der Statutenänderung abgeändert werden[176].

---

[174] RRB 1333/1931 (z. T. im Geschäftsbericht des Regierungsrates an den Zürcherischen Kantonsrat 1931, 468 Nr. 2 enthalten). – Ähnlich Aeppli, 14.

[175] Gönnenwein, 433; Seydel, 17; Klüber, Zweckverbände 548; Neuhofer, 404; Pfisterer, 61.

[176] Bei Kompetenzkonflikten zwischen Verband und Verbandsgemeinden liegt die Vermutung der Zuständigkeit immer bei den einzelnen Gemeinden; vgl. Seydel, 20.

2. Kapitel

GRÜNDUNG UND AUFLÖSUNG DES ZWECKVERBANDES

I. Das Gründungsverfahren beim Freiverband

In der Gesetzgebung wird zwischen Freiverband und Zwangsverband unterschieden [1], wobei als Unterscheidungskriterium das Gründungsverfahren dient, welches bei den beiden Verbandsarten in wesentlichen Punkten voneinander abweicht.
– Grundlage des Freiverbandes ist eine freiwillige Vereinbarung zwischen den beteiligten Gemeinden. Der Abschluss dieser Übereinkunft ist aber nur ein Teil des Gründungsverfahrens, das sowohl Vorbereitungshandlungen, wie die Projektierung der Gemeinschaftsanlage und den Entwurf der Verbandsstatuten, als auch das Abschlussverfahren in den Gemeinden und die staatliche Genehmigung der Zweckverbandsvereinbarung umfasst.

1. Die materiellen Voraussetzungen für die Gründung eines freiwilligen Zweckverbandes

Wichtigste Voraussetzung bei der Gründung eines Zweckverbandes ist, dass ihm, wie im vorangehenden Kapitel dargelegt wurde, nur Gemeindeaufgaben zur gemeinsamen Erfüllung übertragen werden können. Ferner hat ein solcher Zusammenschluss von Gemeinden, da er den öffentlich-rechtlichen Institutionen zuzu-

---

1 Vgl. vorn S. 30 ff.

rechnen ist, auch den im öffentlichen Recht allgemein geltenden Prinzipien zu genügen [2]. In erster Linie wird daher vorausgesetzt, dass die interkommunale Zusammenarbeit dem öffentlichen Interesse entspricht [3]. Dieses Erfordernis wird häufig mit der Formulierung „Zweckmässigkeit und Verhältnismässigkeit" oder „Notwendigkeit" der interkommunalen Lösung zum Ausdruck gebracht. Nach dem Zürcher Gemeindegesetz können sich Gemeinden miteinander verbinden, wo besondere Verhältnisse es als wünschenswert erscheinen lassen [4]. Damit wird der Grundsatz der Zweckmässigkeit ausdrücklich für Gemeindeverbindungen als anwendbar erklärt [5]. Gemäss Art. 50 Abs. 1 des Bündner Gemeindegesetzes vom 28. 4. 1974 können sich zwei oder mehrere Gemeinden zur zweckmässigen Besorgung bestimmter Aufgaben vereinen.

2. Das Vorverfahren

Ziel des Vorverfahrens ist die Ausarbeitung einer abstimmungsreifen Vorlage für die Verbandsgemeinden [6], welche im wesentlichen aus dem Entwurf der Vereinbarung, d. h. der Rechtsgrundlage des Zweckverbandes besteht. Bei Zweckverbänden, welchen der Bau und Betrieb einer Gemeinschaftsanlage übertragen werden soll, entsteht der Vereinbarungsentwurf in der Regel erst aufgrund eines konkreten

---

2   Für die Abwasserzweckverbände vgl. Pfisterer, 25 ff. und 90. — Der Zürcher Regierungsrat verweigerte der Regelung des Regionalplanungsverbandes 3, wonach zwei Gemeindedelegierte als Kontrollstelle eingesetzt werden, die Genehmigung, unter anderem mit der Begründung, dass dies dem im kantonalen öffentlichen Recht durchwegs verwirklichten Grundsatz, eine Kollegialbehörde müsse mindestens drei Mitglieder umfassen, widerspreche (vgl. RRB 727/1966).

3   Zum öffentlichen Interesse im allgemeinen vgl. Imboden, Verwaltungsrechtsprechung 548. — Zur Gültigkeit des Grundsatzes der Zweckmässigkeit bei Zweckverbänden vgl. Stutz, 47.

4   § 7 Abs. 1 GG.

5   Wettstein, 56 N. 129; Rübel, 121; Mettler, Gemeinderecht 33.

6   Pfisterer, 82.

Projektes, das bereits bis zur Baureife entwickelt worden ist [7]. Die rechtliche Ausgestaltung des Verbandes erfolgt in diesen Fällen im allgemeinen erst, wenn die technische Ausarbeitung des Projektes einen gewissen Grad der Konkretisierung erreicht hat. <u>Nur ausnahmsweise wird ein Zweckverband schon für die Projektierung einer Gemeinschaftsanlage gebildet</u> [8]. Dies erklärt sich aus der Tatsache, dass auch eine Gemeinde in der Regel erst zur Eingehung von rechtlichen Verpflichtungen und damit zur Beschränkung ihrer Autonomie durch die Gründung eines Zweckverbandes bereit sein wird, wenn das Ausmass der Belastung feststeht.

Da die Vertretung der Gemeinden nach aussen und die Vorbereitung der Gemeindebeschlüsse zu den Hauptaufgaben der Gemeindeexekutive gehörten, fällt auch die Vorbereitung einer Zweckverbandsvereinbarung in ihren Kompetenzbereich. Diese Vertretungsbefugnis der Gemeindevorsteherschaft besteht auch im Kanton Zürich, obschon sie nicht ausdrücklich vom Gemeindeorganisationsrecht vorgesehen ist [9]. – An den Vorbereitungssitzungen wird häufig nur ein Mitglied der Gemeinde-

---

7   Z. B. die Abstimmungsvorlage für den Kehrichtbeseitigungsverband 4, welche die Grösse der Verbrennungsanlage, deren Standort und Ausführung genau festlegt (vgl. S. 6 der Weisung an die Stimmbürger), oder die Vorlage für den Erweiterungsbau des Kehrichtbeseitigungsverbandes 1, in welcher die Notwendigkeit der projektierten Betriebserweiterung auf Grund einer Entwicklungsprognose nachgewiesen, die Wahl des Verbrennungssystems begründet, der Standort, die Ausführung sowie der Kostenansatz festgelegt werden (vgl. S. 6 ff. des Antrages der Betriebskommission des Zweckverbandes für Kehrichtverwertung im Zürcher Oberland an die angeschlossenen Gemeinden vom 5. 11. 1966). – Ähnlich bei Abwasserreinigungsverbänden, vgl. Pfisterer, 87 ff.

8   Pfisterer, 83. – Als Beispiel ist der Zürcher Spitalverband 3 zu nennen; gemäss Art. 23 der Statuten ist das Bauprojekt zusammen mit den entsprechenden Kreditbegehren den Verbandsgemeinden zur Genehmigung vorzulegen. Der Abschluss dieser Vereinbarung erfolgt aber nach Art. 57 der Statuten unter der Bedingung, dass die zuständigen Organe der Verbandsgemeinden dem Projekt des Kreisspitals zustimmen und die erforderlichen Kredite bewilligen. <u>Diese Voraussetzung ist gemäss regierungsrätlichem Genehmigungsbeschluss als Resolutivbedingung zu verstehen</u> (vgl. RRB 3422/1959).

9   Mettler, Gemeinderecht 206 ff.

exekutive einer potentiellen Verbandsgemeinde teilnehmen und die konkreten Vereinbarungsentwürfe nachher dem Gesamtgemeinderat zur Genehmigung unterbreiten. Ein Vorverfahren dieser Art bedarf keiner besonderen rechtlichen Ausgestaltung. Werden dagegen schon im Vorbereitungsstadium Rechte und Pflichten für die zu bildende Körperschaft begründet, sei es, dass ein Ingenieurbüro mit der Projektierung der Anlage beauftragt, oder dass zur Sicherstellung des Gemeinschaftswerkes ein Grundstück erworben werden muss, so ist eine rechtliche Institutionalisierung der Vorbereitungshandlungen der Parteien erforderlich. Für eine planende und forschende Tätigkeit kommen wegen der grösseren Elastizität in der organisatorischen Ausgestaltung vor allem privatrechtliche Rechtsformen, wie z. B. der Verein im Sinne von Art. 60 ff. ZGB oder die einfache Gesellschaft gemäss Art. 530 ff. OR in Betracht [10].

3. Das Abschlussverfahren in den Gemeinden

Sind Anlageprojekt und Vereinbarungsentwurf durch die Gemeindeexekutive geprüft und für genügend befunden, so ist in den Verbandsgemeinden das Abschlussverfahren einzuleiten. Dieses Verfahren, das nur in einzelnen kantonalen Gesetzen geregelt wird, besteht im allgemeinen aus der gemeindeweisen Ratifizierung bzw. Genehmigung der Verbandsstatuten. Der Genehmigungsbeschluss betrifft in der

---

10 Klüber, Gemeinderecht 346. – Nach Pfisterer (S. 85) ist auch für diese Tätigkeit die Gründung einer öffentlich-rechtlichen Gesellschaft vorzuziehen. Nach seiner Ansicht fällt die Schwerfälligkeit dieser Rechtsform, insbesondere das Erfordernis der Einstimmigkeit nicht ins Gewicht. – Nach unserer Ansicht erweist sich dieses Erfordernis aber doch als gewichtiges Hindernis für eine planende und vorbereitende Tätigkeit.

Regel drei Fragenkomplexe, die nicht voneinander zu trennen sind [11]: 1. die Zustimmung zum Bauprojekt; 2. die Bewilligung des Verbandskredites, d. h. in concreto die Bewilligung des auf die Gemeinden entfallenden Beitrages an den Kredit für das gemeinsame Werk, und 3. die Genehmigung der Verbandsstatuten, die gleichzeitig Zustimmung zur Verbandsgründung und zum Erwerb der Mitgliedschaft ist.

Eine besondere Regelung etnhält der Entwurf des Zuger Gemeindegesetzes in § 114, wonach der Gemeindeverband durch sinngemäss übereinstimmende Änderungen der Gemeindeordnungen der beteiligten Gemeinden gegründet wird. Gleichzeitig mit der Änderung der Gemeindeordnung ist von den Stimmberechtigten der Verbandsgemeinden die erste Verbandsordnung zu genehmigen.

Die Gründungsbefugnis für Zweckverbände wird von den Zweckverbandsvorschriften einiger Kantone ganz generell jeder beteiligten Gemeinde zugewiesen [12], in anderen Kantonen werden die Stimmberechtigten für kompetent erklärt [13], in wieder anderen wird dieses Recht der Gemeindeversammlung übertragen [14] und

---

11   Ähnlich Pfisterer, 93. – Vgl. dazu auch Art. 84 der Statuten Kehrichtbeseitigungsverband 3, der vorschreibt, dass die Vereinbarung durch Zustimmung der Stimmberechtigten der Verbandsgemeinden zur Vereinbarung und zum Projekt mit Kostenvoranschlag und durch Genehmigung der Vereinbarung durch den Regierungsrat abgeschlossen werde, oder § 43 der Statuten Wasserversorgungsverband 2: „Das definitive Bauprojekt, der Kostenvoranschlag und der Kostenverteiler... bilden nach erfolgter Genehmigung durch die Verbandsgemeinden einen integrierenden Bestandteil dieser Vereinbarung."

12   Bern: Art. 139 Abs. 2 GG; Graubünden: Art. 53 Abs. 2 und 55 Abs. 1 GG; Solothurn: § 10 Abs. 2 GG. Im letzten Beispiel wird ergänzend beigefügt, dass Organisationsstatut und Reglemente des Zweckverbandes wie alle anderen Gemeindereglemente behandelt und beschlossen werden müssen.

13   St. Gallen: Art. 33 Abs. 1 OG; Zug: § 114 Abs. 2 Entwurf GG. Aargau: § 80 Abs. 1 Entwurf GG. Die aargauische Lösung nimmt Bezug auf die gemeindeinterne Kompetenzausscheidung, indem der Beitritt zu einem Gemeindeverband mit der Annahme seiner Satzungen durch das nach der Gemeindeorganisation zuständige Gemeindeorgan erfolgt.

14   Freiburg: Art. 2 ZVG; Waadt: Art. 113 Abs. 1 GG (hier sind Gemeindeversammlung oder Grosser Gemeinderat zuständig).

im Kanton Neuenburg ist das Gemeindeparlament dafür zuständig [15]. Schweigt sich das Zweckverbandsrecht über die Abschlusskompetenz aus oder weist es die Gründung generell den beteiligten Verbandspartnern zu, dann muss das zuständige Organ nach der grundsätzlichen Kompetenzordnung des allgemeinen Gemeindeorganisationsrechtes festgelegt werden. In diesem Fall ist in der Regel die Zuständigkeit der Stimmberechtigten gegeben, da sie als oberstes Kommunalorgan die Organisation der Gemeinde bestimmen.

Der Zürcher Gesetzgeber hat auf eine Regelung des Abschlussverfahrens, insbesondere aber auf die Bestimmung des Abschlussorgans verzichtet, und somit muss die Lösung der allgemeinen Kompetenzordnung des Gemeinderechts entnommen werden. Gemäss § 41 Abs. 1 des Gemeindegesetzes beschliesst die Gemeindeversammlung über Fragen des Bestandes und der Organisation der Gemeinde sowie über die Aufgaben der einzelnen Organe. In Abs. 2 werden die Kompetenzen der Gemeindeversammlung näher umschrieben; nach Ziff. 2 entscheidet diese unter anderem über die Übernahme neuer Gemeindeaufgaben und bestimmt die hierfür kompetenten Organe, sofern nicht nach der Gemeindeordnung die Behörden zuständig sind. Diese Kompetenzen können also, unter der Voraussetzung der ausdrücklichen Regelung in der Gemeindeordnung, auch von der Gemeindeexekutive ausgeübt werden [16]. Gehen wir von der Tatsache aus, dass durch die Gründung eines Zweckverbandes die Organisation der einzelnen Verbandsgemeinde geändert wird, so sind die Kompetenzvorschriften von § 41 des Gemeindegesetzes in Gemeinden mit ordentlicher Organisation auch für den Abschluss einer Zweckverbandsvereinbarung massgebend. Daraus folgt, dass Zweckverbandsvereinbarungen für obligatorische Gemeindeaufgaben stets durch die Gemeindeversammlung abzuschliessen sind; solche für fakultative Aufgaben können in der Theorie auch von der Gemeindeexekutive eingegangen werden, sofern die Gemeindeordnung dies ausdrücklich vorsieht [17]. Die Mehrzahl der Zürcher Gemeindeordnungen von politischen Gemeinden mit ordentlicher Organisation nennt das zum Verbandsab-

---

15 Art. 70 Abs. 1 GG.
16 Mettler, Gemeinderecht 108.
17 Rübel, 122; Mettler, Gemeinderecht 35.

abschluss zuständige Gemeindeorgan [18]; es ist ohne Ausnahme die Gemeindeversammlung [19]. Diese Lösung wurde auch von Schul- und Kirchgemeinden gewählt, deren Gemeindeordnungen z. T. auf die Kompetenzvorschriften der polititschen Gemeinde [20] verweisen oder selbst eine entsprechende Bestimmung enthalten [21]. In Gemeinden mit Urnenabstimmung gemäss § 116 des Gemeindegesetzes wird regelmässig ebenfalls die Gemeindeversammlung als Abschlussorgan eingesetzt [22]. Gemeinden mit Gemeindeparlament unterstellen Vereinbarungen über Zweckver-

---

18 Nur einzelne Gemeindeordnungen von politischen Gemeinden verzichten auf eine entsprechende Kompetenzvorschrift; vgl. z. B. GO von Bäretswil vom 19. 11. 1954. In diesen Beispielen ist die Zuständigkeit der Gemeindeversammlung aus den Grundsätzen der Kompetenzordnung der Gemeindeorgane abzuleiten.

19 Z. B. § 4 Ziff. 5 der GO von Adlikon vom 28. 5. 1933; § 5 Ziff. 7 der GO von Aesch vom 27. 10. 1967; § 5 Ziff. 3 der GO von Bassersdorf vom 15. 4. 1964; § 19 Ziff. 17 der GO von Bubikon vom 2. 10. 1967/3. 6. 1969; Art. 4 Ziff. 10 der GO von Dielsdorf vom 27. 4. 1966; § 11 Ziff. 7 der GO von Fischenthal vom 12. 3. 1954; § 4 Ziff. 5 der GO von Flaach vom 10. 7. 1927; § 12 Ziff. 23 der GO von Herrliberg vom 7. 3. 1963; § 8 Ziff. 5 der GO von Männedorf vom 12. 2. 1962; § 6 Ziff. 12 der GO von Regensdorf vom 3. 5. 1957; § 4 Ziff. 6 der GO von Schwerzenbach vom 1. 6. 1964.

20 Z. B. § 65 lit. a der GO der Primarschulgemeinde von Bonstetten vom 11. 2. 1960; § 116 Ziff. 2 der GO der Oberstufenschulgemeinde Pfäffikon vom 26. 2. 1962; Art. 60 Ziff. 1 der GO der Kirchgemeinde Buchs vom 12. 11. 1965/21. 1. 1966.

21 Z. B. § 6 Ziff. 5 der GO der Primarschulgemeinde Aeugst vom 1. 12. 1969; § 4 Ziff. 5 der GO der Oberstufenschulgemeinde Affoltern a. A. vom 20. 12. 1961/30. 3. 1962.

22 Z. B. Art. 9 lit. c der GO von Zollikon vom 28. 4. 1974, der ausdrücklich bestimmt, dass die Gemeindeversammlung über den Beitritt zu Zweckverbänden, unabhängig von den damit verbundenen finanziellen Konsequenzen, beschliesst. In diesem Sinn sind auch jene Vorschriften von Gemeindeordnungen zu verstehen, die zwar die Urnenabstimmung gemäss § 116 Abs. 1 Ziff. 1 des Gemeindegesetzes für Finanzbeschlüsse einer bestimmten Höhe eingeführt haben, aber dennoch den Abschluss von Zweckverbänden ohne Einschränkungen der Gemeindeversammlung vorbehalten; vgl. z. B. § 8 Ziff. 7 der GO von Fällanden vom 19. 1. 1966.

bände entweder generell dem obligatorischen Referendum [23] oder, je nach Höhe der finanziellen Verpflichtungen, welche der Gemeinde durch den Beitritt zum Verband erwachsen, der Genehmigung des Grossen Gemeinderates oder der Urnenabstimmung [24], und in einer letzten Gemeinde wird ausschliesslich der Grosse Gemeinderat dafür eingesetzt [25]. Auch die beiden letzten Regelungen verstossen nicht gegen § 91 des Gemeindegesetzes, der im wesentlichen festlegt, dass der Erlass der Gemeindeordnung und ihre Änderungen sowie Kreditbeschlüsse in einer von der Gemeindeordnung bestimmten Höhe der Gemeinde, d. h. nach § 89 des genannten Gesetzes die Gesamtheit der stimmberechtigten Schweizerbürger, nicht entzogen werden dürfen.

Im Kanton Freiburg müssen die Statuten eines Zweckverbandes nicht nur von den beteiligten Gemeinden, sondern auch von der Gründungsversammlung genehmigt werden [26]. In diesem Zusammenhang ist zu erwähnen, dass in anderen Kantonen einzelne Zweckverbände offenbar durch Beschluss der sog. Gründungs-

---

[23] Nach Keller (S. 50) ist es fast selbstverständlich, dass der Entscheid über die Schaffung von Zweckverbänden den Stimmberechtigten anvertraut wird. – Vgl. Art. 12 Ziff. 3 der GO von Adliswil vom 23. 9. 1973; § 11 Ziff. 8 der GO von Bülach vom 4. 6. 1972; § 4 lit. c. der GO von Dübendorf vom 20. 5. 1973; § 8 Ziff. 3 der GO von Illnau-Effretikon vom 4. 3. 1973; § 10 Ziff. 4 der GO von Opfikon vom 23. 9. 1973; § 9 Ziff. 3 der GO von Schlieren vom 20. 5. 1973; § 7 Ziff. 4 der GO von Winterthur vom 4. 3. 1973; Art. 10 lit. b der GO von Zürich vom 26. 4. 1970.

[24] §§ 9 Ziff. 3 und 30 Ziff. 14 der GO von Kloten vom 4. 3. 1969; Art. 4 lit. c der GO von Wädenswil vom 4. 3. 1973.

[25] Art. 29 Ziff. 3. 5 der GO von Uster vom 21. 12. 1969, wobei sich die Frage stellt, ob diese Vorschrift nicht auch so zu interpretieren ist, dass, wenn die finanziellen Verpflichtungen des Verbandsbeitrittes die Kompetenzen des Grossen Gemeinderates übersteigen, dieser Entscheid durch die Stimmberechtigten zu fällen ist. – Die gleiche Lösung kennt die Oberstufenschulgemeinde Uster (vgl. § 13 Ziff. 6 der GO vom 27. 10. 1963/4. 6. 1973), die als gesetzwidrige Besonderheit (vgl. § 88 a des Zürcher Gemeindegesetzes) auch über einen Grossen Gemeinderat verfügt.

[26] Freiburg: Art. 6 Abs. 1 ZVG.

versammlung entstanden sind. Ein solches Verfahren ist u. E. aber nur dann zulässig, wenn die an der Gründungsversammlung anwesenden Gemeindevertreter auf Grund eines Ermächtigungsbeschlusses „ihrer" Gemeinde der Zweckverbandsgründung zustimmen.

Für die Gründung eines Freiverbandes ist grundsätzlich die Zustimmung jeder beteiligten Gemeinde notwendig; Rechte und Pflichten der Verbandsglieder entstehen erst durch ihre Beitrittserklärung. Da für den Freiverband der Umstand, dass der Beitritt eines Mitgliedes nicht erzwungen werden kann, charakteristisch ist, sind auf Mehrheitsbeschluss beruhende Verbandsgründungen ausgeschlossen. Ein Zweckverband kann auch nicht durch Beschluss eines Verbandsorganes, in concreto durch Entscheid der Versammlung aller Stimmberechtigten des Verbandsgebietes gebildet werden, weil die Gründung eines Zweckverbandes die getrennte, aber übereinstimmende Willensbildung in sämtlichen Verbandsgemeinden voraussetzt [27]. Die Übertragung von Gemeindeaufgaben auf den Verband muss durch jeden Verbandspartner individuell und in dem von der Gemeindeordnung vorgeschriebebenen Verfahren erfolgen.

Im Ratifizierungsstadium muss es den zuständigen Gemeindeorganen aus praktisch-politischen Gründen, d. h. um die Vereinbarungsverhandlungen der Gemeindeexekutive nicht in untragbarer Weise in die Länge zu ziehen, verwehrt sein, Änderungen an der Verbandsgrundlage vorzunehmen [28]. Die zum Abschluss der Zweckverbandsvereinbarung kompetenten Gemeindeorgane — in der Regel die

---

[27] RRB 371/1967 (Genehmigung des Friedhofverbandes 8).

[28] Nach Rübel (S. 124) können die Gemeindeversammlungen an einem ihnen zur Ratifikation vorliegenden Vereinbarungstext Abänderungen beschliessen; in der Folge müssen aber die Verhandlungen wieder aufgenommen und bis zur Einigung oder zum Scheitern geführt werden.

Stimmberechtigten – können der Vorlage nur zustimmen oder sie verwerfen [29]. Zusätzlich haben sie selbstverständlich die Möglichkeit, einen Abänderungsantrag zu formulieren und die übrigen Gemeinden für diesen Vorschlag zu gewinnen. Wird die Vorlage von einer Gemeinde endgültig verworfen, so stellt sich zunächst die grundsätzliche Frage, ob der Verbandszweck einer Verbandsgründung mit reduziertem Mitgliederbestand nicht entgegenstehe, insbesondere ob eine gemeinsame Erfüllung unter diesen Umständen noch als zweckmässig erscheine. Sodann ist zu prüfen, ob die Verbandsvereinbarung eine Gründung mit reduziertem Mitgliederbestand zulasse, und schliesslich hat jede Gemeinde selbst abzuklären, ob sie unter den veränderten Bedingungen, d. h. beispielsweise bei grösserer finanzieller Belastung durch das Verbandswerk, weiterhin an der Beteiligung festhalten will [30].

---

29 So ist z. B. ein Beitritt unter Reduktion der in der Vereinbarung vorgesehenen Beitragsquote nicht möglich. In der regierungsrätlichen Begründung zur Genehmigung des Spitalverbandes 9 (RRB 4834/1970) wird zu dieser Frage festgestellt: „Voraussetzung für das Zustandekommen eines Zweckverbandes ist jedoch die übereinstimmende Beschlussfassung der zuständigen Organe aller beteiligten Gemeinden über die Zweckverbandsvereinbarung. Eine solche Übereinstimmung liegt im vorliegenden Fall nur für die Gemeinden Bauma, Fischenthal, Turbenthal, Bäretswil, Sternenberg und Wila vor, nicht dagegen seitens der Gemeinde Wildberg, da sich diese Gemeinde in einem wesentlichen Punkt den Beschlüssen der übrigen Gemeinden nicht angeschlossen hat".

30 An den Vorarbeiten zum Zürcher Spitalverband 3 war auch die Gemeinde Uitikon beteiligt; sie lehnte jedoch nachträglich den Beitritt zum Verband ab. In den übrigen Gemeinden wurden die Stimmberechtigten vor der Beschlussfassung auf den Verzicht der Gemeinde Uitikon aufmerksam gemacht. Im regierungsrätlichen Genehmigungsbeschluss wird festgestellt, dass der Zusammenschluss ohne Uitikon demnach dem übereinstimmenden Willen der verbleibenden Gemeinden entspreche und dass der Verband somit gültig zustandegekommen sei (vgl. RRB 3422/1959). Beim Schulverband 15 hat die am Vorverfahren beteiligte Primarschulgemeinde Schönenberg es abgelehnt, die Zweckverbandsvereinbarung der Primarschulgemeinde zum Beitrittsbeschluss zu unterbreiten. Im regierungsrätlichen Genehmigungsbeschluss (RRB 5809/1971) wird diesbezüglich festgestellt: „Der Text der Vereinbarung sieht vor, dass der Zweckverband nach Zustimmung durch die Gemeindeversammlungen sämtlicher in Artikel 1 genannten Gemeinden zustande-

(Fortsetzung von Anmerkung 30)

komme. Es fragt sich daher, ob die Nichtbeteiligung der Primarschulgemeinde Schönenberg für die Wirksamkeit des Vertragsabschlusses unter den übrigen Gemeinden Folgen habe. Drei Gemeinden, nämlich die Schulgemeinde Oberrieden sowie die Primar- und die Oberstufenschulgemeinde Richterswil, konnten in ihren Beitrittsbeschlüssen berücksichtigen, dass der Vertragsabschluss ohne die Primarschulgemeinde Schönenberg erfolge. Für die übrigen Gemeinden haben die Gemeindevorsteherschaften übereinstimmende schriftliche Erklärungen darüber abgegeben, dass sie auch ohne Beteiligung von Schönenberg an der Zustimmung zur Zweckverbandsvereinbarung festhalten. Die Bezirksschulpflege Horgen, die für die Verbandsgemeinden um Genehmigung der Vereinbarung ersucht, weist darauf hin, dass die Nichtbeteiligung der Primarschulgemeinde Schönenberg keine nennswerte finanzielle Mehrbelastung für die anderen Gemeinden bedeute, da von den Gesamtkosten des schulpsychologischen Dienstes nur rund ein Prozent auf Schönenberg entfallen wäre. Die Regelung der Kostentragung in der Vereinbarung bedarf wegen der Nichtbeteiligung von Schönenberg keiner Änderung, da hiefür die jeweiligen Schülerzahlen der Gemeinden massgebend sind." — Doch kann auch die Vereinbarung selbst bereits eine Lösung vorsehen, für den Fall, dass nicht alle ursprünglich interessierten Gemeinden dem Beitritt zum Verband zustimmen; vgl. dazu z. B. Art. 84 Abs. 2 der Statuten Kehrichtbeseitigungsanlage 3: „Stimmen die Stimmberechtigten nicht aller Gemeinden der Vereinbarung und dem Projekt mit Kostenvoranschlag zu, so ist die Vereinbarung für die zustimmenden Gemeinden verbindlich, der Verband unter diesen Gemeinden zustandegekommen und der Bau der Aufbereitungsanlage beschlossen, wenn die Vereinbarung und das Projekt mit Kostenvoranschlag die Zustimmung der Gemeinden Herrliberg, Meilen, Uetikon, Männedorf und Stäfa sowie mindestens einer weiteren Gemeinde gefunden haben. Die Kostenanteile der ausfallenden Gemeinden wachsen verhältnismässig den dem Verband beitretenden Gemeinden an. Die Zahl der Mitglieder der Betriebs- und der Rechnungskommission sowie das Quorum... werden entsprechend herabgesetzt." Eine ähnliche Regelung wird in Art. 58 der Statuten Kehrichtbeseitigungsverband 4 getroffen: „Der Verband gilt als zustandegekommen, wenn die von den zustimmenden Gemeinden bewilligten Kredite mindestens 80 Prozent der veranschlagten Baukosten erreichen. Die Betreffnisse nicht zustimmender Gemeinden werden auf dem Weg der Fremdfinanzierung gedeckt..." Gemäss Art. 52 Abs. 2 der Statuten Wasserversorgungsverband 5 gilt die Vereinbarung als unter den zustimmenden Gemeinden abgeschlossen, auch wenn sie von einer Gemeinde verworfen wird. In einem solchen Fall nimmt die Delegiertenversammlung die erforderliche Änderung der Wasserzuteilung vor.

Originell ist die Lösung des Solothurner Gemeindegesetzes, das in § 10 Abs. 3 für Schwierigkeiten bei der Verbandsgründung ein besonderes Einigungsverfahren kennt. Können sich die beteiligten Gemeinden über ein Statut oder Reglement des Zweckverbandes nicht einigen, so wird ein Schiedsgericht bestellt. Jede Gemeinde wählt einen Schiedsrichter, und diese bestimmen ihren Obmann. Wenn die Schiedsrichter in der Person des Obmannes nicht übereinstimmen, wird er vom Regierungsrat bezeichnet.

4. Die staatliche Genehmigung der Zweckverbandsvereinbarung

Da dem Verband in der Regel durch einen staatlichen Hoheitsakt Persönlichkeit des öffentlichen Rechts verliehen wird [31], bedürfen die Zweckverbandsvereinbarungen im allgemeinen der kantonalen Genehmigung. Eine Reihe von kantonalen Gesetzen sieht diese denn auch ausdrücklich vor [32]. In einem Teil der kantonalen Bestimmungen wird festgehalten, dass die Rechtspersönlichkeit des Verbandes erst mit der regierungsrätlichen Genehmigung eintritt [33]. Gemäss § 78 Abs. 2 des aargauischen Entwurfes zum Gemeindegesetz entsteht der Gemeindeverband mit der Ge-

---

31   Rothe, Zusammenarbeit 75 und vgl. vorn S. 21 f.

32   Z. B. Freiburg: Art. 6 Abs. 1 ZVG; Graubünden: Art. 53 GG; Luzern: § 65 Abs. 2 GG; Neuenburg: Art. 68 Abs. 2 GG; St. Gallen: Art. 33 Abs. 1 OG; Schaffhausen: Art. 2 Abs. 2 GG; Thurgau: § 48 b GG; Tessin: Art. 21 ZVG; Waadt: Art. 113 Abs. 2 GG; Zürich: § 7 Abs. 1 GG. — Auch in der Bundesrepublik Deutschland bedürfen die Verbandsstatuten regelmässig der Genehmigung der Aufsichtsbehörden, vgl. z. B. Baden-Württemberg: § 7 Abs. 1 ZVG; Bayern: Art. 21 Abs. 1 KZG; Hessen: § 10 Abs. 1 KGG; Nordrhein-Westfalen: § 10 Abs. 1 KGG.

33   Z. B. Freiburg: Art. 6 Abs. 1 ZVG; Graubünden: Art. 53 GG; Waadt: Art. 113 Abs. 3 GG.

nehmigung seiner Satzungen durch den Regierungsrat. Nach anderen kantonalen Bestimmungen wird die Vereinbarung erst durch die regierungsrätliche Genehmigung für die beteiligten Gemeinden verbindlich oder vollziehbar [34].

Ähnlich der Bundesgenehmigung von interkantonalen Vereinbarungen [35] hat die regierungsrätliche Genehmigung der Zweckverbandsstatuten keine Konstitutivwirkung [36]. Ihr deklaratorischer Charakter ist in der Regel auch dann gegeben, wenn der Eintritt der Rechtskraft bei interkommunalen Vereinbarungen mit dem Zeitpunkt ihrer Genehmigung durch den Regierungsrat zusammenfällt [37]. Eine er-

---

[34] Z. B. Luzern: Art. 65 Abs. 2 GG; Neuenburg: Art. 68 Abs. 2 GG.

[35] Häfelin, Förderalismus 642.

[36] Zur Unterscheidung von deklaratorischer und konstitutiver Wirkung der regierungsrätlichen Genehmigung bei kommunalen Erlassen im allgemeinen vgl. Imboden, Verwaltungsrechtsprechung, Nr. 643 III, S. 713; Bütikofer, 134 f. — Nach Mettler (Gemeinderecht, 375) wäre es verfehlt, der kantonalen Genehmigung bei allen Kategorien von Gemeindeakten die gleiche rechtliche Bedeutung zuzumessen. — Zur deklaratorischen Wirkung der Genehmigung von öffentlich-rechtlichen Vereinbarungen im allgemeinen vgl. Imboden, Vertrag 153; zur deklaratorischen Wirkung der regierungsrätlichen Genehmigung bei Zweckverbandsvereinbarungen im besonderen vgl. Blumenstein, Finanzmittel 10; Feldmann, 564; zur deklaratorischen Bedeutung der regierungsrätlichen Genehmigung der Zweckverbandsstatuten im Kanton Aargau vgl. Stutz, 50. — Vgl. dazu auch Imboden (Vertrag, 153), der feststellt, dass die Genehmigung einer Zweckverbandsvereinbarung den rechtsgeschäftlichen Charakter der Abmachung nicht beeinflusse.

[37] Die Zweckverbandsvereinbarungen enthalten öfters Klauseln, wonach der Verbandsabschluss unter Vorbehalt der Zustimmung sämtlicher Verbandsgemeinden und der Genehmigung des Regierungsrates anerkannt wird; vgl. z. B. Art. 63 der Statuten Abwasserreinigungsverband 7, § 57 der Statuten Abwasserreinigungsverband 12. — Meistens bestimmen die Statuten aber ausdrücklich, dass sie erst nach Annahme durch die beteiligten Gemeinden und nach der Genehmigung durch den Regierungsrat in Kraft treten; vgl. z. B. Art. 14 der Statuten Wasserversorgungsverband 1; Art. 16 der Statuten Friedhofverband 8. — Dass die regierungsrätliche Genehmigung mit dem Eintritt der Rechtskraft gekoppelt wird, hat seine praktischen Gründe und beeinflusst die Natur der Genehmigung nicht; vgl. dazu Bütikofer, 134 f.

neute Überprüfung der Verbandsstatuten ist bei später auftretenden Problemen jederzeit möglich [38]. In der staatlichen Genehmigung der Verbandsvereinbarung manifestiert sich eine Form der Kommunalaufsicht [39], die sich je nach Formulierung der kantonalen Vorschriften nicht nur auf die Rechtmässigkeit, sondern auch auf die Zweckmässigkeit eines Gemeindeerlasses beziehen kann. Bei Zweckverbandsvereinbarungen erstreckt sich die staatliche Kontrolle im allgemeinen auch auf die Zweckmässigkeit einer Verbandsgründung [40]. Die Berechtigung des erweiterten Prüfungsrechts ergibt sich aus dem Umstand, dass die Gründung eines Zweckverbandes die Organisation der beteiligten Gemeinden in jedem Fall verändert und neue Organe im Bereich der Kommunaltätigkeit entstehen lässt [41]. Durch die staatliche Genehmigung sollen unübersichtliche Rechtsverhältnisse und Überorganisationen der neuen Rechtsträger vermieden werden [42]. — Im Kanton Zürich kann die Zulässigkeit des erweiterten Prüfungsrechts aus der in § 7 Abs. 1 des Gemeindegesetzes enthaltenen Bedingung abgeleitet werden, dass Gemeinden sich zu Zweckverbänden verbinden können, wo besondere Verhältnisse es als wünschenswert erscheinen lassen [43]. Der Zürcher Regierungsrat hat auch ohne weitere Begründung Zweck-

---

38 Diese Tatsache wird in allen regierungsrätlichen Genehmigungsbeschlüssen wiederholt; vgl. z. B. RRB 21/1967 (Genehmigungsbeschluss Schulverband 12).

39 Zur Genehmigung als Mittel der Aufsicht über die Rechtsetzungsbefugnis der Gemeinden im allgemeinen vgl. Bütikofer, 125. — Nach Weber (Selbstverwaltung, 131) ist die Genehmigung der Zweckverbandsbildung ein Sonderaufsichtsmittel; er umschreibt sie als aufsichtsbehördliche Mitwirkung aus staatlicher Mitverantwortung.

40 Z. B. Graubünden: Art. 50 Abs. 1 GG; für den Kanton Aargau vgl. Stutz, 49. — Auch in der Bundesrepublik Deutschland wird neben der Rechtmässigkeit die Zweckmässigkeit der Verbandsgründung durch die Aufsichtsbehörde überprüft; vgl. Rothe, Zusammenarbeit 75; Widtmann/Schlephorst, 30 f.

41 Rübel, 125 f.; Stutz, 49.

42 Rübel, 125; Mettler, Gemeinderecht 36.

43 Mettler, Gemeinderecht 36.

verbände stets auf ihre Zweckmässigkeit untersucht [44]. Bei der Genehmigung von Zweckverbandsstatuten, die von Verbandsgemeinden verschiedener Bezirke abgeschlossen wurden, bestimmt der Regierungsrat regelmässig die zuständigen Aufsichtsinstanzen [45]. Es ist ihm jedoch grundsätzlich verwehrt, Abänderungen der Vereinbarung vorzunehmen, da Freiverbände als Ausdruck der kommunalen Autonomie, immer auf der freien Willenseinigung der Verbandsgemeinden beruhen [46]. Der Regierungsrat kann die Vereinbarung als Ganzes zurückweisen und die Gemeinden einladen, genügende Statuten vorzubereiten [47]. Er kann aber auch nur einzelne

---

[44] Vgl. z. B. Genehmigungsbeschluss des Abwasserreinigungsverbandes 4 (RRB 2701/1958) und Genehmigungsbeschluss des Amtsvormundschaftsverbandes 1 (RRB 238/1952), die in übereinstimmender Formulierung festhalten, dass die Vorschriften über die Organisation des Verbandes zweckmässig erscheinen und keine gesetzwidrigen Bestimmungen enthalten.

[45] Vgl. Anm. 67/1. Kap. und z. B. auch RRB 21/1967 (Genehmigung der Vereinbarung Schulverband 12), der den Verband der Aufsicht des Bezirksrates und der Bezirksschulpflege Uster unterstellt, oder RRB 3798/1967 (Genehmigung der Vereinbarung Wasserversorgungsverband 5), der den Bezirksrat Bülach als Aufsichtsinstanz für den sich über vier Bezirke erstreckenden Verband bestimmt; als Kriterium für diesen Entscheid dient der Schwerpunkt der Bevölkerung im Verbandsgebiet.

[46] Mettler, Gemeinderecht 36; a. A. Rübel, 126 und Stutz, 49.

[47] In RRB 198/1970 (Genehmigung bzw. Nichtgenehmigung der Vereinbarung Friedhofverband 2) wird festgestellt, dass die in der Friedhofordnung (= Zweckverbandsvereinbarung) enthaltenen organisatorischen Bestimmungen nicht genügen, namentlich mangle es an ausreichenden Vorschriften über den Bestand, die Bestellung und die Kompetenzen der Verbandsorgane sowie an der Regelung des Finanzhaushaltes des Verbandes. Die Friedhofkommission Embrach wird daher eingeladen, im Einvernehmen mit den Gemeinderäten der beteiligten Gemeinden „einen den rechtlichen Anforderungen genügenden Zweckverbandsvertrag vorzubereiten, ihn den Gemeinden zur Beschlussfassung vorzulegen und dafür die Genehmigung des Regierungsrates einzuholen."

Bestimmungen von der Genehmigung ausnehmen, ihre Bedeutung einschränken [48] oder eine Revision der Vorschrift verlangen [49]. – Gemäss § 7 Abs. 1 des Zürcher Gemeindegesetzes bedürfen nur die Vorschriften über Zweck und Organisation von Zweckverbänden der Genehmigung des Regierungsrates. Der über das Organisationsrecht hinausgehende Inhalt der Vereinbarung ist somit von der Genehmigungspflicht ausgeschlossen, ausser ein kantonaler Erlass setze diese im entsprechenden Bereich kommunaler Rechtsetzung voraus [50]. Enthalten neben der eigentlichen Verbandsvereinbarung auch zusätzliche Reglemente organisatorische Vorschriften über den Zweckverband, so sind diese ebenfalls dem Regierungsrat zur Genehmigung zu unterbreiten [51]. Als kantonale Genehmigungsinstanz wirkt im allgemeinen der Regie-

---

48 Im RRB 3798/1967 (Genehmigung der Vereinbarung Wasserversorgungsverband 5) wird z. B. die Anwendung von Art. 49 und 53 der Statuten, welche die Änderung der Zweckverbandsvereinbarung und die Auflösung des Verbandes einem Mehrheitsbeschluss unterstellen, eingeschränkt, da Beschlüsse über eine Erweiterung des Verbandszweckes stets Einstimmigkeit voraussetzen.

49 In RRB 21/1967 (Genehmigung der Vereinbarung Schulverband 12) wird beispielsweise § 11 der Statuten, gemäss welchem die Rechnungsprüfungskommission des Verbandes durch die am Zweckverband nicht beteiligte Bezirksschulpflege gestellt werden müsste, von der Genehmigung ausgenommen. Gleichzeitig wird die Kommission des Verbandes angewiesen, im Sinne einer Übergangsregelung in eigener Kompetenz die Rechnungsprüfungskommission für die laufende Amtsdauer zu bestellen und bei den Verbandsgemeinden innert nützlicher Frist eine Änderung der Vereinbarung zu beantragen.

50 Rübel, 125; Mettler, Gemeinderecht 35 f. – In einzelnen regierungsrätlichen Genehmigungsbeschlüssen wird deutlich, dass sich die Genehmigungspflicht auf die organisatorischen Vorschriften beschränkt; vgl. z. B. RRB 2701/1958 (Genehmigung der Vereinbarung Abwasserreinigungsverband 4): „Die zwischen den Gemeinden Kloten und Opfikon abgeschlossene Vereinbarung stellt – soweit ersichtlich – ein zweckmässiges und mit den geltenden gesetzlichen Bestimmungen im Einklang stehendes Organisationsstatut... dar."

51 Vgl. RRB 238/1952 (Genehmigung der Vereinbarung Amtsvormundschaftsverband 1).

rungsrat [52]; es besteht aber auch die Möglichkeit, diese Aufsichtsfunktion dem zuständigen Departement zu übertragen [53].

5. Die Veröffentlichung der Verbandsstatuten

Nur in einem einzigen Kanton besteht eine allgemeine Veröffentlichungspflicht für Zweckverbandsstatuten [54]. Die interkommunale Zusammenarbeit beruht daher im wesentlichen auf Vereinbarungen, die nicht allgemein zugänglich sind, und es ist deshalb schwierig, sich einen Überblick über die bestehenden Verbände zu verschaffen [55]. Eine grosse Hilfe bei der Vorbereitung der vorliegenden Arbeit war die im Kanton Zürich von der Direktion des Innern geführten Registratur der vom Regierungsrat genehmigten Zweckverbandsstatuten.

Soll die interkommunale Zusammenarbeit weiterhin gefördert werden und der sinnvollen Entlastung der Gemeinden dienen, so ist den Kantonen zu empfehlen, eine jedermann zugängliche Übersicht über die bereits bestehenden Verbände zu erstellen und gleichzeitig auch deren Rechtsgrundlagen zu veröffentlichen. Am einfachsten wäre dies zu erreichen, wenn mit der kantonalen Genehmigung der Verbandsstatuten die Publikation im kantonalen Amtsblatt verbunden wäre. Gerade in

---

52 Vgl. die in Anm. 32 erwähnten kantonalen Vorschriften.

53 Gemäss § 8 Abs. 3 des Zürcher Einführungsgesetzes zu den Bundesgesetzen über die Arbeitslosenversicherung und die Arbeitsvermittlung vom 1. 2. 1953 unterliegen Vereinbarungen über die gemeinsame Errichtung oder den gemeinsamen Betrieb einer öffentlichen Kasse der Genehmigung durch die zuständige Direktion des Regierungsrates; nach § 14 Abs. 2 des Zürcher Gesetzes über die evangelisch-reformierte Landeskirche vom 7. 7. 1963 unterliegen die Zweckverbände von Kirchgemeinden zusätzlich der Genehmigung des Kirchenrates. – Vgl. auch Pfisterer, 96 f.

54 Waadt: Art. 115 Abs. 3 GG; – in Freiburg muss der Genehmigungsbeschluss des Staatsrates im Amtsblatt veröffentlicht werden (vgl. Art. 6 Abs. 2 ZVG).

55 Ähnliche Schwierigkeiten bestehen in der Bundesrepublik Deutschland, vgl. dazu Mäding, 11 f.

Kantonen, in denen es an einer ausführlichen Regelung des Zweckverbandes mangelt, könnte mit der Möglichkeit der Einsichtnahme in bestehende Organisationsformen die Bemühungen der Gemeinden erleichtert und deren Bereitschaft zur Zusammenarbeit gefördert werden.

II. Die Gründung von interkantonalen Zweckverbänden

Die besondere geographische Lage einer Gemeinde kann, gekoppelt mit dem Erfordernis der Zweckmässigkeit der gemeinsamen Erfüllung von Kommunalaufgaben, nach einer Zusammenarbeit über die Kantonsgrenzen hinweg verlangen [56]. Dieses Bedürfnis besteht vor allem auf den Gebieten der Energie- und Wasserversorgung sowie der Abwasserreinigung und Kehrichtbeseitigung. Die interkantonale Zusammenarbeit von Gemeinden begegnet insofern Schwierigkeiten, als es an einer allgemein gültigen, d. h. bundesrechtlichen Grundlage fehlt [57]. Von einzelnen Autoren wurde die Zulässigkeit einer solchen Zusammenarbeit überhaupt abgelehnt, da keine gemeinsame Aufsichtsinstanz für die Gemeinden verschiedener Gliedstaaten errichtet werden könne, und deshalb kein Organ bestehe, das die Gründungserklärung entgegennehme und die Bildung des Zweckverbandes vollziehe [58]. Trotz dieser mehr theoretischen Bedenken hat die Praxis in neuerer Zeit Mittel und Wege zur interkantonalen Zusammenarbeit von Gemeinden gefunden. Allgemein wird für die Zusammenarbeit der Gemeinden über die Kantons- bzw. in der Bundesrepublik Deutschland und in Österreich über die Ländergrenzen hinweg eine ausdrückliche Kooperationsermächtigung gefordert [59]. In der Praxis sind zwei Formen solcher Ermächtigungen bekannt: Entweder finden sie sich in einseitigen kantonal-rechtlichen Vor-

---

56 Grawert, 484.

57 Jagmetti, 389.

58 Für die Bundesrepublik Deutschland vgl. Klüber, Zweckverbände 549; – für Österreich vgl. Neuhofer, 398.

59 Grawert, 485; Klüber, Gemeinderecht 330; vgl. auch Rothe, Zusammenarbeit 73. – Die ausdrückliche staatliche Ermächtigung ist auch notwendig, wenn die Zweckverbandsvereinbarungen den Beitritt von ausserkantonalen Gemeinden, wie z. B. § 2 Abs. 3 der Statuten Spitalverband 1, bereits vorsehen.

schriften [60] oder in zweiseitigen interkantonalen Verträgen [61]. Die einseitigen gesetzlichen Ermächtigungen können ihre volle Wirksamkeit jedoch nur entfalten, wenn entsprechende einseitige Ermächtigungen in den Nachbarkantonen

---

60 Z. B. Bern: Art. 149 GG; Aargau: § 79 Abs. 2 und 3 Entwurf GG; Zug: § 120 Entwurf GG. – Für die Bundesrepublik Deutschland vgl. z. B. Bayern: Art. 18 Abs. 3 KZG.

61 Zur Zulässigkeit interkantonaler Verträge dieser Art. vgl. Häfelin, Föderalismus 633 f. – Als Beispiele für solche Vereinbarungen vgl. Staatsvertrag zwischen den Regierungen der Kantone Thurgau und Zürich über den Bau und Betrieb einer gemeinsamen Kläranlage durch die Munizipalgemeinde Frauenfeld, die Ortsgemeinde Kefikon sowie die politischen Gemeinden Bertschikon, Dinhard, Ellikon a. d. T., Rickenbach und Wiesendangen vom 18. 9. 1972/ 7. 11. 1972 (OS 44, 772) = Abwasserreinigungsverband 29; Staatsvertrag zwischen den Regierungen der Kantone Aargau und Zürich über den Bau und Betrieb einer gemeinsamen Kläranlage sowie gemeinsamer Zulaufkanäle durch die Einwohnergemeinden Oberehrendingen, Unterehrendingen und Schneisingen sowie durch die politischen Gemeinden Niederweningen, Oberweningen, Schleinikon und Schöfflisdorf vom 19. 6. 1972/13. 9. 1972 (OS 44, 649) = Abwasserreinigungsverband 28; Vertrag zwischen den Regierungen der Kantone St. Gallen und Zürich über den Bau und Betrieb gemeinsamer Kehrichtverwertungsanlagen im Zürcher Oberland vom 6. 7. 1961/5. 2. 1962 (OS 41, 135) = Kehrichtbeseitigungsverband 1; Vertrag zwischen den Regierungen der Kantone Schaffhausen und Zürich über den Bau und Betrieb einer gemeinsamen Kläranlage sowie einer Kehricht- und Klärschlammbeseitigungsanlage durch die Einwohnergemeinden Schaffhausen und Neuhausen am Rheinfall und die politischen Gemeinden Feuerthalen und Flurlingen vom 23./31. 5. 1957 (ZG 1, 399) = Abwasserreinigungsverband 6. – Der Zürcher Regierungsrat stellte ausdrücklich fest, dass ein interkantonaler Zweckverband einer staatsvertraglichen Abmachung zwischen den Kantonen bedarf. Nach Art. 30 Abs. 1 Ziff. 1 KV ist für diese Art von Staatsvertragsabschluss der Regierungsrat zuständig, „da innerkantonal die Genehmigung entsprechender Abmachungen zwischen Gemeinden nach § 7 des Gemeindegesetzes in dessen Kompetenz fällt" (vgl. RRB 4782/1972, Genehmigungsbeschluss Abwasserreinigungsverband 28). – Nach Klüber (Gemeinderecht, 330) verlangt in der Bundesrepublik Deutschland die Gründung von Zweckverbänden über die Ländergrenzen hinweg regelmässig nach einer staatsvertraglichen Regelung.

bestehen [62], andernfalls ist man gleichwohl auf das komplexe Verfahren des Abschlusses von interkantonalen Vereinbarungen angewiesen. Eine gewisse Vereinfachung der interkantonalen Beziehungen zwischen Gemeinden würde der in der Bundesrepublik Deutschland entwickelte Abschluss von Grundsatzverträgen zwischen zwei bestimmten Ländern bringen, welche die Gemeinden der beiden Länder generell ermächtigen, über die gemeinsame Landesgrenze hinweg zusammenzuarbeiten [63].

Wichtigste Elemente der interkantonalen Rechtsgrundlage sind, neben der Kooperationsermächtigung, die Festlegung des auf den Zweckverband und seine Einrichtungen anwendbaren Rechts und die Regelung der Aufsicht sowie des Rechtsschutzes [64]. Auf die gemeinsamen Anlagen findet im allgemeinen das Recht der gelegenen Sache Anwendung [65]; die Verbandsorgane werden dem Recht, insbesondere dem Kommunalrecht des Sitzkantons unterstellt [66]. Öffentlich-rechtliche Streitigkeiten zwischen den beteiligten Gemeinden oder zwischen dem Verband und einer Verbandsgemeinde sind im allgemeinen durch ein von den beteiligten Kantonen einberufenes Schiedsgericht zu entscheiden [67].

---

62 Grawert, 485.

63 Vgl. z. B. den bei Prandl/Gillessen (S. 121 ff.) angeführten Staatsvertrag zwischen dem Land Baden-Württemberg und dem Freistaat Bayern über Zweckverbände und öffentlich-rechtliche Vereinbarungen vom 28. 9. 1965/7. 10. 1965.

64 Grawert, 486; Klüber, Gemeinderecht 330.

65 Vgl. z. B. Art. 3 Abs. 1 des in Anm. 61 zit. Vertrages zwischen den Kantonen Aargau und Zürich vom 19. 6. 1972/13. 9. 1972.

66 Vgl. z. B. Art. 2 Abs. 2 des in Anm. 61 zit. Vertrages zwischen den Kantonen Schaffhausen und Zürich vom 23./31. 5. 1957.

67 Vgl. z. B. Art. 5 des Staatsvertrages zwischen Aargau und Zürich vom 19. 6. 1972/13. 9. 1972; Art. 5 des Vertrages zwischen Zürich und St. Gallen vom 6. 7. 1961/5. 2. 1962; Art. 5 des Vertrages zwischen Schaffhausen und Zürich vom 23./31. 5. 1957 (Verträge zit. Anm. 61).

III. Die Zwangsgründung und der Zwangsbeitritt

Im vorangehenden Kapitel [68] wurde auf die Möglichkeit der Zwangsgründung eines Zweckverbandes oder des zwangsmässigen Beitrittes einer Gemeinde zu einem schon bestehenden Verband hingewiesen. Diese Verbandsform unterscheidet sich vom Freiverband im wesentlichen durch den Gründungsmodus. Der Zwangsverband beruht auf einem staatlichen Hoheitsakt, der Freiverband dagegen auf der freien Willenseinigung der Verbandspartner. — An erster Stelle müssen die Voraussetzungen der Zwangsgründung bzw. des zwangsmässigen Beitritts sowie das eigentliche Gründungs- oder Beitrittsverfahren untersucht werden. Wir können uns mit einer knappen Darstellung der gesetzlichen Grundlagen begnügen, da die Kantone nur in Ausnahmefällen von der Zwangsform Gebrauch machen [69]. Offenbar haben sie andere Mittel gefunden, um die Gemeinden zu einer sinnvollen Zusammenarbeit zu veranlassen. Dabei ist vor allem an die Subventionierung der Kommunalaufgaben und die damit verbundenen kantonalen Bedingungen und Auflagen zu denken [70].

1. Die Voraussetzungen für eine Zwangsgründung bzw. den zwangsmässigen Beitritt

Seit 1926 hat der Kanton Zürich in Art. 47bis Abs. 2 der Kantonsverfassung auch eine verfassungsmässige Grundlage für die Gründung von Zwangsverbänden [71]. Die Verfassungsbestimmung überlässt die weitere Ausgestaltung der Zwangsgrün-

---

68   Vgl. vorn S. 12 ff.

69   Grüter, 103.

70   Gemäss § 6 des Solothurner Gemeindegesetzes kann der Staat durch ausserordentliche Beiträge die im öffentlichen Interesse liegenden Zweckverbände fördern.

71   Im Gegensatz zu Rübel (S. 129) sind wir der Ansicht, dass es auch im Kanton Zürich keiner verfassungsmässigen Grundlage für den Zwangsverband bedarf, da die Gemeindeautonomie gemäss Art. 48 KV nur innerhalb der Schranken von Verfassung und Gesetz garantiert ist; Beschränkungen der Autonomie sind also auch auf Gesetzesstufe zulässig.

dung der einfachen Gesetzgebung. Gemäss § 7 Abs. 2 des Zürcher Gemeindegesetzes können Zweckverbände, wenn es für die Lösung von Gemeindeaufgaben notwendig ist, auch gegen den Willen einzelner Gemeinden geschaffen werden. Mit dieser Formulierung soll zum Ausdruck gebracht werden, dass die bei den Freiverbänden geltende Voraussetzung der Zweckmässigkeit für die Zwangsgründung nicht genügt. Die zwangsweise Verbindung von Gemeinden ist vielmehr nur dann zulässig, wenn ohne sie die Erfüllung wichtiger Gemeindeaufgaben in Frage gestellt würde [72]. Nur das Vorliegen eines dringenden öffentlichen Interesses rechtfertigt somit eine Zwangsgründung [73]. Im Entwurf des aargauischen Gemeindegesetzes [74] wird diese Bedingung für den Zwangsbeitritt noch deutlicher ausgesprochen: „Durch Beschluss des Grossen Rates kann eine Gemeinde zum Beitritt verhalten werden, wenn dies im Interesse der betreffenden Gemeinde dringend erforderlich scheint, oder wenn der Zweck des Gemeindeverbandes sonst nicht oder nur schwer erreicht werden kann."

---

[72] Mettler, Gemeinderecht 34; vgl. auch die in der parlamentarischen Behandlung des Gemeindegesetzes gefallenen Argumente der Vertreter der Direktion des Innern (Protokoll des Kantonsrates für die Amtsperiode 1923 – 26, 852) und neuerdings Bericht Zürich, 1872 f.

[73] Rübel, 130; Romer, Zweckverbände 29. – In der Bundesrepublik Deutschland kann die Gründung eines sog. Pflichtverbandes bzw. ein Pflichtanschluss nur veranlasst werden, wenn diese aus Gründen des öffentlichen Wohls dringend geboten ist. Vgl. dazu z. B. Baden-Württemberg: § 10 Abs. 1 ZVG; Bayern: Art. 17 Abs. 1 KZG; Hessen: § 13 Abs. 1 KGG; Nordrhein-Westfalen: § 13 Abs. 1 KGG.

[74] § 80 Abs. 2 Entwurf GG.

2. *Das Verfahren der Zwangsgründung bzw. des Zwangsbeitritts*

Das Zwangsverfahren wird, soweit es in den kantonalen Gesetzen überhaupt Eingang gefunden hat, nur andeutungsweise geregelt [75]. Meistens beschränken sich die kantonalen Vorschriften auf die Nennung der zuständigen Instanzen [76].

Kein kantonales Gesetz enthält auch nur eine andeutungsweise Regelung des Zwangsverfahrens. Obschon die rechtlichen Grundlagen keinen Hinweis dafür enthalten, ist aus praktischen Gründen anzunehmen, dass, ähnlich der ausführlichen Ausgestaltung des Zwangsverfahrens in der Bundesrepublik Deutschland [77], das zuständige kantonale Organ den Gemeinden eine angemessene Frist zur Bildung eines freiwilligen Zweckverbandes setzen wird und erst, wenn die Gemeinden dieser Aufforderung nicht nachkommen, selbst zum Erlass von Verbandsstatuten schreitet. Ähnliches gilt für den Zwangsbeitritt einer Gemeinde zu einem bereits bestehenden Verband, der von der zuständigen kantonalen Instanz nur vollzogen wird, wenn die Gemeinde der staatlichen Aufforderung zum freiwilligen Beitritt nicht Folge

---

75 Im Kanton Zürich wird die knappe Regelung des Zwangsverfahrens als besonderer Vorteil bezeichnet, da sie eine Anpassung an die Erfordernisse jedes Einzelfalles erlaube; vgl. dazu Bericht Zürich 1873. – U. E. hat die summarische Regelung dieses Verfahrens den grossen und besonders ins Gewicht fallenden Nachteil der Rechtsunsicherheit.

76 Z. B. Zürich: Gemäss § 7 Abs. 2 GG werden Zwangsverbände von politischen Gemeinden und Kirchgemeinden durch Beschluss des Kantonsrates und solche von Schul- und Zivilgemeinden durch Beschluss des Regierungsrates geschaffen; vor der Beschlussfassung über die Bildung eines Zwangsverbandes von Kirchgemeinden ist der Kirchenrat anzuhören. – In Graubünden (Art. 57 Abs. 1 GG) kann die Regierung den Beitritt einer Gemeinde anordnen, wenn die Lösung der einem Gemeindeverband übertragenen öffentlichen Aufgaben nur möglich ist, sofern auch Gemeinden mitwirken, die ihm freiwillig nicht beigetreten sind. Diese staatliche Anordnung kann aber nur erfolgen, wenn zwei Drittel der für den Verband vorgesehenen Gemeinden dem Zweckverband bereits angehören.

77 Vgl. z. B. Baden-Württemberg: § 10 Abs. 2 ZVG; Bayern: Art. 17 Abs. 2 KZG; Hessen: § 13 Abs. 2 KGG; Nordrhein-Westfalen: § 13 Abs. 2 KGG.

leistet. — In einem Beispiel der Zürcher Zweckverbände [78] ist die Verbandskommission ermächtigt, in dem ihr gut scheinenden Zeitpunkt dem Regierungsrat zuhanden des Kantonsrates die Zwangsmitgliedschaft der dem Zweckverband noch fernstehenden Gemeinden der Region zu beantragen. — Das Zwangsverfahren durch die zuständige kantonale Instanz unterscheidet sich im übrigen nicht von der normalen Beschlussfassung des entsprechenden Organs [79]. Dabei erscheint selbstverständlich, dass die betroffenen Gemeinden vor der Zwangsmassnahme angehört werden müssen.

IV. Der nachträgliche Beitritt zu einem Freiverband

Unter Berücksichtigung des Erfordernisses der Zweckmässigkeit von interkommunalen Zusammenschlüssen, kann es sich nach der Gründung eines Zweckverbandes als sinnvoll erweisen, weitere Gemeinden in den Verbandskreis aufzunehmen. Zweckverbände sollten deshalb, soweit es ihre Zwecksetzung zulässt, als offene, d. h. weiteren Gemeinden zugängliche Verbände ausgestaltet werden [80]. Die Regelung dieser Frage ist an sich dem Parteiwillen der Verbandspartner anheimgestellt. Somit hat man sich vor allem in den Verbandsstatuten über die Möglichkeit und das Verfahren des nachträglichen Beitritts weiterer Gemeinden zu informieren. Die Aufnahme neuer Gemeinden durch einen bereits bestehenden Verband wird aber auch in

---

78   § 2 Abs. 2 der Statuten Kehrichtbeseitigungsverband 5.
79   Bericht Zürich, 1873.
80   Vgl. Zug: § 117 Abs. 1 Entwurf GG. — Für Abwasserzweckverbände ausdrücklich Pfisterer, 251; für Zweckverbände im allgemeinen Grüter, 116.

einem Teil der ausführlicheren kantonalen Gesetze ausdrücklich geregelt [81]. Das Verfahren wird im allgemeinen analog der Gründung des Zweckverbandes [82] bzw. der Revision der Verbandsstatuten [83] ausgestaltet. Nach dem Gemeindegesetz des Kantons Bern [84] bestimmt das Verbandsreglement (= Verbandsvereinbarung, Verbandsstatuten), ob und unter welchen Voraussetzungen dem Verband nach seiner Gründung weitere Gemeinden beitreten können. Die von den Gesetzen getroffenen Lösungen geben alle denkbaren Varianten für die Ordnung des Beitrittsverfahrens wieder. Sie sind auch auf die Zweckverbände jener Kantone anwendbar, die keine gesetzliche Regelung des nachträglichen Beitritts kennen. In diesen Fällen haben die Verbandspartner ebenfalls die Möglichkeit, ein besonderes Verfahren für die Aufnahme weiterer Gemeinden in den Statuten vorzusehen [85]. Im Kanton Zürich

---

[81] Z. B. Bern: Art. 140 GG; Freiburg: Art. 2 ZVG; Neuenburg: Art. 70 Abs. 1 GG; Aargau: § 80 Abs. 1 Entwurf GG (in den beiden letztgenannten Beispielen wird stets von Beitritt gesprochen, ohne Gründung und nachträglichen Beitritt zu unterscheiden); Zug: In § 117 Abs. 1 des Entwurfes zum Gemeindegesetz wird ausdrücklich gefordert, dass der Gemeindeverband nach Möglichkeit als offener Verband, d. h. in diesem Zusammenhang als Verband, dem weitere Gemeinden beitreten können, einzurichten sei. – Die Gesetze der deutschen Bundesländer enthalten regelmässig Vorschriften über das Verfahren des nachträglichen Beitritts; es wird dem Revisionsverfahren für die Verbandssatzung gleichgesetzt und kann häufig nur mit Zustimmung eines qualifizierten Mehrs der Verbandsversammlung erfolgen; vgl. z. B. Baden-Württemberg: § 17 Abs. 1 ZVG; Bayern: Art. 46 Abs. 3 KZG; Hessen: § 21 Abs. 1 KGG; Nordrhein-Westfalen: § 20 Abs. 1 KGG.

[82] Z. B. Freiburg: Art. 2 ZVG; Zug: § 117 Abs. 2 Entwurf GG. – Das Beitrittsverfahren kann aber nicht generell dem Gründungsverfahren gleichgesetzt werden, da durch Erweiterung des Mitgliederbestandes in der Regel kein neuer Verband entsteht (vgl. Pfisterer, 252). Die beitretende Gemeinde stimmt meistens dem Organisationsstatut des bestehenden Zweckverbandes zu und hat gleichzeitig die vom Verband bestellten Beitrittsbedingungen zu erfüllen. – Zum Gründungsverfahren im allgemeinen vgl. vorn S. 44 ff.

[83] Z. B. Aargau: § 80 Abs. 2 Entwurf GG. – Zum Verfahren der Statutenänderung im allgemeinen vgl. hinten S. 89 ff.

[84] Art. 140 Abs. 1 GG.

[85] Für den Kanton Zürich ähnlich Rübel, 138 f.

entscheiden in einer Reihe von Zweckverbänden beispielsweise die Verbandsgemeinden bzw. die zuständigen Gemeindeorgane durch Mehrheitsbeschluss über den Beitritt neuer Mitglieder [86]. Häufiger ist aber das Grundorgan des Verbandes für diesen Entscheid zuständig [87]; wo nichts besonderes vermerkt ist, beschliesst dieses mit einfachem Mehr [88]. In einzelnen Beispielen der Zürcher Zweckverbandspraxis ist in den Statuten bereits der Beitritt einer bestimmten weiteren Gemeinde vorgesehen [89]. Andere Verbandsvereinbarungen erwähnen nur generell die Möglichkeit der nachträglichen Verbandserweiterung, ohne dafür ein spezielles Verfahren einzuführen [90]. Bei diesen Verbänden wird gelegentlich ausdrücklich festgehalten, dass Gemeinden nur im Verfahren der Vereinbarungsrevision nachträglich aufgenommen werden können [91]. Verzichten die Statuten auf eine ausdrückliche Erwähnung des nachträglichen Beitritts neuer Verbandsmitglieder, so ist, wenn eine Verbandserweiterung von der gestellten Aufgabe her überhaupt in Frage kommt, bei der Ausgestaltung des Verfahrens zu beachten, dass häufig der Kreis der übrigen Verbandsgemeinden für die Zustimmung eines Mitgliedes zur Gründung

---

86 Z. B. § 5 in Verbindung mit § 6 der Statuten Amtsvormundschaftsverband 3 (Zustimmung der Organe von 2/3 der Verbandsgemeinden); Art. 3 Abs. 2 der Statuten Spitalverband 6: „Über die Aufnahme und allenfalls damit verbundene besondere Bedingungen entscheiden die Verbandsgemeinden auf Antrag der Spitalkommission. Dem Antrag ist entsprochen, wenn er von nicht mehr als einer Verbandsgemeinde abgelehnt worden ist."

87 Z. B. Art. 34 der Statuten Abwasserreinigungsverband 23; § 13 lit. n der Statuten Kehrichtbeseitigungsverband 5; § 25 lit. c der Statuten Schulverband 13; Art. 18 lit. a der Statuten Spitalverband 4; Art. 4 der Statuten Kirchenverband 4.

88 Gemäss § 8. 6 der Zweckverbandsstatuten (Verschiedenes 6) haben 2/3 aller Delegierten der Neuaufnahme zuzustimmen.

89 Z. B. Art. 7 der Statuten des Amtsvormundschaftsverbandes 1: „Die Gemeinde Egg kann sich ebenfalls dem Zweckverband anschliessen."

90 Z. B. § 1 Abs. 2 der Statuten Schulverband 12; § 1 Abs. 2 der Statuten Schulverband 16; § 15 der Statuten Kirchenverband 6; Art. 18 der Zweckverbandsstatuten (Verschiedenes 5).

91 Ausdrücklich in Art. 55 der Vereinbarung Kehrichtbeseitigungsverband 3 und in Art. 3 Abs. 2 der Statuten Spitalverband 6.

des Zweckverbandes massgebend war [92]. Deshalb kann, wo die Verbandsstatuten keine besondere Regelung des Beitrittsverfahrens enthalten, eine neue Gemeinde grundsätzlich nur dann aufgenommen werden, wenn alle Verbandspartner dieser Aufnahme zustimmen. Eine Verbandserweiterung kann somit in diesen Beispielen nur im Verfahren der formellen Vereinbarungsrevision, d. h. mit Zustimmung sämtlicher Verbandsgemeinden und im allgemeinen mit Genehmigung der kantonalen Oberbehörden erfolgen [93].

Auf Seiten der beitrittswilligen Gemeinde fällt, sofern die Statuten keine eigene Regelung getroffen haben, der Beitrittsentscheid, d. h. die Zustimmung zur Zweckverbandsvereinbarung, in den Kompetenzbereich des durch die Gemeindeordnung für den Abschluss von Zweckverbänden eingesetzten Gemeindeorgans [94]. Den beitretenden Gemeinden erwachsen die gleichen Rechte und Pflichten wie den Gründungsmitgliedern [95]. Betreibt der Verband eine Gemeinschaftsanlage, so ist der Beitritt regelmässig mit der Bezahlung eines einmaligen Einkaufsbetrages verbunden [96]. Im übrigen gilt auch für die nachträglich beitretenden Verbandsmitglieder, dass nach der Konzeption des schweizerischen Rechts nur Gemeinden Vollmitglieder eines Zweckverbandes sein können [97].

---

92 Rübel, 138.

93 RRB 3930/1968 (Genehmigung des Kehrichtverbandes 1); Pfisterer, 252; Grüter, 117. – Auch in der Bundesrepublik Deutschland wird eine Änderung im Mitgliederbestand im allgemeinen einer Änderung der Zweckverbandsvereinbarung gleichgesetzt; vgl. Widtmann/Schlephorst, 44. – Zum Verfahren der Statutenrevision im allgemeinen vgl. hinten S. 89 ff.

94 Vgl. vorn S. 47 ff.

95 Pfisterer, 252; Grüter, 117. – Vgl. auch z. B. § 2 Abs. 1 der Statuten Kehrichtbeseitigungsverband 5; § 2 Abs. 1 der Statuten Spitalverband 1; Art. 3 Abs. 1 der Statuten Spitalverband 5.

96 Pfisterer, 253; Grüter, 117. – Vgl. auch z. B. Art. 14 lit. f der Statuten Kehrichtbeseitigungsverband 2 (Die Abgeordnetenversammlung setzt die Einkaufssumme fest); Art. 25 Abs. 2 der Statuten Kehrichtbeseitigungsverband 4 („Wünschen nachträglich weitere Gemeinden dem Zweckverband beizutreten, so haben sie zugunsten des Amortisationsfonds einen Baukostenanteil zu leisten, der mindestens der Belastung der Gründergemeinden entspricht") und § 2 Abs. 1 der Statuten Spitalverband 1 (Die Spitalkommission entscheidet, ob und in welcher Höhe ein Einkaufsbeitrag zu entrichten ist).

97 Vgl. vorn S. 23 ff.

Für Zweckverbände bestimmter Aufgabenbereiche ist im allgemeinen eine Verbandserweiterung nicht vorgesehen, und sie wäre wegen der Besonderheiten der Verbandsaufgabe praktisch auch nur schwer durchführbar. Wir denken in diesem Zusammenhang vor allem an die Verbände im Bereich der Abwasserreinigung [98] und der Wasserversorgung, deren Verbandsgebiete einerseits durch die von der Wirtschaftlichkeit vorgegebenen Grösse der Anlage bzw. durch den beschränkten Trinkwasservorrat und anderseits durch die praktische Möglichkeit der Zuleitung bestimmt werden. In diesen Beispielen wird aber häufig den Verbandsgemeinden, solange das Volumen der Gemeinschaftsanlage nicht voll ausgenützt ist, die Möglichkeit des Anschlussvertrages mit anderen Gemeinden eingeräumt [99]. Von einer Erweiterung wird auch bei den alten zürcherischen Friedhofverbänden abgesehen; ihre Zusammensetzung ist aus ihrer Entstehungsgeschichte erklärbar. Gewisse andere Verbände, wie z. B. der Verband zum Bau und Betrieb eines Schwimmbades oder zum Betrieb einer Autobuslinie [100], sind ausschliesslich auf die Bedürfnisse von zwei benachbarten Gemeinden zugeschnitten, sodass sie aus diesem Grund nicht erweiterungsbedürftig sind.

---

98 Nur in einem uns bekannten Beispiel wird die Möglichkeit des Beitritts weiterer Gemeinden ausdrücklich erwähnt (vgl. Art. 34 der Statuten Abwasserreinigungsverband 23). In diesem Zweckverband entscheidet die Kläranlagekommission über die Aufnahme neuer Gemeinden. – Vgl. dazu auch Pfisterer, 251.

99 Z. B. Art. 29 der Statuten Abwasserreinigungsverband 12: „Die Verbandsgemeinden sind ermächtigt, im Rahmen des ihnen zustehenden Bauvolumens Abwasser benachbarter Nicht-Verbandsgemeinden in ihre Kanalisationsnetze aufzunehmen und der Kläranlage zuzuführen." Ähnlich Art. 36 Abs. 1 der Statuten Abwasserreinigungsverband 19.

100 Zweckverbände (Verschiedenes 7, 8, 9).

V. Der Austritt

1. Bei Freiverbänden

Gestützt auf ihre Autonomie, muss den Gemeinden, so wie sie sich zu einem Zweckverband freiwillig zusammenschliessen können, auch der Austritt aus einer solchen Verbindung erlaubt sein [101]. Die meisten ausführlichen kantonalen Gesetze sehen die Möglichkeit des Austritts von Verbandsmitgliedern auch ausdrücklich vor, überlassen aber die detaillierte Ausgestaltung des Verfahrens den Verbandsstatuten, d. h. dem Parteiwillen. Ein Teil der kantonalen Vorschriften anerkennt ein generelles Rücktrittsrecht der Verbandsgemeinden unter der Voraussetzung der vorgängigen Anzeige an den Verband [102]; diese Anzeige ist in der Regel schriftlich einzureichen. Nach anderen kantonalen Bestimmungen ist ein Austritt nur zulässig, wenn entweder ein wichtiger Grund vorliegt [103], oder wenn die Fortführung des Verbandes unter den übrigen Gemeinden nicht übermässig erschwert wird und alle Verbandsaufgaben für die austretende Gemeinde hinfällig geworden sind oder zweckmässiger ausserhalb des Verbandes erfüllt werden können [104]. Der Rücktritt darf grundsätzlich nicht zur Unzeit erfolgen [105]. Das Kündigungsrecht kann sogar für eine gewisse Zeit nach der Gründung des Verbandes überhaupt ausgeschlossen werden [106]. Im Kanton Bern gilt, wenn das Reglement keine abweichende Regelung enthält, eine zweijährige [107] und gemäss aargauischem Entwurf zum Gemeindegesetz eine halbjährige Kündigungsfrist [108]. Nach einzelnen Gesetzen bedarf ein

---

101 Feldmann, 564; Stutz, 52; Mettler, Gemeinderecht 42.
102 Freiburg: Art. 18 Abs. 1 ZVG; Neuenburg: Art. 83 GG; Waadt: Art. 127 Abs. 1 GG.
103 Aargau: 81 Abs. 1 Entwurf GG.
104 Bern: Art. 144 GG; Zug: § 118 Abs. 1 und 2 Entwurf GG.
105 Bern: Art. 145 Abs. 1 GG; Aargau: § 81 Abs. 1 Entwurf GG; Zug: § 118 Abs. 2 Entwurf GG.
106 Bern: Art. 145 Abs. 2 GG; Freiburg: Art. 18 Abs. 2 ZVG; Neuenburg: Art. 83 GG; Waadt: Art. 127 Abs. 1 GG.
107 Art. 145 Abs. 4 GG.
108 § 81 Abs. 1 Entwurf GG.

Rücktritt ganz allgemein der Genehmigung des Regierungsrates [109]. Die austretenden Gemeinden haben in der Regel keinen Anspruch auf das Verbandsvermögen [110]. Streitigkeiten über Ansprüche und Verpflichtungen der austretenden Gemeinden entscheidet entweder eine kantonale Behörde [111] oder ein Schiedsgericht [112]. — In der Bundesrepublik Deutschland kommt beim Austritt einer Gemeinde regelmässig das Verfahren der Satzungsänderung zum Zuge [113]. Das Kündigungsrecht aus wichtigem Grund wird in einzelnen Gesetzen ausdrücklich erwähnt [114]. Häufig ist auch die Möglichkeit des Ausschlusses von Verbandsmitgliedern gegeben [115]. In der Schweiz fehlen die gesetzlichen Grundlagen für ein solches Verfahren, und die uns bekannten Statuten haben von der Einführung des Ausschlussverfahrens auch abgesehen [116].

---

109 Aargau: § 81 Abs. 1 Entwurf GG; Zug: § 118 Abs. 3 Entwurf GG. — Die Genehmigung des Regierungsrates ist u. E. nur bei den sog. Zwangsverbänden allgemein erforderlich; vgl. hinten S. 77.

110 Aargau: § 103 Abs. 1 Entwurf GG; Zug: § 118 Abs. 3 Entwurf GG.

111 Freiburg: Art. 18 Abs. 3 ZVG: Oberamtmann; Zug: § 118 Abs. 5 Entwurf GG: Regierungsrat.

112 Waadt: Art. 127 Abs. 2 GG.

113 Vgl. die in Anm. 81 zit. Bestimmungen der Ländergesetze.

114 Z. B. Bayern: Art. 46 Abs. 2 KZG; Hessen: § 21 Abs. 1 KGG. — Nach dem Urteil des Oberverwaltungsgerichtes Koblenz vom 25. 6. 1962 (DVBl. 79 [1964] 369) kann eine Gemeinde bei Vorliegen eines wichtigen Grundes auch ohne Zustimmung des Verbandes aus einem Freiverband ausscheiden. Der wichtige Grund habe „auch unter Beachtung des öffentlichen Interesses an einer kontinuierlichen Erledigung der vom Zweckverband übernommenen Verwaltungsaufgabe mehr Gewicht als die Verpflichtung der Gemeinde zur Verbandstreue".

115 Z. B. Baden-Württemberg: § 17 Abs. 2 ZVG; Bayern: Art. 46 Abs. 1 KZG; Hessen: § 21 Abs. 1 KGG.

116 Immerhin ist eine solche Regelung durch die Verbandsstatuten nicht ausgeschlossen; vgl. MBVR 39 (1941) 234 f.; Rübel, 145; Pfisterer, 262.

Da der Austritt aus einem Zweckverband nicht notwendigerweise durch die kantonalen Gesetze geregelt werden muss, hat sich die vorliegende Arbeit auch mit den in den Zweckverbandsvereinbarungen getroffenen Lösungen zu befassen. Die Mehrzahl der Zürcher Verbandsstatuten ordnet den Austritt von Verbandsmitgliedern ausdrücklich; im allgemeinen formulieren sie die Voraussetzungen eines Rücktritts und die Verfahrensregeln. Sind an einem Zweckverband nur zwei Gemeinden beteiligt, so kann auf eine Regelung des Rücktrittsverfahrens verzichtet werden, da der Austritt einer Gemeinde der Auflösung des Verbandes gleichkommt [117]. Bei Verbänden mit kostspieligen Anlagen können die Verbandsgemeinden regelmässig erst nach Ablauf einer bestimmten Frist seit Inkrafttreten der Vereinbarung oder seit Fertigstellung des gemeinsamen Werkes (20 – 50 Jahre) kündigen [118]. Ein vorzeitiger Rücktritt ist bei diesen Zweckverbänden meistens nur dann zulässig, wenn der Zweck, für den der Verband gegründet wurde, für die betreffende Gemeinde zur Hauptsache dahingefallen ist [119]. Mehrere Statuten gewähren die Rücktrittsmöglichkeit überhaupt nur unter der Voraussetzung, dass sich für die austretende Gemeinde der Verbandszweck bzw. die Grundlagen oder Voraussetzungen der Verbandsgründung als hinfällig erwiesen haben [120]. In allen Fällen wird beim Rücktritt einer Ver-

---

117 Die Statuten der Abwasserreinigungsverbände 1, 2, 3, 5 beispielsweise schweigen sich deshalb über den Rücktritt einer Verbandsgemeinde aus.

118 Z. B. Art. 58 der Statuten Abwasserreinigungsverband 7 (50 Jahre); Art. 56 der Statuten Abwasserreinigungsverband 15 (25 Jahre); Art. 50 der Statuten Kehrichtbeseitigungsverband 1 (25 Jahre); Art. 78 der Statuten Kehrichtbeseitigungsverband 3 (50 Jahre); Art. 31 der Statuten Wasserversorgungsverband 3 (20 Jahre); Art. 51 der Statuten Spitalverband 3 (25 Jahre); Art. 45 der Statuten Altersheimverband 1 (25 Jahre).

119 Z. B. Art. 35 der Statuten Abwasserreinigungsverband 12; Art. 53 der Statuten Abwasserreinigungsverband 14; Art. 51 der Statuten Kehrichtbeseitigungsverband 1.

120 Z. B. Art. 57 Abs. 1 der Statuten Abwasserreinigungsverband 17; Art. 45 der Statuten Abwasserreinigungsverband 18; § 39 Abs. 3 der Statuten Kehrichtbeseitigungsverband 1; § 37 Abs. 2 der Statuten Schulverband 6; Art. 34 Abs. 2 der Statuten Schulverband 8; § 52 der Statuten Spitalverband 2; Art. 17 der Statuten Kirchenverband 4.

bandsgemeinde die Wahrung einer bestimmten Kündigungsfrist vorausgesetzt [121]. Der Austritt ist im allgemeinen schriftlich anzuzeigen [122]. Bei interkantonalen Zweckverbänden bedarf der Austritt einer Gemeinde häufig der Genehmigung der zuständigen kantonalen Regierung [123]. In einer Reihe von Vereinbarungen werden auch die vermögensrechtlichen Folgen des Austritts einer Verbandsgemeinde geregelt. Oft weisen die Statuten ausdrücklich daraufhin, dass die austretende Gemeinde keinen Anspruch auf das Verbandsvermögen oder auf Rückerstattung von erbrachten Leistungen habe [124]. Erwachsen dem Verband aus dem Austritt einer Gemeinde erhebliche Nachteile, so kann von der austretenden Gemeinde eine angemessene Entschädigung erhoben werden [125]. Nach einzelnen Vereinbarungen ist die austretende Gemeinde, wenn dem Verband aus ihrem Austritt ein erheblicher Nutzen entsteht, angemessen zu entschädigen [126]. Streitigkeiten über vermögensrechtliche Fragen sind in der Regel im Verfahren des Verwaltungsprozesses zu entscheiden [127]. − Ist eine Weiterführung der Verbandsauf-

---

[121] Z. B. Art. 58 der Statuten Abwasserreinigungsverband 7 (5 Jahre Kündigungsfrist); Art. 37 Abs. 1 der Statuten Abwasserreinigungsverband 16 (3 Jahre); Art. 79 der Statuten Kehrichtbeseitigungsverband 3 (5 Jahre); Art. 9 Abs. 2 der Statuten Schulverband 2 (1 Jahr); Art. 8 der Statuten Amtsvormundschaftsverband 1 (1 Jahr); Art. 17 der Statuten Kirchenverband 4 (2 Jahre); § 16 der Statuten Friedhofverband 6 (3 Jahre); Art. 45 der Statuten Altersheimverband 1 (5 Jahre).

[122] So ausdrücklich z. B. Art. 8 der Statuten Amtsvormundschaftsverband 1; Art. 17 Abs. 1 der Statuten Amtsvormundschaftsverband 2.

[123] Vgl. z. B. Art. 30 der Statuten Abwasserreinigungsverband 6.

[124] Z. B. Art. 30 Abs. 3 der Statuten Abwasserreinigungsverband 24; Art. 50 Abs. 2 der Statuten Kehrichtbeseitigungsverband 2; Art. 17 der Statuten Schulverband 9; § 22 lit. b der Statuten Schulverband 12; Art. 17 Abs. 3 der Statuten Amtsvormundschaftsverband 2; Art. 17 der Statuten Kirchenverband 4; Art. 31 der Statuten Friedhofverband 11; § 32 Abs. 2 der Statuten Regionalplanungsverband 1.

[125] Vgl. z. B. Art. 30 Abs. 3 der Statuten Abwasserreinigungsverband 24; Art. 37 der Statuten Wasserversorgungsverband 6.

[126] Z. B. Art. 30 Abs. 4 der Statuten Abwasserreinigungsverband 24.

[127] So ausdrücklich beispielsweise Art. 21 Abs. 2 der Statuten Wasserversorgungsverband 7.

gabe nur möglich, wenn die austretende Gemeinde die auf ihrem Gebiet erstellten Bestandteile der Gemeinschaftsanlage, wie z. B. Teilstücke des Hauptsammelkanals, dem Verband zur Weiterbenützung überlässt, dann sollte die Vereinbarung das Nutzungsrecht dieser Einrichtungsteile durch den Verband regeln [128]. Die Unterhaltspflicht derselben geht regelmässig auf den Verband über.

Enthalten weder Gesetz noch Statuten eine Regelung des Rücktritts bzw. seiner Voraussetzungen und seiner Rechtsfolgen, so stellen sich im Falle der Kündigung einer Verbandsgemeinde besonders schwer zu lösende Probleme. Ein einseitiges Rücktrittsrecht der Verbandsgemeinden wird zwar auch ohne entsprechende positivrechtliche Grundlagen anerkannt. Voraussetzung dafür ist aber, dass die Fortführung des Zusammenschlusses der betroffenen Gemeinde nicht weiter zugemutet werden kann. Die clausula rebus sic stantibus findet somit auch im Zweckverbandsrecht ihre Anwendung [129]. Grundsätzlich ist aber ein Austritt, sofern besondere gesetzliche oder statutarische Vorschriften fehlen, nur im Verfahren der Statutenrevision möglich, da die Statuten nach dem Austritt den neuen Gegebenheiten angepasst und, falls organisatorische Bestimmungen geändert werden, dem Regierungsrat zur Genehmigung unterbreitet werden müssen [130]. Bei Streitigkeiten hat die Aufsichtsbehörde, unter Berücksichtigung der den Statuten zu entnehmenden Hinweise, nach den allgemeinen verwaltungs- und vertragsrechtlichen Grundsätzen zu entscheiden [131].

---

128 In den folgenden Verbänden wurde eine solche Regelung getroffen: Art. 57 Abs. 2 der Statuten Abwasserreinigungsverband 17; Art. 45 Abs. 2 der Statuten Abwasserreinigungsverband 21; Art. 44 Abs. 2 der Statuten Abwasserreinigungsverband 25.

129 Rübel, 142; Stutz, 54 f.; Pfisterer, 257. — Blumenstein (Finanzmittel, 9) ist dagegen der Ansicht, dass weder ein bestimmter Austrittsgrund noch die Einhaltung einer Kündigungsfrist von der austretenden Gemeinde gefordert werden könne. Die Gemeindeversammlungen der Verbandsgemeinden dürften einseitig festsetzen, wann der Austritt erfolgen werde. U. E. widerspricht dieser Vorschlag dem im Vertragsrecht geltenden Grundsatz „pacta sunt servanda" und ist deshalb auch im Zweckverbandsrecht zu verwerfen. — Zur Gültigkeit der clausula rebus sic stantibus im Zweckverbandsrecht der Bundesrepublik Deutschland vgl. Seydel, 129 f. — Zur Anwendbarkeit der clausula rebus sic stantibus bei öffentlich-rechtlichen Verträgen im allgemeinen vgl. Imboden, Vertrag 107 f.

130 Pfisterer, 260.

131 Mettler, Gemeinderecht 42.

Der Austrittsbeschluss wird in jedem Fall gemeindeintern durch das für den Beitritt zum Zweckverband zuständige Gemeindeorgan gefasst [132]. Diese Kompetenzausscheidung ist selbstverständlich, da der Austrittsentscheid inhaltlich contrarius actus zur Beitrittserklärung ist; sie wird daher selten durch die Verbandsstatuten ausdrücklich festgehalten.

2. Beim Zwangsverband

Der Austritt aus einem Zwangsverband ist wegen der zwangsweisen Mitgliedschaft weder durch einseitige Kündigung noch durch Verbandsbeschluss möglich [133]. Im allgemeinen ist die Zustimmung des die zwangsweise Verbindung anordnenden kantonalen Organs notwendig [134].

---

132 So ausdrücklich Aargau: Art. 81 Abs. 2 Entwurf GG.

133 Vgl. dazu den den Zürcher Naturalverpflegungsverband betreffenden RRB 1824/1936 = Zbl. 38 (1937) 52: „Aus der im Jahre 1888 von Kantonsrat und Regierungsrat ausgesprochenen Verpflichtung aller Gemeinden, dem Naturalverpflegungsverband sich anzuschliessen, ergibt sich, dass eine Gemeinde nicht berechtigt ist, nach ihrem Gutdünken, aus dem Verband auszutreten." Dieser Verband sei „dank der zwangsweisen Mitgliedschaft aller politischen Gemeinden des Bezirkes, aus dem Bereiche des Privatrechts herausgehoben" und es könnten „damit mindestens für die Frage des Austrittes der Verbandsmitglieder die Vorschriften des Privatrechts nicht in Anwendung kommen."

134 Im Kanton Bern ist der Austritt gemäss Art. 145 Abs. 3 GG ganz allgemein nur mit Zustimmung des Regierungsrates zulässig.

VI. Die Auflösung des Zweckverbandes

1. Bei Freiverbänden

Charakteristisch für den freiwilligen Zweckverband ist, dass er durch den Willen der Verbandsgemeinden entsteht und untergeht [135]. Die gleiche Gestaltungsfreiheit, die den Verbandsgemeinden die Gründung eines Zweckverbandes ermöglicht, verwirklicht sich auch im Auflösungsrecht der Mitglieder [136]. Dieses Recht besteht ohne entsprechende gesetzliche oder statutarische Ermächtigung [137]. Verzichten Gesetz und Statuten auf eine Regelung, so entscheidet im Streitfall die Aufsichtsinstanz unter Berücksichtigung der allgemein gültigen verwaltungs- und vertragsrechtlichen Grundsätze, ob die Voraussetzungen für eine Auflösung gegeben sind [138].

Die Mehrzahl der kantonalen Gesetze enthält Vorschriften über die Auflösung von Zweckverbänden. Nach den meisten kantonalen Bestimmungen ist die Verbandsauflösung nur mit Zustimmung aller Verbandsgemeinden bzw. aller im allgemeinen für die Verbandsgründung zuständigen Gemeindeorgane möglich [139]. Das Erfordernis der Einstimmigkeit gilt aber nicht generell für jede Verbandsauflösung [140], sondern nur dort, wo es von Gesetz oder Statuten ausdrücklich vorgeschrieben ist. In anderen Kantonen können deshalb Zweckverbände auch durch Mehrheitsbeschluss aller Verbandsgemeinden aufgelöst werden, so beispielsweise im Kanton Bern unter der Voraussetzung, dass alle Verbandsaufgaben bedeutungslos geworden sind oder

---

135 Feldmann, 564; Stutz, 52.
136 Pfisterer, 264; Mettler, Gemeinderecht 42. – Für die Bundesrepublik Deutschland vgl. Klüber, Zweckverbände 551.
137 Feldmann, 564; Rübel, 142 f.; Pfisterer, 264.
138 Mettler, Gemeinderecht 42.
139 Bern: Art. 146 Abs. 1 lit. a GG; Freiburg: Art. 19 Abs. 1 ZVG; Zug: § 119 Abs. 1 Ziff. 2 Entwurf GG. Im letzten Beispiel hat der Beschluss aller beteiligten Gemeinden nach Massgabe der Bestimmungen über eine Änderung der Gemeindeordnung zu erfolgen.
140 Mayer, 691.

ebenso gut ohne Verband erfüllt werden können [141]. Dieser Mehrheitsbeschluss bedarf aber der Genehmigung der Gemeindedirektion. Gemäss Art. 128 Abs. 1 des waadtländischen Gemeindegesetzes kann ein Zweckverband aufgelöst werden, auch wenn eine Gemeinde diesem Beschluss nicht zustimmt. Der aargauische Entwurf zum Gemeindegesetz sieht vor, dass ein Zweckverband mit Zustimmung der zuständigen Organe der Mehrheit aller angeschlossenen Gemeinden liquidiert werden könne [142]. Für die Gültigkeit der Verbandsauflösung durch einfachen Mehrheitbeschluss wird aber in diesem Beispiel vorausgesetzt, dass der Verbandszweck unerreichbar geworden oder ein Weiterbestehen des Verbandes wegen Übernahme der Verbandsaufgabe durch einen anderen geeigneten Rechtsträger oder aus sonstigen Gründen nicht mehr notwendig ist [143]. Im Kanton Neuenburg ist der Verband gemäss statutarischer Regelung zu liquidieren [144]. Nach einzelnen Gesetzen kann auch der Regierungsrat zur Auflösung des Verbandes schreiten, wenn entweder der Zweck unerreichbar geworden ist oder seine Verfolgung vom Staat unmittelbar übernommen wurde [145], oder wenn die Verbandsaufgaben bedeutungslos geworden sind oder zweckmässiger ohne Verband erfüllt werden können [146]. Nur in einzelnen Kantonen wird für die Auflösung eines Zweckverbandes die regierungsrätliche Genehmigung vorbehalten [147]. In den übrigen Kantonen bedarf der Auflösungsbeschluss keiner staatlichen Genehmigung [148]. Im Kanton Freiburg muss die Auflösung eines Zweckverbandes im Amtsblatt veröffentlicht werden [149].

Auch die vermögensrechtliche Auseinandersetzung, die Liquidation im engeren Sinn, erfährt durch die Vorschriften einzelner Kantone eine Regelung. Im allgemeinen sind die Verbandsorgane für den Vollzug der Liquidation zuständig [150].

---

141 Art. 146 Abs. 1 lit. b und Abs. 2 GG.
142 § 82 Abs. 2 Entwurf GG.
143 § 82 Abs. 1 lit. a und b Entwurf GG.
144 Art. 84 Abs. 1 GG.
145 Solothurn: § 10 Abs. 5 GG.
146 Zug: § 119 Abs. 1 Entwurf GG.
147 Freiburg: Art. 19 Abs. 5 ZVG; Aargau: § 82 Abs. 2 Entwurf GG.
148 Blumenstein, Finanzmittel 10; Pfisterer, 266.
149 Art. 19 Abs. 5 ZVG.
150 Bern: Art. 147 Abs. 1 GG; Freiburg: Art. 19 Abs. 4 ZVG; Waadt: Art. 128 Abs. 2 GG; Neuenburg: Art. 84 Abs. 2 GG; Zug: § 119 Abs. 2 Entwurf GG.

Für Verbandsschulden haften die Verbandsgemeinden solidarisch [151]. Nur in einem einzigen kantonalen Gesetz wird ausdrücklich erwähnt, dass ein nach Tilgung aller Verbindlichkeiten verbleibender Überschuss unter die angeschlossenen Gemeinden nach Massgabe der satzungsmässigen Kostenanteile verteilt werden müsse [152].

Das Zürcher Gemeindegesetz enthält im Gegensatz zu vielen Erlassen anderer Kantone keine Vorschriften zur Auflösung des Zweckverbandes; dafür regelt die grosse Mehrzahl der Verbandsstatuten die Verbandsauflösung sowohl in verfahrens- wie in vermögensrechtlicher Hinsicht. Dies geschah offenbar in der Erkenntnis, dass gerade über solchen Fragen leicht Unstimmigkeiten zwischen den Verbandspartnern auftreten können [153]. Eine Reihe von Verbänden ist gemäss Statuten nur durch übereinstimmenden Beschluss der Gemeindeversammlungen bzw. der zuständigen Gemeindeorgane aufzulösen [154]. In anderen Beispielen kann eine Gemeinde auch gegen den Willen der anderen Verbandspartner die Auflösung des Verbandes verlangen, wenn der Zweck, für den er errichtet wurde, in der Hauptsache dahingefallen ist [155]. Es handelt sich dabei um die ausdrückliche Formulierung eines Prinzips, das bei jedem Zweckverband seine Gültigkeit hat. Nach weiteren Verbandsvereinbarungen müssen für die Auflösung die beiden folgenden Voraussetzungen — das Vorliegen eines wichtigen Grundes bzw. das Dahinfallen des Verbandszweckes so-

---

151 Bern: Art. 147 Abs. 2 GG; Neuenburg: Art. 84 Abs. 2 GG; Waadt: Art. 128 Abs. 2 GG.

152 Aargau: § 104 Abs. 2 Entwurf GG.

153 Nach Mettler (Gemeinderecht, 43) hat die kantonale Genehmigungsinstanz der Regelung dieser Frage besonderes Gewicht beizumessen. Im Kanton Zürich besteht der Regierungsrat, laut Auskunft der Direktion des Innern, wenn immer möglich darauf, dass die Verbandsauflösung durch die Statuten geordnet wird.

154 Z. B. Art. 53 der Statuten Kehrichtbeseitigungsverband 1; Art. 36 Abs. 1 der Statuten Wasserversorgungsverband 6; § 37 der Statuten Schulverband 6; Art. 30 Abs. 1 der Statuten Friedhofverband 11; § 24 Abs. 1 der Zweckverbandsstatuten (Verschiedenes 6).

155 Z. B. Art. 29 der Statuten Abwasserreinigungsverband 1; Art. 36 der Statuten Abwasserreinigungsverband 4; § 39 der Statuten Wasserversorgungsverband 2; Art. 34 der Statuten Schulverband 8; §51 der Statuten Spitalverband 2; § 18 Abs. 1 der Zweckverbandsstatuten (Verschiedenes 7).

wie die Zustimmung aller Verbandspartner – kumulativ erfüllt sein [156]. Nur in wenigen Verbänden entscheidet eine Mehrheit der Verbandspartner über die Auflösung des Zweckverbandes [157]. Die Verbandsstatuten können aber auch grundsätzlich vorsehen, dass, wenn die Erfüllung des Zweckes hinfällig wird, sich der Zweckverband automatisch auflöst [158].

Im Falle der Auflösung richten sich die Anteile der Verbandsgemeinden an einem allfälligen Liquidationsergebnis im allgemeinen nach dem in den Statuten festgelegten Beteiligungsschlüssel für Bau- und Betriebskosten [159]. Besteht im

---

[156] Z. B. Art. 31 der Statuten Abwasserreinigungsverband 7; Art. 32 der Statuten Wasserversorgungsverband 3; § 31 der Statuten Amtsvormundschaftsverband 3; Art. 50 der Statuten Spitalverband 3; § 15 der Statuten Friedhofverband 6; § 31 der Statuten Regionalplanungsverband 1; Art. 45 der Statuten Altersheimverband 1.

[157] Z. B. Art. 49 der Statuten Wasserversorgungsverband 5 (Einfaches Mehr der über mehr als die Hälfte der Wasserbezugsrechte verfügenden Gemeinden). – In diesem Beispiel wird die Genehmigung des Regierungsrates für die Gültigkeit des Auflösungsbeschlusses vorausgesetzt. Es ist aber zu beachten, dass die Genehmigungspflicht des Regierungsrates nicht durch Vereinbarung von Gemeinden begründet werden kann. Dieser Vorschrift kommt, da im Kanton Zürich die regierungsrätliche Genehmigung des Auflösungsbeschlusses bei Freiverbänden von Gesetzes wegen nicht vorausgesetzt wird, keine rechtsbegründende Wirkung zu; sie ist rechtlich unerheblich; vgl. dazu auch Pfisterer, 267. – Auch in den folgenden Zweckverbänden ist die Auflösung durch Mehrheitsbeschluss möglich: § 23 der Statuten Schulverband 16 (2/3 Mehrheit der beteiligten Gemeinden); § 21 der Statuten Schulverband 18 (2/3 Mehrheit); Art. 20 der Statuten Amtsvormundschaftsverband 4 (2/3 Mehrheit); § 16 der Statuten Spitalverband 1 (einfaches Mehr; stimmberechtigt in dieser Frage sind nur diejenigen Gemeinden, welche bereits zehn Jahre am Verband beteiligt waren.)

[158] § 17 der Statuten Kirchenverband 5.

[159] Z. B. Art. 30 der Statuten Abwasserreinigungsverband 1; Art. 54 der Statuten Kehrichtbeseitigungsverband 1; § 41 Abs. 1 der Statuten Wasserversorgungsverband 2; Art. 54 der Statuten Spitalverband 6; Art. 18 der Statuten Kirchenverband 4; Art. 30 Abs. 2 der Statuten Friedhofverband 11; Art. 46 der Statuten Altersheimverband 1.

Zeitpunkt der Auflösung eine ungedeckte Schuld, so ist diese nach dem gleichen Schlüssel zu begleichen [160]. Das Liquidationsverfahren im engeren Sinn wird entweder von den Verbandsgemeinden [161] oder vom Grundorgan des Zweckverbandes [162] bestimmt.

2. Beim Zwangsverband

Der durch kantonale Verfügung begründete Zweckverband kann nicht durch Beschluss der Verbandsgemeinden, sondern nur durch Entscheid der staatlichen Behörde, die ihn entstehen liess, auch aufgelöst werden [163]. Es entscheidet somit der Staat über den Fortbestand eines Zwangsverbandes. Doch kann die Auflösung von den betroffenen Gemeinden beantragt werden [164]. Sind die für die Bildung eines zwangsmässigen Verbandes erforderlichen Voraussetzungen, insbesondere das dringende öffentliche Interesse dahingefallen, so ist die zuständige Behörde nicht nur berechtigt, sondern verpflichtet, den Zwangszusammenschluss aufzulösen [165].

---

160 Z. B. § 24 Abs. 2 der Zweckverbandsstatuen (Verschiedenes 6).

161 Z. B. Art. 34 Abs. 2 der Statuten Abwasserreinigungsverband 14; Art. 36 Abs. 2 der Statuten Wasserversorgungsverband 6.

162 Z. B. Art. 41 Abs. 2 der Statuten Wasserversorgungsverband 2; § 16 der Statuten Spitalverband 1; Art. 54 der Statuten Spitalverband 6; Art. 4 der Statuten Altersheimverband 1. Im letzten Beispiel ist aber die Zustimmung sämtlicher Verbandsgemeinden notwendig.

163 Mayer, 691.

164 Rübel, 143 f.; Pfisterer, 267.

165 Rübel, 144; Pfisterer 267.

Im Kanton Zürich wird der Zwangsverband durch Verfügung des für die Zwangsgründung zuständigen Organs – gemäss § 7 Abs. 2 des Gemeindegesetzes bei politischen Gemeinden und Kirchgemeinden der Kantonsrat, bei Schul- und Zivilgemeinden der Regierungsrat – aufgelöst [166]; im Kanton Bern ist dagegen stets die Genehmigung des Regierungsrates erforderlich [167].

---

[166] Rübel, 143; Pfisterer, 268. – Zur Auflösung des Zürcher Naturalverpflegungsverbandes vgl. RRB 87/1968: „Für die Aufhebung der Naturalverpflegung armer Durchreisender ist der Kanton nicht zuständig, da es sich weder um eine staatliche Einrichtung noch um eine solche des kantonalen Rechts handelt. Die Aufhebung ist Sache der seinerzeit auf privatrechtlicher Grundlage entstandenen Bezirksorganisationen und ihres kantonalen Dachverbandes. Diese ehemaligen Träger der Naturalverpflegung werden mit dem Auflösungsentscheid auch zu bestimmen haben, wie die bei den einzelnen Organisationen noch vorhandenen bescheidenen Vermögen zu verwenden sind, soweit die Verbandsstatuten keine besonderen Vorschriften enthalten. Im Hinblick auf die im Jahre 1968 bevorstehenden Auflösungsarbeiten kann es sich für den Regierungsrat nur darum handeln, den am 9. März 1888 im Auftrag des Kantongsrates gefassten und heute gegenstandslos gewordenen Beschluss betreffend Naturalverpflegung armer Durchreisender aufzuheben, der unter anderem die Statthalterämter beauftragte, sich für die allgemeine Verbreitung der Naturalverpflegungsorganisation in den Bezirken unter Beteilung aller Gemeinden einzusetzen."

[167] Bern: Art. 146 Abs. 4 GG.

3. Kapitel

STATUTEN UND REGLEMENTE

Die Bezeichnungen „Verbandsstatut", „Verbandsstatuten", „Verbandssatzung", „Verbandsordnung" sowie „Verbandsvereinbarung" werden im folgenden synonym für die dem Zweckverband zugrunde liegende Verbandsverfassung verwendet, welche beim freiwilligen Verband durch rechtsgeschäftliche Willenseinigung der Verbandspartner zustande kommt. In den Kantonen Bern und Neuenburg [1] wird diese Verbandsgrundlage als „Reglement" bezeichnet. Im Rahmen dieser Arbeit soll aber unter Reglement nur der dem Vollzug der Verbandsverfassung dienende Erlass eines Verbandsorgans verstanden werden.

I. Die Verbandsvereinbarung als Anwendungsfall des öffentlich-rechtlichen Vertrages

Die klassischen Beispiele des öffentlich-rechtlichen Vertrages [2], insbesondere aber die Vereinbarungen zwischen Gemeinden, betreffen in der Mehrzahl den organisatorischen Bereich der Gemeinwesen. Von der Lehre wird die im Rahmen der Organisationsgewalt der Selbstverwaltungskörper anerkannte Befugnis zu rechtsgeschäftlichem Handeln als Ausdruck ihrer Autonomie verstanden [3]. Der Grund für die Verwendung der Vertragsform ist häufig im Fehlen einer Möglichkeit zu gemeinsamer Rechtsetzung der gleichgeordneten Verwaltungseinheiten zu suchen [4].

---

1   Bern: Art. 139 Abs. 2 GG (Verbandsreglement); Neuenburg: Art. 68 GG (règlement général).
2   Apelt, 22 ff.
3   Imboden, Vertrag 78 N. 77, 85 N. 83, 151 N. 145; vgl. dazu auch Apelt, 51.
4   Huber, 55. – Oft vereinigen sich die Vertragspartner in einem öffentlich-rechtlichen Vertrag zu gemeinschaftlichem Verwaltungshandeln, vgl. Salzwedel, 1.

Regelmässig bezweckt der Abschluss eines öffentlich-rechtlichen Vertrages zwischen Gemeinden in erster Linie die gemeinsame Erfüllung einer bestimmten Aufgabe. Eine gemeinschaftliche Lösung ist aber immer nur dann zulässig, wenn das Gemeinwesen nicht verpflichtet ist, die betreffende Angelegenheit selbständig zu erledigen [5]. Die Kompetenz zur Zusammenarbeit auf vertraglicher Basis wird häufig ausdrücklich durch die Gesetze formuliert; diese Vorschriften sind aber nicht kompetenzbegründend [6]. In diesem Sinn sind auch die gesetzlichen „Ermächtigungen" zur Zweckverbandsbildung zu verstehen.

Die Zweckverbandsvereinbarung wird als besondere Form des organisatorischen öffentlich-rechtlichen Vertrages klassiert. Ihre Besonderheit liegt darin, dass sie rechtssatzähnliche Regeln enthält, welche selbst die Organisation des Zusammenschlusses bestimmen [7]. Der Abschluss einer Zweckverbandsvereinbarung ist somit gleichzeitig eine besondere Art der kommunalen Rechtsetzung [8]. Bestätigt wird diese Auffassung durch die Tatsache, dass der freiwillige Zweckverband im allgemeinen durch Zustimmung des für den Erlass der Gemeindeordnung zuständigen Kommunalorgans geschaffen wird. Bei der Auslegung der Verbandsstatuten muss aber auch deren rechtsgeschäftlicher Charakter berücksichtigt werden. Es können daher auf Zweckverbandsvereinbarungen die allgemeinen Auslegungsregeln des Vertragsrechts, insbesondere aber die clausula rebus sic stantibus [9] angewendet werden.

---

5   Vgl. vorn S. 32 f. und Imboden, Vertrag 152 S. 147.

6   Imboden, Vertrag 152 f. N. 147. — Vielfach wird die für die Praxis unhaltbare Ansicht, der öffentlich-rechtliche Vertrag sei überhaupt nur dort zulässig, wo das objektive Recht ihn ausdrücklich vorsehe, aufrechterhalten, vgl. dazu Salzwedel, 11.

7   Imboden, Vertrag 154 N. 148. — Apelt (S. 171) rechnet die Zweckverbandsvereinbarungen den öffentlich-rechtlichen Gesellschaftsverträgen zu. Salzwedel (S. 36 und 254 f.) bezeichnet das Zweckverbandsstatut als Gesamtaktvertrag. — Nach Haug (S. 119 f.) ist eine klare Trennung zwischen Errichtung des Zweckverbandes und dem Erlass der Zweckverbandsstatuten vorzunehmen. Seiner Auffassung folgend besteht für das deutsche Recht kein Zweifel, dass der „Zweckverband als Verwaltungseinheit der Organisationsgewalt des Staates entspringt." Seine Errichtung gehe somit nicht auf einen öffentlich-rechtlichen Vertrag zurück.

8   Pfisterer, 107.

9   Imboden, Vertrag 107 f.; Salzwedel, 110; vgl. auch vorn S. 76.

II. Der notwendige Inhalt der Verbandsstatuten

Als Rechtsgrundlage einer neuen Verwaltungseinheit müssen die Zweckverbandsstatuten notwendigerweise die Organisation des Verbandes und die Grundzüge seiner Tätigkeit festlegen. Dieses Erfordernis ist so grundsätzlicher Natur, dass es auch von den Zweckverbandsvereinbarungen in jenen Kantonen eingehalten werden muss, die keine ausführliche Gesetzgebung zur interkommunalen Zusammenarbeit aufweisen. Gemäss seiner körperschaftlichen Natur müssen die Verbandsgemeinden vor allem über mitgliedschaftliche Rechte verfügen. Analog den Minimalvorschriften für Vereinsstatuten (Art. 60 Abs. 2 ZGB) haben die Verbandsvereinbarungen aber auch über die Mitglieder, den Verbandszweck, die Art der Mittelbeschaffung und die Organe sowie deren Kompetenzen Aufschluss zu geben [10]. Der Zürcher Regierungsrat hat Verbandsstatuten, die diesen Voraussetzungen nicht entsprachen, die Genehmigung versagt. Er stellte in der Begründung des entsprechenden Beschlusses fest, dass die in der Vereinbarung – in diesem Beispiel Friedhofordnung genannt – enthaltenen organisatorischen Bestimmungen in verschiedener Hinsicht ungenügend seien. Vor allem mangle es „an ausreichenden Vorschriften über den Bestand, die Bestellung und die Kompetenzen der Verbandsorgane", ferner fehle „jeder Hinweis darauf, wie der Finanzbedarf des Zweckverbandes zu decken" sei [11]. – Wo keine ausführlichen gesetzlichen Grundlagen für Zweckverbände vorliegen, sollte durch die kantonale Regelung wenigstens die Rechtsnatur des Verbandes näher bestimmt werden [12]. Wichtig ist in diesem Zusammenhang die Charakterisierung des Zweckverbandes als Körperschaft des öffentlichen Rechts.

Die ausführlichen Gesetze zum Zweckverbandsrecht schreiben im allgemeinen einen Minimalinhalt der Verbandsstatuten ausdrücklich vor. Schon im Preussischen Zweckverbandsgesetz vom 19. 7. 1911 war der sogenannte Mussinhalt der

---

10 Vgl. dazu auch Rübel, 127 f.; Stutz, 50 f.; Pfisterer, 110 f.

11 Friedhofverband 2 (RRB 198/1970). – Entsprechend der regierungsrätlichen Formulierung wird die sogenannte Friedhofkommission daher eingeladen, im Einvernehmen mit den Gemeinderäten der Verbandsgemeinden einen den rechtlichen Anforderungen genügenden Zweckverbandsvertrag vorzubereiten, ihn den Gemeinden zur Beschlussfassung vorzulegen und dafür die Genehmigung des Regierungsrates einzuholen.

12 Pfisterer, 110.

Verbandssatzungen festgelegt [13]. Auch die modernen bundesdeutschen Zweckverbandsgesetze enthalten regelmässig einen Katalog von sogenannten Mussvorschriften, der im wesentlichen die Bezeichnung der Verbandsglieder, des Verbandszwecks, des Verbandsnamens und dessen Sitz, die Aufzählung der Organe und deren Kompetenzen sowie ihre Zusammensetzung, die Art der Verbandsfinanzierung und die Regelung der Verbandsauflösung umfasst [14]. Ähnliche Vorschriften sind in den kantonalen Gesetzen zu finden. Im allgemeinen haben die Statuten die Mitgliedergemeinden, den Namen, den Sitz und den Zweck des Verbandes zu bezeichnen [15].

---

[13] Vgl. § 10 Abs. 1 des erwähnten Gesetzes: „Die Satzung muss enthalten

1. die Bezeichnung der Verbandsglieder;

2. die Bezeichnung der von dem Zweckverbande zu erfüllenden kommunalen Aufgaben;

3. die Benennung des Zweckverbandes und die Angabe des Ortes, an dem die Verwaltung geführt wird; als solcher kann der Wohnort des jeweiligen Verbandsvorstehers bezeichnet werden;

4. Bestimmungen über die Zusammensetzung des Verbandsausschusses und der anderen Beschlussorgane sowie über die Wahl der Abgeordneten und Ersatzmänner (...);

5. Bestimmungen über die Beschlussfähigkeit des Verbandsausschusses und über das Stimmverhältnis bei Abstimmungen (...);

6. Bestimmungen über die Wahl oder die sonstige Art der Berufung des Verbandsvorstehers und seines Stellvertreters sowie über die Vertretung des Zweckverbandes nach aussen;

7. Bestimmungen über die Umlegung der zur Deckung der gemeinsamen Ausgaben erforderlichen Ausgaben auf die Verbandsglieder (...)."

Vgl. dazu Neuwiem, 205 f.

[14] Vgl. z. B. Baden-Württemberg: § 6 ZVG; Bayern: Art. 20 Abs. 1 KZG; Hessen: § 9 Abs. 1 KGG; Nordrhein-Westfalen: § 9 Abs. 2 KGG.

[15] Bern: Art. 139 Abs. 2 GG; Freiburg: Art. 4 lit. a und b ZVG; Graubünden: Art. 54 lit. a GG; Neuenburg: Art. 69 lit. a und b GG; Waadt: Art. 115 lit. a, b und c GG; – ähnliche Vorschriften enthalten die Entwürfe zu neuen Gemeindegesetzen: Aargau: § 86 lit. a und b Entwurf GG.

Ferner sollten sie die Organisation, insbesondere die Organe [16], deren Zusammensetzung und Kompetenzen sowie die Geschäftsordnung [17] festlegen. Die Art der Mittelbeschaffung des Verbandes [18], insbesondere aber die von den Gemeinden zu erbringenden Leistungen und die Regelung der Haftung [19] gehören nach einzelnen kantonalen Gesetzen ebenfalls zum notwendigen Inhalt der Verbandsstatuten. Zuletzt seien noch der Austritt von Verbandsgemeinden und die Auflösung des Verbandes genannt [20], die von den Zweckverbandsstatuten zu ordnen sind. Selbstverständlich können die Verbandsvereinbarungen neben den vom Gesetz geforderten Regelungen weitere organisatorische Vorschriften enthalten. In diesem Zusammenhang muss betont werden, dass die Formulierung eines Mussinhaltes durch die kantonalen Gesetze die Aufgaben der Gemeinden bei der Verbandsgründung erleichtert und ihnen manche Streitigkeiten wegen unklarer oder ungenügender Statuten ersparen kann. Im Interesse der Rechtssicherheit und der daraus abzuleitenden Forderung nach klaren Verbandsgrundlagen sollten u. E. die gesetzlichen Grundlagen im Kanton Zürich zumindest einen Katalog des Mussinhaltes von Zweckverbandsstatuten umfassen.

---

16 Bern: Art. 139 Abs. 2 und Art. 142 GG; Freiburg: Art. 7 ZVG; Neuenburg: Art. 72 GG; Waadt: Art. 116 lit. a und b GG; Zug: § 112 Entwurf GG.

17 Freiburg: Art. 4 lit. d, e und f ZVG; Graubünden: Art. 54 lit. b, c, d, e und h GG; Neuenburg: Art. 69 lit. d GG; Waadt: Art. 115 lit. d, f, g und h GG; Aargau: § 86 lit. c Entwurf GG.

18 Bern: Art. 139 Abs. 2 GG; Freiburg: Art. 4 lit. g ZVG; Graubünden: Art. 54 lit. f GG; Neuenburg: Art. 69 lit. e GG; Waadt: Art. 115 lit. e GG; Aargau: § 86 lit. d Entwurf GG; Zug: § 112 Entwurf GG.

19 Bern: Art. 139 Abs. 2 GG; Graubünden: Art. 54 lit. i GG.

20 Bern: Art. 140 GG; Freiburg: Art. 4 lit. i und j ZVG; Graubünden: Art. 54 lit. g und k GG; Neuenburg: Art. 69 lit. f und g; Waadt: Art. 115 lit i und j GG; Zug: § 112 Entwurf GG.

III. Das Revisionsverfahren bei Zweckverbandsstatuten

Die Verbandsgemeinden haben zweifellos, entsprechend ihrer Befugnis zur Verbandsgründung, auch die Möglichkeit, die der Verbandstätigkeit zugrunde liegende Vereinbarung abzuändern [21]. Durch Parteiwillen kann die Verbandsverfassung jederzeit neuen Bedürfnissen und veränderten faktischen Grundlagen angepasst werden, wobei auch die Änderungen der Statuten den gesetzlichen Mussvorschriften entsprechen müssen.

Jene kantonalen Gesetze, die sich zum Verfahren der Statutenrevision äussern, halten daran fest, dass eine gültige Änderung der Verbandsvereinbarung der Zustimmung jeder Gemeinde bzw. aller zuständigen Gemeindeorgane sowie der Genehmigung des Regierungsrates bedarf [22]. Für Statutenänderungen der Bündner Zweckverbände ist die Zustimmung aller Gemeinden nur notwendig, wenn die Revision den Verbandszweck und die Verbandsaufgaben betrifft [23]. Im Kanton Waadt können, sofern die Verbandsstatuten eine solche Regelung ausdrücklich vorsehen, Nebenpunkte der Zweckverbandsvereinbarung auch ohne Genehmigung des Regierungsrates abgeändert werden [24]. — In der Bundesrepublik Deutschland kommen Satzungsrevisionen regelmässig durch Mehrheitsbeschluss des Grundorgans der Zweckverbände zustande [25]. Für Änderungen der Verbandsaufgabe bedarf es jedoch nach der Gesetzgebung der deutschen Bundesländer im allgemeinen der Zustimmung eines qualifizierten Mehrs der Gemeindeabgeordneten (2/3 Mehrheit) und der Genehmigung der Aufsichtsbehörde.

Die meisten Zweckverbandsvereinbarungen des Kantons Zürich enthalten Vorschriften über das Verfahren der Statutenrevision, auch wenn sich das Gemeindegesetz zu dieser Frage ausschweigt. In der Mehrzahl der Fälle ist eine Änderung der

---

21   Pfisterer, 113.

22   Freiburg: Art. 17 Abs. 1 ZVG; Neuenburg: Art. 71 GG; Waadt: Art. 126 GG; Aargau: § 87 Entwurf GG. Im letzten Beispiel ist zusätzlich die Annahme der Statutenänderung durch die Abgeordnetenversammlung vorgesehen.

23   Art. 55 Abs. 1 GG.

24   Art. 115 Abs. 2 GG.

25   Baden-Württemberg: § 17 Abs. 1 und 3 ZVG; Bayern: Art. 46 Abs. 1 und 3 KZG; Hessen: § 21 Abs. 1 KGG; Nordrhein-Westfalen: § 20 Abs. 1 und 2 KGG.

Vereinbarung nur mit Zustimmung der zuständigen Gemeindeorgane – in der Regel der Stimmberechtigten in der Gemeindeversammlung oder durch Urnenabstimmung – aller Verbandsmitglieder und mit Genehmigung des Regierungsrates möglich [26]. Da eine Genehmigungspflicht des Regierungsrates, in Analogie zur Genehmigungspflicht bei der Verbandsgründung gemäss § 7 Abs. 1 2. Satz des Gemeindegesetzes, u. E. auch nur für Änderungen der Vorschriften über Zweck und Organisation des Zweckverbandes besteht, kann diese durch Vereinbarung zwischen den Verbandsgemeinden nicht auf die Revision aller Vertragsbestimmungen ausgedehnt werden, da kommunale Vereinbarungen keine kompetenzbegründenden Wirkungen für den Regierungsrat haben können. Nach einzelnen Verbandsstatuten bedarf jede Revision der Vereinbarung nur der Zustimmung einer Mehrheit, eventuell eines qualifizierten Mehrs der Verbandsgemeinden [27]. Gegen eine solche Regelung hat der Zürcher Regierungsrat dann nichts einzuwenden, wenn sie lediglich auf jene Vereinbarungsänderungen angewendet wird, welche die Organisation des Zweckverbandes betreffen. Sollen dem Verband durch Revision der Statuten jedoch neue Aufgaben übertragen werden, so darf diese Frage nach der neueren regierungsrätlichen Praxis nicht durch Mehrheitsbeschluss entschieden werden. Statutenänderungen dieser Art setzten die Zustimmung sämtlicher Verbandsgemeinden voraus, weil Mehrheitsbeschlüsse über diesen wichtigsten Punkt der Verbandsvereinbarung die

---

26   Z. B. Art. 38 der Statuten Abwasserreinigungsverband 5; Art. 58 der Statuten Kehrichtbeseitigungsverband 2; § 45 der Statuten Wasserversorgungsverband 2; § 39 Abs. 1 der Statuten Schulverband 6; Art. 21 der Statuten Amtsvormundschaftsverband 5; § 6 der Statuten Spitalverband 2; Art. 48 Abs. 2 der Statuten Altersheimverband 1; § 18 der Statuten Kirchenverband 6; § 18 der Statuten Friedhofverband 6; § 24 der Statuten Regionalplanungsverband 2.

27   Art. 56 der Statuten Kehrichtbeseitigungsverband 1; § 50 der Statuten Kehrichtbeseitigungsverband 5; Art. 53 der Statuten Wasserversorgungsverband 5; § 23 der Statuten Schulverband 12; § 23 der Statuten Schulverband 17; Art. 12 Abs. 2 der Statuten Spitalverband 7.

Selbständigkeit der Verbandsgemeinden in unzulässiger Weise einschränken würden [28]. Im übrigen seien Mehrheitsentscheide über die Erweiterung des Verbandszweckes auch mit der Vertragsnatur der Zweckverbandsgrundlage unvereinbar [29]. In neueren Verbandsstatuten hat sich diese Ansicht des Regierungsrates durchgesetzt, und so finden sich beispielsweise Formulierungen wie: „Jede Änderung der Vereinbarung bedarf der Zustimmung der Mehrheit der Verbandsgemeinden. Vorbehalten bleibt eine Erweiterung des Verbandszweckes, die der Zustimmung sämtlicher Verbandsgemeinden bedarf" [30]. – Soll aber dem Vertragscharakter der Verbandsvereinbarung Genüge getan werden, so muss u. E. nicht nur für die Änderung des Verbandszweckes, sondern auch für die Revision von grundlegenden organisatorischen Vorschriften Einstimmigkeit gefordert werden. Als grundlegende

---

28   RRB 3930/1968 (Genehmigung Kehrichtbeseitigungsverband 1): „Bisher bedurfte eine Änderung der Zustimmung sämtlicher Verbandsgemeinden; künftig soll dafür die Zustimmung von zwei Dritteln der Verbandsgemeinden genügen. Gegen diese Regelung ist dann nichts einzuwenden, wenn es sich um Vertragsänderungen handelt, die lediglich die Organisation des Zweckverbandes betreffen. Dagegen kann sie keine Geltung haben, wenn dem Zweckverband neue Aufgaben übertragen werden sollen. Hierzu wäre jedenfalls die Zustimmung sämtlicher Gemeinden erforderlich, da eine verbindliche Beschlussfassung über derartige Fragen durch eine blosse Mehrheit von Gemeinden die Selbständigkeit der übrigen Gemeinden in unzulässiger Weise einschränken würde". – Ähnlich auch Pfisterer, 116. – Als Zweckänderung ist jede nicht durch den Zweckartikel der Verbandsstatuten gedeckte Tätigkeit zu verstehen; dazu gehört beispielsweise die Ergänzung einer gemeinsamen Kläranlage durch den Bau einer gemeinschaftlichen Kehricht- und Klärschlammbeseitigungsanlage; vgl. z. B. RRB 1081/1967 (Änderung des interkantonalen Vertrages, welcher dem Abwasserreinigungsverband 6 zugrunde lag).

29   RRB 3798/1967 (Genehmigung Wasserversorgungsverband 5); RRB 2/1968 (Genehmigung Schulverband 17).

30   Art. 21 der Statuten Abwasserreinigungsverband 23; ähnlich § 26 der Statuten Schulverband 13; Art. 11 der Statuten Spitalverband 8; § 27 der Statuten Kirchenverband 1; § 27 der Statuten Kirchenverband 2; § 26 der Statuten Kirchenverband 3.

Organisationsregeln verstehen wir alle jene Statutenbestimmungen, welche die Stellung der Verbandsgemeinden, d. h. deren Rechte und Pflichten im Verband grundsätzlich und unmittelbar betreffen. In diesen Zusammenhang gehören etwa das Vertretungsverhältnis der Gemeinden in den Verbandsorganen, insbesondere aber die für jede Gemeinde massgebende Anzahl von Abgeordneten im Grundorgan, oder der Kostenverteiler. Mehrheitsbeschlüsse in diesen Fragen würden u. E. auch einen unzulässigen Eingriff in die Selbständigkeit bzw. Autonomie der Verbandsgemeinden bedeuten. Unter diesem Gesichtspunkt erscheinen Vorschriften, nach welchen der Kostenverleger generell durch einfachen oder qualifizierten Mehrheitsbeschluss abzuändern ist [31], als fragwürdig.

Eine grundlegende Änderung der Verbandsorganisation oder des Verbandszwecks kann nie von den eigentlichen Verbandsorganen beschlossen werden. Entscheidungen von dieser Wichtigkeit sind stets durch die Verbandsgemeinden selbst zu fällen. Verbandsstatuten, die den Erlass und die Änderung der Zweckverbandsvereinbarung dem Grundorgan, in unserem Beispiel der Versammlung aller Stimmberechtigten des Verbandsgebietes, übertragen, wurden vom Zürcher Regierungsrat nur unter folgender Einschränkung genehmigt: „Wenn im vorliegenden Fall nicht die Gemeindeversammlungen der einzelnen Verbandsgemeinden sondern die Friedhofverbandsversammlung die Vereinbarung genehmigt hat, so ist dies nur zulässig unter der Annahme, dass der Zweckverband ohne formelle Vereinbarung schon seit Jahrzehnten besteht und dass die Verbandsversammlung schon bisher als oberstes Organ die Organisationsgewalt ausgeübt hat. Eine grundlegende Änderung in der Organisation des Verbandes oder der Umschreibung seines Zweckes bedürfte der Genehmigung durch die Gemeindeversammlungen der vier Gemeinden" [32]. – Das im regierungsrätlichen Beschluss formulierte Erfordernis, dass grundlegende Änderungen der Verbandsstatuten stets durch die Verbandsglieder selbst zu beschliessen sind, ist für alle Zweckverbandsregelungen massgebend, sofern keine abweichenden gesetzlichen Vorschriften bestehen. Dieses Erfordernis ist einerseits aus dem körperschaftlichen Charakter des Zweckverbandes abzuleiten, da Körperschaften des öffentlichen Rechts nach einer minimalen Ausgestaltung von Mitgliedschaftsrechten, insbesondere der Statuierung des Rechts zum Erlass der Verbandsgrundlagen [33] verlangen. Zum andern ist das den Verbandsgemeinden vorbehaltene Recht zur Statutenrevision auch auf die Vertrags-

---

31 Vgl. z. B. Art. 59 der Statuten Abwasserreinigungsverband 23; Art. 48 der Statuten Abwasserreinigungsverband 19.

32 Vgl. Art. 3 Ziff. 1 der Statuten Friedhofverband 8 und den diesen Zweckverband betreffenden Genehmigungsbeschluss des Zürcher Regierungsrates (RRB 371/1967).

33 Vgl. Peters, 111 und vorn S. 20.

natur der Verbandsvereinbarung zurückzuführen, weil vertragliche Regelungen im allgemeinen nur durch neue Willenseinigung der Vertragspartner abzuändern sind. Vereinbarungsrevisionen, die weder den Verbandszweck noch grundlegende organisatorische Vorschriften betreffen, können dagegen auch dem Grundorgan übertragen werden. Das Revisionsverfahren kann in diesen Fragen nach den vorangehenden Ausführungen auch noch insoweit vereinfacht werden, als ein einfacher Mehrheitsbeschluss für den Entscheid genügt. Im Kanton Zürich sind in Analogie zum Gründungsverfahren nur Statutenänderungen über die Organisation und den Zweck des Verbandes dem Regierungsrat zur Genehmigung zu unterbreiten.

IV. Reglemente

1. Zur Frage der Rechtsetzungsbefugnis der Zweckverbandsorgane im allgemeinen

Im Rahmen der Verbandstätigkeit stellt sich die Frage, ob und in welchem Umfang der Zweckverband bzw. seine Organe zur Rechtsetzung ermächtigt werden können. – Entsprechende Erlasse der Verbandsorgane sollen im folgenden als Reglemente bezeichnet werden. Sie sind grundsätzlich den Verbandsstatuten nachgeordnet und betreffen im allgemeinen den Vollzug der Verbandsaufgabe [34].

In einzelnen kantonalen Gesetzen wird ganz generell auf die Kompetenzen des Grundorgans zum Erlass von Ausführungsbestimmungen zur Verbandsgrundlage verwiesen [35]. Eine Reihe der Zürcher Zweckverbandsstatuten erwähnt, auch wenn

---

34 Pfisterer, 120.

35 Freiburg: Art. 9 Abs. 3 ZVG; Graubünden: Art. 55 Abs. 3 GG; Neuenburg: Art. 75 Abs. 2 GG; Waadt: Art. 119 Abs. 3 GG; Aargau: § 83 Abs. 2 Entwurf GG. Im Entwurf zum Gemeindegesetz des Kantons Zug werden Reglemente des Verbandes nur im Zusammenhang mit ihrer Stellung im Verhältnis zum kommunalen Recht erwähnt (vgl. § 112 Abs. 3 Entwurf GG). – Im Kanton Neuenburg wird ausdrücklich darauf hingewiesen, dass die Reglemente nicht der Zustimmung der Verbandsgemeinden bedürfen, sie können durch die Verbandsorgane erlassen werden (vgl. Art. 79 Abs. 1 GG).

das Gemeindegesetz auf eine ausdrückliche Ermächtigung der Verbandsorgane zur Rechtsetzung verzichtet, unter den Aufgaben des Grundorgans den Erlass von Reglementen über die Verwaltung und den Betrieb des Gemeinschaftswerkes, über die Entschädigung der Kommissionsmitglieder sowie die Anstellung und Besoldung des Anlagepersonals [36]. In den Zürcher Beispielen werden somit Rechtsetzungskompetenzen der Gemeinden durch Vertrag dem Zweckverband bzw. seinen Organen übertragen. Es handelt sich dabei jedoch nicht um jene Art der Delegation von Rechtsetzungskompetenzen zwischen ranghöheren und rangniedrigeren Verwaltungseinheiten, wie sie im Landesstaat häufig auftreten [37], sondern um die Übertragung von Kompetenzen zwischen ranggleichen Körperschaften [38]. Die Zulässigkeit einer solchen Delegation ist unbestritten, wenn sie sich auf eine ausdrückliche Ermächtigung in Gesetz oder Statuten, auf die sogenannte De'egationsnorm stützen kann [39]. Solche Delegationen sind jedenfalls nur im Rahmen der den Gemeinden zustehenden Rechtsetzungskompetenzen zulässig [40]. In Analogie zum interkantonalen Recht [41] ist auch im interkommunalen Bereich die Delegation von Rechtsetzungsbefugnissen auf Vollzugsvorschriften zur Zweckverbandsvereinbarung zu beschränken [42]. Von einer selbständigen Rechtsetzungsbefugnis des Verbandes kann also nicht gesprochen werden.

---

36 Z. B. Art. 11 Ziff. 5 der Statuten Abwasserreinigungsverband 7; Art. 7 lit. 1 der Statuten Abwasserreinigungsverband 14; Art. 9 lit. g der Statuten Kehrichtbeseitigungsverband 1; Art. 6 der Statuten Schulverband 11; § 8 lit. 1 der Statuten Schulverband 12; Art. 5 lit. c der Statuten Amtsvormundschaftsverband 2; § 8 lit. f der Statuten Spitalverband 1; Art. 12 lit. i und 1 der Statuten Altersheimverband 1; § 11 Ziff. 6 der Statuten Kirchenverband 1; Art. 4 Ziff. 1 der Statuten Friedhofverband 3.

37 Vgl. z. B. Werner Latscha, Die Delegation von Rechtsetzungskompetenzen vom Bund an die Kantone, Diss. Zürich 1953, 4 ff.

38 Pfisterer, 123.

39 Rübel, 197; Pfisterer, 121; Grüter, 77 f; Stillhardt, 26.

40 Pfisterer, 122; Grüter, 78. – Zum Umfang der Rechtsetzungsbefugnis der Gemeinden im allgemeinen vgl. Bütikofer, 74 ff.

41 Häfelin, Fragen 257.

42 Grundlegende Änderungen der Verbandsvereinbarung, insbesondere aber die Erweiterung des Verbandszwecks, können nicht durch Beschluss der Verbandsorgane ergehen, vgl. vorn S. 92.

2. Der Inhalt der Reglemente

Die uns bekannten Zweckverbandsstatuten ermächtigen das Grundorgan entweder generell zum Erlass der notwendigen Ausführungsbestimmungen [43] oder zur Aufstellung eines Betriebsreglementes [44], eines Reglementes über die Organisation der gemeinsamen Aufgabe [45], oder über die Verwaltung und den Betrieb des Gemeinschaftswerkes [46]. Andere Vereinbarungen beschränken die Rechtsetzungskompetenzen der Verbandsorgane auf den Erlass einer Geschäftsordnung [47] oder eines Reglementes über die Entschädigung der Kommissionsmitglieder und die Anstellung und Besoldung des Werkpersonals [48]. Bei gemeinsamen Spitälern oder Alters- und Pflegeheimen erlässt die Kommission in der Regel eine Taxordnung und ein Betriebsreglement [49]; bei Kehrichtverbänden hat das Grundorgan Richtlinien für den Sammel- und Abfuhrdienst aufzustellen [50]. In einem einzigen Beispiel wird die Finanzierung einer besonderen Verbandsangelegenheit in einem Reglement geordnet [51].

Die Zweckverbandsorgane sind wie andere Verwaltungsbehörden berechtigt, ihnen in der Verwaltungshierarchie nachgeordneten Stellen Weisungen zu erteilen. Häufig enthalten die Zweckverbandsvereinbarungen sogar eine ausdrückliche Ermächtigung zum Erlass von Dienstanleitungen oder Dienstanweisungen [52].

---

44 Z. B. Art. 18 lit. c Ziff. 2 der Statuten Abwasserreinigungsverband 15.

45 Z. B. Art. 5 lit. c der Statuten Amtsvormundschaftsverband 2.

46 Z. B. Art. 7 lit. 1 der Statuten Abwasserreinigungsverband 14.

47 Z. B. § 5 Ziff. 5 der Statuten Kirchenverband 6.

48 Z. B. Art. 11 lit. a Ziff. 5 und lit. c Ziff. 3 der Statuten Abwasserreinigungsverband 7; § 13 lit. c der Statuten Spitalverband 2.

49 Z. B. § 13 lit. n der Statuten Spitalverband 2; Art. 17 lit. p der Statuten Spitalverband 8; Art. 10 Ziff. 13 der Statuten Altersheimverband 5.

50 Z. B. Art. 9 lit. g der Statuten Kehrichtbeseitigungsverband 1.

51 § 10 lit. i der Statuten Kirchenverband 3 (Finanzierung der Seelsorge für Fremdsprachige).

52 Z. B. Art. 11 Ziff. 5 der Statuten Abwasserreinigungsverband 7; Art. 13 lit. b Ziff. 3 der Statuten Abwasserreinigungsverband 16; § 9 Ziff. 2 der Zweckverbandsstatuten (Verschiedenes 7).

Zusammenfassend muss festgehalten werden, dass der sogenannte Mussinhalt der Zweckverbandsgrundlage im allgemeinen nicht in den Reglementen der Verbandsorgane enthalten sein kann, da dieser der ausdrücklichen Zustimmung aller Verbandsmitglieder bedarf und daher im gleichen Verfahren wie die Verbandsvereinbarung selbst geregelt werden muss. Beinhalten im Kanton Zürich auch die Reglemente organisatorische Vorschriften, so sind diese gleichfalls dem Regierungsrat zur Genehmigung zu unterbreiten [53].

V. Das Verhältnis von Statuten und Reglementen zum kantonalen und kommunalen Recht

1. Zwingendes und subsidiär anwendbares kantonales Recht

Die kantonalen Gesetze sehen zum Teil ausdrücklich vor, dass die Bestimmungen des allgemeinen Gemeinderechts auch auf die Zweckverbände anzuwenden sind [54]. Im Kanton Zürich wird in verschiedenen Verbandsstatuten auf das Gemeinderecht verwiesen und eine sinngemässe Anwendung der Vorschriften des Gemeindegesetzes vorbehalten, soweit die Vereinbarung selbst keine abweichende Regelung

---

53 Vgl. vorn S. 59.
54 Bern: Art. 150 GG; Waadt: Art. 114 GG (analoge Anwendung des Kommunalrechts); Aargau: § 84 Abs. 2 Entwurf GG (Vorschriften über den Finanzhaushalt der Gemeinden gelten sinngemäss auch für Zweckverbände); Zug: § 112 Abs. 2 Entwurf GG.

getroffen hat [55]. Dass Zweckverbände, sofern sie nicht ausdrücklich abweichende organisatorische Bestimmungen enthalten, dem Gemeinde- und Wahlgesetz unterstehen, ist nach den Worten des Zürcher Regierungsrates selbstverständlich, auch wenn dies im Vertrag nicht besonders erwähnt wird [56]. Dieser Ansicht ist ohne Einschränkung beizupflichten, da der Zweckverband ausschliesslich der Erfüllung von Gemeindeaufgaben dient und daher auch nach einer Unterstellung unter die allgemeinen Vorschriften des Kommunalrechts verlangt. Es ist sorgar davon auszugehen, dass gewisse allgemeinen Prinzipien des Gemeinderechts notwendigerweise auch beim Zweckverband verwirklicht werden müssen. So wurde beispielsweise nach Auskunft der Zürcher Direktion des Innern, um dem Grundsatz der Gewaltentrennung zu genügen, in den letzten Jahren bei der Genehmigung darauf geachtet, dass die Mitglieder des Grundorgans nicht gleichzeitig auch dem Exekutivorgan des Zweckverbandes angehören dürfen. Eine strenge Befolgung der Gewaltenteilungslehre erscheint aber gerade im Gemeinderecht, das ihr nie konsequent gefolgt ist [57], als fragwürdig. Unter dem Gesichtspunkt der Praktikabilität ist sogar von einer solchen Regelung abzuraten, da sie den Geschäftsgang und die Information des Grundorgans erschwert. Zu Recht hat der Zürcher Regierungsrat dagegen die Regelung, wonach als Kontrollstelle zwei Mitglieder des Grundorgans amten sollen, zurückgewiesen. In seiner Begründung betont er, diese Lösung lasse nicht nur keine klare personelle Trennung zwischen Verwaltung und Rechnungsprüfung zu, sondern „widerspreche auch dem im kantonalen öffentlichen Recht durchgehend verwirklichten

---

55 Z. B. allgemeiner Verweis auf die Bestimmungen des Gemeindegesetzes: vgl. Art. 14 der Statuten Schulverband 11; Art. 16 der Statuten Amtsvormundschaftsverband 5; – zur Anwendung des Kommunalrechts auf die Geschäftsführung der Verbandsorgane vgl. Art. 9 der Statuten Abwasserreinigungsverband 2; Art. 9 der Statuten Abwasserreinigungsverband 5; Art. 9 der Statuten Abwasserreinigungsverband 20; Art. 10 der Statuten Kehrichtbeseitigungsverband 2; Art. 12 der Statuten Wasserversorgungsverband 1; – zur Anwendung des kantonalen Kommunalrechts auf das Verfahren der Rechnungsprüfung im Zweckverband und auf die Erstellung des Verbandsvoranschlages vgl. Art. 35 der Statuten Abwasserreinigungsverband 4; Art. 31 der Statuten Abwasserreinigungsverband 13; Art. 30 der Statuten Abwasserreinigungsverband 14.

56 RRB 2000/1932 (Genehmigung Wasserversorgungsverband 1).

57 Vgl. z. B. Mettler, Gemeinderecht 104; Etter, 72 ff.

Grundsatz, dass Kollegialbehörden mindestens drei Mitglieder zu umfassen haben" [58]. Nach der regierungsrätlichen Genehmigungspraxis des Kantons Zürich drängt sich gerade für die Rechnungsprüfungskommission des Zweckverbandes eine sinngemässe Anwendung der Kommunalvorschriften auf. Diese Ansicht wurde in mehreren Genehmigungsbeschlüssen und im Zusammenhang mit den verschiedensten Fragen bestätigt. So hat sich beispielsweise die Kontrolle der Rechnungsprüfungskommission eines Zweckverbandes gemäss § 135 des Zürcher Gemeindegesetzes nicht nur auf die Jahresrechnung, sondern auch auf den Voranschlag zu erstrecken [59]. In einem anderen Genehmigungsbeschluss des Zürcher Regierungsrates [60] wird festgestellt, den Bestimmungen über die Kompetenzen der Rechnungsprüfungskommission und der Delegiertenversammlung fehle der Hinweis darauf, dass diese Organe den Voranschlag zu prüfen bzw. festzusetzen haben. „Dieser Mangel widerspricht den nach zürcherischem Recht nicht nur für Gemeinden, sondern allgemein für den öffentlichen Finanzhaushalt geltenden Verfahrensgrundsätzen, wonach die für das Rechnungswesen verantwortliche Behörde die Voranschläge lediglich entwirft, während die verbindliche Festsetzung Sache eines übergeordneten Aufsichtsorganes ist. Ferner geht der formellen Beschlussfassung regelmässig die Kontrolle durch ein besonderes Prüfungsorgan voraus." In einem weiteren Zweckverband sollte die Rechnungsprüfungskommission durch die Bezirksschulpflege, die selbst nicht Verbandsmitglied ist, gewählt werden [61]. Zu dieser Regelung bemerkt der Zürcher Regierungsrat im Genehmigungsbeschluss: „Die Bestellung durch die Bezirksschulpflege widerspricht auch der rechtlichen Natur der Rechnungsprüfungskommission, die ein Hilfsorgan der Gemeindeversammlung oder des Grossen Gemeinderates ist. Wahlorgan für die Rechnungsprüfungskommission soll grundsätzlich diejenige Körperschaft oder Behörde sein, der die Rechnungsprüfungskommission Rechenschaft abzulegen hat. Zweckverbände sind in dieser Beziehung nicht anders zu behandeln als Gemeinden. Die Wahl der Rechnungsprüfungskommission kann daher nicht einer Behörde überlassen werden, die ausserhalb der Gemeinden und des Zweckverbandes steht" [62].

---

58 Vgl. RRB 2857/1966 (Genehmigung Regionalplanungsverband 3), insbesondere die Bemerkungen zu § 15 der Statuten Regionalplanungsverband 3.
59 Vgl. RRB 4783/1967 (Genehmigung Schulverband 16).
60 RRB 4378/1967 (Genehmigung Kirchenverband 8).
61 § 11 der Statuten Schulverband 12.
62 RRB 21/1967 (Genehmigung Schulverband 12).

2. Der Vorrang der „interkommunalen" Vorschriften im Verhältnis zum kommunalen Recht

Das Verhältnis von „interkommunalem" und kommunalem Recht findet erst in den Entwürfen zu neuen Gemeindegesetzen eine ausdrückliche Regelung. Im Zuger Entwurf zum Gemeindegesetz wird in § 112 Abs. 3 festgestellt, dass die Verbandsordnung und die Reglemente des Verbandes den Erlassen der beteiligten Gemeinden vorgehen. Gemäss § 83 Abs. 2 des Aargauer Entwurfes gelten die Verbandsreglemente in den angeschlossenen Gemeinden wie eigene Erlasse und gehen diesen vor. — Soweit sich die Theorie mit dieser Frage beschäftigt hat, anerkennt sie den Vorrang des „interkommunalen" Rechts [63]. Auf eine nähere Begründung dieser Rangordnung wird im allgemeinen nicht eingetreten.

Bei der Abklärung des Verhältnisses von kommunalem und „interkommunalem" Recht gilt es zuerst zu untersuchen, in welchem Verhältnis Gemeindeordnung und Zweckverbandsvereinbarung zueinander stehen. Beide Arten von Vorschriften erlangen in der Regel im gleichen Verfahren innerkommunale Verbindlichkeit; beide bedürfen im allgemeinen der Zustimmung der in kommunalen Angelegenheiten Stimmberechtigten. Die Erkenntnis, dass der Gemeindeordnung gegenüber anderen kommunalen Erlassen der Gesamtheit der Stimmbürger keine erhöhte formelle Rechtskraft zukommt [64], ist auch im Verhältnis von Zweckverbandsstatuten und Gemeindeordnung massgebend, und es lässt sich daraus ableiten, dass die Gemeindeordnung sowohl durch Zweckverbandsvereinbarungen als auch durch andere kommunale Erlasse der Stimmberechtigten geändert werden kann. Ferner ist daran zu erinnern, dass die staatliche Genehmigung der Zweckverbandsstatuten keine Konstitutivwirkung hat [65] und somit auch keine Ueberordnung zu gewöhnlichen kommunalen Erlassen, die zum Teil ebenfalls der Genehmigung durch eine kantonale Behörde unterstellt sind, begründet. Es können daher „interkommunale" Vorschriften, jedenfalls was die formellen Voraussetzungen für ihre innerkommunale Rechtsgültigkeit betrifft, den kommunalen Rechtssätzen der Gesamtheit der

---

63 Mettler, Gemeinderecht 268; in diesem Sinn auch Feldmann, 504.
64 Zu dieser Frage im allgemeinen Giacometti, 539; Heiniger, 181 f.; Etter, 66 f.; Mettler, Gemeinderecht 108.
65 Vgl. vorn S. 56.

Aktivbürger gleichgeordnet werden [66]. Richtigerweise sollte man deshalb im Zusammenhang mit der Frage nach der gemeindeinternen Geltungskraft von ,,interkommunalen" Bestimmungen eher von interkommunal vereinbartem Recht sprechen.

Aus ähnlichen Überlegungen wie in den interkantonalen Rechtsbeziehungen [67] ist aber doch von einer Überordnung der Verbandsvereinbarung gegenüber kommunalen Erlassen auszugehen. Die interkommunale Zusammenarbeit kann nur dann voll verwirklicht werden, wenn die Gemeinde durch ihren Beitritt zu einem Zweckverband die Berechtigung verliert, sich auf dem durch die Statuten umschriebenen Gebiet zu betätigen, insbesondere muss es ihr aber verwehrt sein, vereinbarungswidriges Recht zu setzen. Ferner ist es notwendig, dass sich die Verbandsgemeinden in Fragen, die einem Mehrheitsentscheid zugänglich sind [68], dem rechtmässig ergangenen Beschluss der Mehrheit der Verbandsmitglieder unterziehen müssen. Die Verbandsverpflichtungen der einzelnen Gemeinde können in der Regel nur durch einen formellen Rücktritt wieder gelöst oder durch eine Statutenrevision modifiziert werden [69]. Der Grundsatz pacta sunt servanda findet somit auch bei interkommunalen Rechtsbeziehungen seine Verwirklichung.

---

[66] Pfisterer, 123.
[67] Häfelin, Fragen 256.
[68] Vgl. hinten S. 109 f.
[69] Pfisterer, 78.

4. Kapitel

DIE ORGANISATION DER ZWECKVERBÄNDE

I. Grundsätzliches zur Organisation des Zweckverbandes

1. Zur Frage der Organisationsautonomie

Der Zweckverband muss als öffentlich-rechtliche Körperschaft notwendigerweise mit Organen ausgestattet sein, welche die Willensbildung im Verband und den Vollzug des Verbandszwecks ermöglichen [1]. Im Zusammenhang mit der Frage nach der Verbandsorganisation ist in erster Linie zu untersuchen, wie weit die Gemeinden frei sind bei der Ausgestaltung des Verbandes. Da bundesrechtliche Vorschriften fehlen, kommt dem kantonalen Recht dabei besondere Bedeutung zu. Die ausführlicheren kantonalen Erlasse enthalten regelmässig Organisationsvorschriften, die bei der Gründung eines Zweckverbandes von den Gemeinden zwingend zu berücksichtigen sind. In anderem Zusammenhang wurden diese Bestimmungen als Mussvorschriften bezeichnet. Häufig zählen sie notwendige Organe auf [2], legen deren Zusammensetzung fest [3] und umschreiben ihre Kompetenzen in allgemeiner Weise [4]. Es handelt sich immer um relativ generell gefasste Organisationsvorschriften, die den Gemeinden bei der Verbandsgründung einen weiten Entscheidungsspielraum einräumen [5]. Dieses Recht zur Selbstgesetzgebung, welches in erster Linie organisatorische Fra-

---

[1] Peters, 111; Pfisterer, 138. – Zum Zweckverband als öffentlich-rechtlicher Körperschaft vgl. vorn S. 19 ff.

[2] Z. B. Bern: Art. 142 GG; Freiburg: Art. 7 ZVG.

[3] Z. B. Waadt: Art. 117 GG.

[4] Z. B. Freiburg: Art. 9 und 12 ZVG; Waadt: Art. 119 und 122 GG.

[5] Pfisterer, 138; Grüter, 72.

gen umfasst, wird von der Theorie als Organisationsautonomie bezeichnet. Besonders weitgreifend ist diese Autonomie in allen jenen Kantonen, die überhaupt keine allgemeine Regelung des Zweckverbandes kennen [6] oder sich auf äusserst knapp gehaltene Vorschriften beschränken [7]. – Eine weitgehende Autonomie in organisatorischen Fragen gilt aber nicht nur für schweizerische Verhältnisse, sondern auch für die Länder der Bundesrepublik Deutschland, deren detaillierte Zweckverbandserlasse die Organisation der Zweckverbände in beachtlichem Aussmass den Verbandssatzungen, d. h. dem Willen der Verbandsglieder überlassen haben [8].

Der Verzicht auf eine starre Regelung des Organisationsrechts der Zweckverbände wird häufig als Vorzug des heutigen Rechtszustandes bezeichnet [9], der eine Anpassung der Verbandsorganisation an die Bedürfnisse der verschiedensten Verbandszwecke erlaube [10]. Trotz der grossen Gestaltungsfreiheit tritt in der Praxis nur eine kleine Zahl von Verbandstypen auf, die für die verschiedensten Verbandsaufgaben von den Gemeinden immer wieder freiwillig verwendet wird [11]. In dieser Tatsache kommt offensichtlich das Bedürfnis der öffentlichen Hand nach Rechtssicherheit und der daraus folgende Mangel an Experimentierfreudigkeit zum Ausdruck.

---

6   Z. B. Uri, Wallis.

7   Z. B. Zürich: § 7 GG; Luzern: §§ 64 und 65 GG.

8   Die meisten Gesetze enthalten nur Rahmenbestimmungen; vgl. Klüber 548; Wolff, II 262.

9   Klüber, 548; Bericht Zürich, 1875. – Eine allzu knappe Regelung des Zweckverbandsrechts hat aber auch ihre Nachteile, die vor allem in der Rechtsunsicherheit bei Verfahrensfragen sowie bei Problemen des Rechtsschutzes und der Haftung begründet sind. Im Kanton Zürich haben sich deshalb verschiedentlich Stimmen für eine ausführlichere Regelung der interkommunalen Beziehungen gemeldet; vgl. Motion Hochuli, Bericht Zürich, 1862 f. und Peter Grüter, Die Grundlagen zur Bildung von Zweckverbänden, NZZ vom 25. 6. 1970 II 289/19.

10   Wolff, II 262; Loschelder, Zweckverbände 498; Pfisterer, 138.

11   Vgl. Bericht Zürich, 1869. – R. Häberling (Zweckverbände als staatspolitische Hypothek?, NZZ vom 31. 10. 1974 479/45) spricht für den Kanton Zürich von drei Verbandstypen: 1. die gemeindeartig organisierten Armen- und Friedhofverbände; 2. Verbände mit einem Grundorgan; 3. Verbände mit Grund- und Exekutivorgan. – Feldmann (S. 537) schreibt den Umstand der Formenarmut teils der zwingenden Anwendung von Vorschriften des Gemeinderechts auf den Zweckverband und teils der angleichenden Wirkung der regierungsrätlichen Genehmigung zu.

2. Schranken der Organisationsautonomie

Die im letzten Abschnitt formulierte Organisationsautonomie ist aber gewissen Beschränkungen unterworfen, die sich aus dem öffentlich-rechtlichen Charakter und aus der kommunalen Trägerschaft des Zweckverbandes ergeben. Als Organisationsform des öffentlichen Rechts muss der Zweckverband in den Staatsaufbau integriert sein und sich den dort allgemein geltenden Prinzipien unterordnen. Aus diesen Voraussetzungen folgt einerseits die Notwendigkeit der Staatsaufsicht über den Verband [12] und der minimalen Verwirklichung demokratischer Grundsätze bei der Ausgestaltung der Verbandsorganisation [13]. Anderseits sind dem Zweckverband damit auch Schranken bei der Angleichung an privatrechtliche Organisationsformen gesetzt [14].

Aus der körperschaftlichen Struktur des Zweckverbandes ergibt sich notwendigerweise die Ausgestaltung von Mitgliedschaftsrechten, insbesondere die Beteiligung der Verbandsgemeinden an der Willensbildung des Verbandes [15].

Zuletzt stellt sich die Frage, ob und inwieweit für die Organisation des Zweckverbandes das Recht seiner Träger massgebend ist. Gewisse Kompetenzen hat das kantonale Kommunalrecht den Stimmberechtigten als unübertragbar zugewiesen [16]. Dieser zwingenden Kompetenzverteilung untersteht der Zweckverband insofern, als diese Rechte der Stimmbürger nicht auf Verbandsorgane übertragen werden dürfen. Ferner erscheint es, da der Verbandszweck immer dem Aufgabenbereich der Gemeinden entstammt, als legitim, wenn nicht sogar als notwendig, dass gewisse Grundsätze des Organisationsrechts der Gemeinden auch auf den Zweckverband anzuwen-

---

12 Zur Staatsaufsicht vgl. vorn S. 21 und 57 ff.

13 Vgl. hinten S. 141 ff.

14 Das deutsche Reichszweckverbandsgesetz schreibt daher in § 26 Abs. 1 vor, dass Verbandssatzungen von Zweckverbänden, die überwiegend wirtschaftlichen Aufgaben dienen, grundsätzlich dem handelsrechtlichen Gesellschaftsrecht so angepasst werden sollen, dass bei aller Wahrung der gemeinwirtschaftlichen Bindungen sowohl die Beweglichkeit der Wirtschaftsführung als auch die berechtigten Belange der Verbandsmitglieder nach Massgabe ihrer wirtschaftlichen Beteiligung gesichert werden.

15 Peters, 111. – Zur direkten und indirekten Beteiligung der Gemeinden an der Willensbildung des Verbandes vgl. hinten S. 111 ff. und S. 139 ff.

16 Vgl. hinten S. 141.

den sind. In den ausführlicheren kantonalen Zweckverbandserlassen wird die analoge Anwendbarkeit des Kommunalrechts auf den Zweckverband häufig ausdrücklich erwähnt, jedoch meistens unter dem Vorbehalt, dass die Zweckverbandsstatuten keine abweichende Regelung getroffen haben [17]. Auch von der Theorie wird vielfach die Anpassung der Zweckverbandsorganisation an das Gemeinderecht gefordert [18]. Bedeutet dies nun, dass jeder Zweckverband wie eine Gemeinde organisiert werden muss?

In einem älteren Beschluss des Zürcher Regierungsrates [19] wird in grundsätzlicher Weise festgehalten, die systematische Stellung lasse deutlich erkennen, „dass der Gesetzgeber die Zweckverbände nicht einfach als ‚Gemeinden‘, sondern als Gebilde eigener Art behandelt wissen wollte". Es wäre nach der regierungsrätlichen Begründung auch unzweckmässig, wenn jeder Zweckverband einer Gemeinde ähnlich

---

17   Z. B. Bern: Art. 150 GG; Graubünden: Art. 50 Abs. 2 GG; Waadt: Art. 114 GG; Zug: § 112 Abs. 2 Entwurf GG. — In Kantonen ohne ausführliche Gesetzesgrundlagen verlangen die Verbandsstatuten gelegentlich ganz generell die sinngemässe Anwendung des Gemeindegesetzes, soweit die Vereinbarung keine abweichende Regelung getroffen hat; vgl. dazu z. B. Art. 16 der Statuten Amtsvormundschaftsverband 5; § 11 der Verbandsstatuten (Verschiedenes 9). Häufig wird nur die sinngemässe Übertragung der für die Gemeindeexekutive geltenden Verfahrensvorschriften auf die Verbandskommission ausdrücklich vorgesehen; vgl. Art. 8 Abs. 2 der Statuten Abwasserreinigungsverband 12; Art. 5 der Statuten Abwasserreinigungsverband 19; Art. 5 der Statuten Abwasserreinigungsverband 22. — Das deutsche Reichszweckverbandsgesetz unterscheidet zwischen Zweckverbänden mit überwiegend hoheitlichen Aufgaben und solchen mit überwiegend wirtschaftlichen Aufgaben. Die ersteren sind gemäss § 25 Abs. 1 den Vorschriften über die Verfassung und Verwaltung der Gemeinden anzugleichen, die letzteren laut § 26 Abs. 1 dem handelsrechtlichen Gesellschaftsrecht. Die neueren Gesetze der deutschen Länder verzichten auf diese Unterscheidung und fordern allgemein eine sinngemässe Anwendung der für die Gemeinden geltenden Vorschriften. Vgl. z. B. Hessen: § 7 Abs. 2 KGG; Baden-Württemberg: § 5 Abs. 2 ZVG.

18   Gönnenwein, 435; Peters, 100; Klüber, Gemeinderecht 331; Feldmann, 537; Romer, Zweckverbände 52.

19   RRB 1333/1931; vgl. auch Geschäftsbericht des Regierungsrates an den Zürcherischen Kantonsrat 1931, 468.

organisiert werden müsste, falls einfachere Organisationsformen zur Bewältigung der Verbandsaufgabe vollauf genügten. Mit dieser Argumentation wird klar zum Ausdruck gebracht, dass der Zweckverband aus Gründen der Gesetzessystematik nicht als Gemeinde im engeren Sinn bezeichnet werden und deshalb eine von den Vorschriften des Gemeinderechts abweichende Organisation aufweisen kann. Ferner wird bestätigt, dass die Verbandsorganisation ebenfalls dem im öffentlichen Recht allgemein gültigen Grundsatz der Zweckmässigkeit zu genügen hat. Selbstverständlich ist in der Forderung nach zweckmässigen Organisationsformen auch das unter dem Gesichtspunkt der Effizienz der interkommunalen Zusammenarbeit [20] unabdingbare Postulat nach einfachen und übersichtlichen Verbandstypen enthalten. Die Forderung nach übersichtlichen Rechtsformen setzt voraus, dass die Verbandspartner bei der Gründung eines Zweckverbandes stets nur die notwendigsten Verbandsorgane schaffen; im übrigen sollten vermehrt bereits bestehende Gemeindeorgane mit Verbandsaufgaben betraut werden [21]. Wie bereits festgestellt, sind die Verbandsgemeinden im Rahmen der allgemein gültigen Prinzipien des öffentlichen Rechts, insbesondere aber im Rahmen der Grundsätze des Gemeinderechts [22], bei der Ausgestaltung der Zweckverbände frei. Damit wird eine automatische Anwendung aller Vorschriften des Gemeindegesetzes auf den Zweckverband ausgeschlossen. Allgemein anerkannt ist nur die analoge Anwendbarkeit des Kommunalrechts auf die Verbandsorganisation, sofern die Vereinbarung keine anderslautende Regelung getroffen hat [23].

---

20 Vgl. hinten S. 191 ff.

21 Die Rechnungen des Friedhof- und Bestattungsverbandes 4 werden durch die Rechnungsprüfungskommission der Kirchgemeinde Schöfflisdorf geprüft (Art. 10 der Statuten). Diese Lösung findet unter dem Gesichtspunkt der Zweckmässigkeit die Genehmigung des Regierungsrates, obschon das Friedhofwesen Sache der politischen Gemeinden ist, und demgemäss, bei direkter Übertragung des Gemeinderechtes auf den Zweckverband, in die Rechnungsprüfungskommission sämtliche Stimmberechtigten der beteiligten Gemeinden wählbar sein sollten und nicht nur die einer Kirchgemeinde angehörenden Aktivbürger (RRB 374/1951).

22 Vgl. vorn S. 96 ff.

23 Gemäss RRB 2000/1932 untersteht ein Zweckverband, soweit er selbst keine abweichenden Organisationsvorschriften enthält, auch den Bestimmungen des Gemeindegesetzes und des Wahlgesetzes. Selbstverständlich gelte dies auch, wenn im Vertrag nichts derartiges erwähnt ist.

3. Ist der Zweckverband autonom im Sinne der Gemeindeautonomie?

Im Vorangehenden wurde dargelegt, dass der Zweckverband zwar nicht den Gemeinden im engeren Sinne zuzurechen ist [24], obschon er ausschliesslich der Erfüllung von Gemeindeaufgaben dient und deshalb notwendigerweise gewissen Minimalvorschriften des Gemeinderechts zu genügen hat, dass er aber im Rahmen der ihm durch die Statuten übertragenen Aufgaben, jedenfalls was die organisatorischen Fragen betrifft, dennoch als autonom zu bezeichnen ist [25]. Diese Autonomie richtet sich in erster Linie gegen die beteiligten Gemeinden, die mit ihrem Beitritt die in den Statuten umschriebenen Aufgaben dem Verband zur selbständigen Erledigung übertragen. Aus dieser Tatsache folgt als wichtigste Konsequenz, dass sich die Verbandsgemeinden auch gegen ihren Willen Mehrheitsbeschlüssen der Verbandsorgane unterwerfen müssen [26]. Diese Autonomie des Zweckverbandes gilt aber auch im Verhältnis zum Kanton, der Verbandsgründungen, sofern sie zweckmässig sind und den Grundsätzen des Gemeinderechts entsprechen, genehmigen muss. Ferner haben sich die kantonalen Aufsichtsbehörden, nachdem die Gemeindeaufgaben dem Verband zur selbständigen Erledigung übertragen worden sind, nur noch an den Zweckverband zu halten. In diesem Sinne wird in den meisten Verbandsstatuten auch ausdrücklich daraufhingewiesen, dass der Verband, analog den Gemeinden, der kantonalen Aufsicht unterstellt sei.

Mit der Anerkennung der organisatorischen Autonomie des Zweckverbandes ist aber die Frage, ob diese der Gemeindeautonomie gleichzusetzen sei und damit auch den Schutz eines verfassungsmässigen Rechts erfahre, nicht beantwortet. Für die Verhältnisse in der Bundesrepublik Deutschland wurde dieses Problem bereits des öftern untersucht. Die Mehrzahl der Autoren ist dabei zum Ergebnis gekommen, dass die Selbstverwaltungsgarantie des Art. 28 Abs. 2 des Grundgesetzes nicht auf Zweckverbände ausgedehnt werden könne, da diese nicht zu den Gebietskörper-

---

24 Vgl. vorn S. 42 f.
25 Vgl. vorn S. 101 ff.
26 Pfisterer, 78.

schaften gezählt werden könnten [27]. Unbestritten dürfte auch in der schweizerischen Praxis sein, dass der Zweckverband bei Kompetenzstreitigkeiten mit den Verbandsgemeinden, den von einer kantonalen Behörde getroffenen Entscheid nicht mit einer staatsrechtlichen Beschwerde wegen Verletzung seiner Autonomie anfechten kann [28]. Dagegen stellt sich die Frage, ob sich ein Zweckverband bei Eingriffen der übergeordneten öffentlichen Gewalt nicht auf seine Autonomie im Sinne der Gemeindeautonomie berufen und damit gleich den Gemeinden den verfassungsmässigen Schutz beanspruchen könnte. Das Bundesgericht hat seit dem letzten Jahrhundert die Gemeindeautonomie als ein subjektives öffentliches Recht der Gemeinden verstanden, das analog den verfassungsmässigen Rechten der Bürger durch das Rechtsmittel der staatsrechtlichen Beschwerde einen erhöhten Rechtsschutz erfahren hat. Diese Angleichung der Gemeindeautonomie an die Freiheitsrechte findet ihre Rechtfertigung darin, dass die Gemeinden ihrer Funktion als tragende Elemente der demokratischen Staatsordnung nur nachkommen können, wenn sie über ein Mindestmass an Entscheidungsfreiheit verfügen [29]. In der Erkenntnis, dass sich Freiheit und Demokratie in der engsten Gemeinschaft, d. h. der Gemeinde bewähren müssen, um glaubhaft zu erscheinen, und dass die Verwirklichung dieser beiden Grundprinzipien unseres Staates weitgehend von der Existenz lebensfähiger und selbständiger Gemeinden abhängig ist, wurde der verstärkte Schutz der Gemeinden

---

27 Klüber, Zweckverbände 548; Seydel, 114; Bruno Schmidt-Bleibtreu, Die Verfassungsbeschwerde der Gemeinden nach Bundesrecht, DVBl. 82 (1967) 598. A. A. Gönnenwein (S. 433), der aus der gesetzlichen Anerkennung des Selbstverwaltungsrechts des Zweckverbandes auf eine verfassungsrechtliche Garantie dieses Rechts durch Art. 28 Abs. 2 des Grundgesetzes schliesst.

28 Da Zweckverband und Gemeinde in der Hierarchie der Träger öffentlicher Gewalt auf gleicher Stufe stehen (vgl. vorn S. 22), sind auch Kompetenzkonflikte zwischen den beiden Arten von Körperschaften wie Streitigkeiten zwischen Gemeinden zu behandeln. Zur Frage von Kompetenzkonflikten zwischen Gemeinden hat das Bundesgericht in BGE 68 I 86 f. festgehalten, dass eine Gemeinde, wenn die ihr zustehende öffentliche Gewalt gegenüber dem Kompetenzbereich einer anderen Gemeinde durch Entscheid der zuständigen kantonalen Behörde abgegrenzt wird, diesen Entscheid nicht mit einer staatsrechtlichen Beschwerde wegen Verletzung der Gemeindeautonomie anfechten kann; vgl. dazu auch BGE 70 I 155 f.

29 Zwahlen, 632.

von der bundesgerichtlichen Rechtsprechung entwickelt. Die Zulässigkeit der staatsrechtlichen Beschwerde wegen Verletzung der Gemeindeautonomie erklärt sich somit aus der besonderen Stellung der Gemeinden im Staatsaufbau. Wenn wir uns nun dem Zweckverband zuwenden, so ist vorweg festzustellen, dass dieser nicht im Sinne der Gemeinden als notwendiges Glied der Staatsordnung erscheint. Die Rechtsform des Zweckverbandes dient den Gemeinden vielmehr zur besseren Erfüllung ihrer Aufgaben. Seine Tätigkeit beschränkt sich auf Kommunalaufgaben, die ihm durch Vereinbarung in jedem einzelnen Fall ausdrücklich von den beteiligten Gemeinden übertragen werden müssen. Mit der Möglichkeit der vertraglichen Abtretung von Gemeindeaufgaben ist nicht auch automatisch die Übertragbarkeit der für diesen Bereich geltenden Gemeindeautonomie gegeben. Die Gemeinden können gerade über ihre Autonomie nicht verfügen, da diese, analog den Freiheitsrechten, als höchstpersönliches, weder übertragbares noch verzichtbares Recht ausgestaltet ist, das ihnen ihrer besonderen staatsrechtlichen Bedeutung wegen durch Verfassung und Gesetz garantiert wird. Unter diesen Umständen bleibt noch zu untersuchen, ob die kantonalen Verfassungen und Gesetze dem Zweckverband Autonomie im Sinne der Gemeindeautonomie verleihen. Zuerst ist einmal rein formal festzustellen, dass weder Theorie noch Gesetzgebung den Zweckverband der Gemeinde gleichstellt [30]. Ferner ist weder dem ausdrücklichen Wortlaut der kantonalen Gesetze noch dem Sinn und Geist dieser Erlasse zu entnehmen, dass dem Zweckverband, analog der Gemeindeautonomie, ein selbständiges Recht auf Selbstverwaltung eingeräumt wird. Es ist ja gerade davon auszugehen, dass die Gemeinden den Tätigkeitsbereich und die Organisation des Zweckverbandes bestimmen. Unter diesen Umständen ist, wie das Bundesgericht in einem neueren Entscheid [31] feststellt, beim Zweckverband die Voraussetzung für die Zulässigkeit der staatsrechtlichen Beschwerde von öffentlich-rechtlichen Körperschaften nicht erfüllt. Die Legitimation zur staatsrechtlichen Beschwerde ist somit

---

30 Vgl. vorn S. 42 f. und BGE 95 I 54.

31 Vgl. BGE 95 I 55 f. — Zu Unrecht glaubt Grüter (S. 75), dem erwähnten Entscheid entnehmen zu können, dass das Bundesgericht dem Zweckverband jede Autonomie abspreche. Die höchstrichterlichen Ausführungen sind u. E. nur so zu verstehen, dass dem Zweckverband keine Autonomie im Sinne der Gemeindeautonomie zukommt und dass ihm deshalb das Rechtsmittel der staatsrechtlichen Beschwerde verschlossen bleibt. Zur Frage der Organisationsautonomie des Zweckverbandes im allgemeinen hat sich das Bundesgericht in diesem Fall nicht geäussert.

nicht gegeben. Es wird jedoch damit nicht ausgeschlossen, dass sich der Zweckverband namens der beteiligten Gemeinden auf die Verletzung ihrer Autonomie berufen und eine staatsrechtliche Beschwerde anhängig machen könnte [32].

4. Zum Problem der Mehrheitsentscheide

Im Rahmen einer allgemeinen Darstellung der Problematik der Zweckverbandsorganisation ist auch auf die Frage der Zulässigkeit von Mehrheitsentscheiden bei Zweckverbänden einzutreten. Ein Teil der kantonalen Gesetze unterstellt Beschlüsse der Verbandsorgane, soweit keine anderslautenden Bestimmungen der Statuten vorliegen, ausdrücklich dem Mehrheitsprinzip [33]. Nach der Mehrzahl der uns bekannten Verbandsstatuten sind Entscheidungen, welche die ordentliche Verbandstätigkeit betreffen, mit einfachem oder mit qualifiziertem Mehr zu fällen. Dies gilt sowohl für Beschlüsse, die den Organen der Verbandsgemeinden vorbehalten sind [34], als auch für diejenigen, die von den eigentlichen Verbandsorganen getroffen werden [35].

Da beim Zweckverband die gemeinsame Erfüllung eines bestimmten Aufgabenkreises im Vordergrund steht, ist, der praktischen Verwirklichung dieses Zieles wegen, im allgemeinen dem Mehrheitsprinzip Geltung zu verschaffen [36]. Wäre für die Gültigkeit jedes Entscheides, auch wenn dieser durch die vereinbarungsmässigen Organe im Rahmen des Vollzugs des vereinbarungsmässigen Zwecks ergeht, Einstimmigkeit vorausgesetzt, so würde die Verbandstätigkeit auf untragbare Weise erschwert. Die Gemeinde entscheidet sich bei der Verbandsgründung, einen Teil ihrer Kompetenzen zur selbständigen Erledigung auf eine neue Körperschaft, den Zweckverband, zu übertragen. Diese Delegation erfolgt in der Regel freiwillig und ist von der Rechtsordnung sanktioniert. Es wäre stossend, wenn die Delegation durch das Erfordernis der Einstimmigkeit bei jedem Verbandsbeschluss von allen

---

32 In diesem Sinne auch BGE 95 I 56.

33 Bern: Art. 142 Abs. 2 GG; Freiburg: Art. 10 ZVG; Neuenburg: Art. 76 GG; Waadt: Art. 120 GG. – Auch nach österreichischem Recht sind Mehrheitsbeschlüsse der Zweckverbandsorgane nicht ausgeschlossen, vgl. dazu Neuhofer, 405.

34 Vgl. hinten S. 146 ff.

35 Vgl. hinten S. 171 f. und S. 177.

36 Grüter, 134.

Verbandsgemeinden erneut in Frage gestellt werden könnte. Im allgemeinen ist somit für Beschlüsse der Verbandsorgane von der Geltung des Mehrheitsprinzipes auszugehen, und zwar in der Form des einfachen Mehrs, wenn Gesetz und Statuten keine strengeren Anforderungen stellen. Ein gewisser Schutz der Gemeinden bedeutet die Einführung des qualifizierten Mehrs oder das Erfordernis der qualifizierten Anwesenheit der Mitglieder von Verbandsorganen.

Anders stellt sich dagegen das Problem, wenn über eine grundlegende Änderung des Verbandszweckes oder der Verbandsorganisation entschieden werden muss. Diese Beschlüsse betreffen derart wichtige Teile der Verbandsgrundlagen, dass ihre Änderung einer Neugründung des Zweckverbandes gleichkommt, und sie, weil dabei nicht mehr von Organfunktionen gesprochen werden kann, auch nicht von Verbandsorganen gefasst werden dürfen. Analog dem Gründungsverfahren kann ihre Revision nur mit Zustimmung aller beteiligten Gemeinden erreicht werden [37]. Das Prinzip der Einstimmigkeit gilt aber auch für alle jene Entscheidungen, die gemäss allgemeinem Kommunalrecht den Stimmberechtigten der Gemeinden vorbehalten sind [38].

II. Die beteiligten Gemeinden und ihre Mitgliedschaftsrechte (Zum Verhältnis von Zweckverband und Gemeinde)

Begriffswesentlich sind dem Zweckverband als öffentlich-rechtlicher Körperschaft die Mitglieder [39], die als Ausdruck ihrer Mitgliedschaft gewisse wesentliche Verbandsfunktionen ausüben müssen. Da in der Schweiz als Mitglieder eines Zweckverbandes nur Gemeinden in Frage kommen [40], beschränkt sich die Darstellung auf das Verhältnis von Zweckverband und Gemeinde.

---

37 Zum Problem der Statutenänderung vgl. vorn S. 89 ff.

38 Nach Pfisterer (S. 152) ist es fraglich, ob im Gebiet der unübertragbaren Befugnisse der Stimmberechtigten der Gemeinden ein Mehrheitsbeschluss zulässig ist. U. E. ist diese Frage eindeutig zu verneinen. Zum Problem der den Stimmberechtigten vorbehaltenen Kompetenzen vgl. hinten S. 141 ff.

39 Forsthoff, 455. Zum Problem des Zweckverbandes als öffentlich-rechtliche Körperschaft im allgemeinen vgl. vorn S. 19 ff.

40 Vgl. vorn S. 23 ff.

An erster Stelle ist das Recht der Verbandsgemeinde auf Wahl der Delegierten in das Grundorgan zu behandeln. Dieses Recht ist unmittelbar aus der Stellung der Gemeinde als Trägerin des Zweckverbandes abzuleiten. Es ermöglicht zumindest eine indirekte Einflussnahme der Gemeinde auf die Verbandstätigkeit und zugleich eine Kontrolle der Geschäftsführung.

In einem zweiten Abschnitt sind jene Rechte zu behandeln, die es der einzelnen Verbandsgemeinde, bzw. ihren Organen ermöglichen, direkt auf die Willensbildung des Verbandes einzuwirken. In der Regel sind den beteiligten Gemeinden gewisse wichtige Entscheide im Rahmen der Verbandstätigkeit vorbehalten. Damit erfüllen sie im Zweckverband Organfunktionen.

1. Die Wahl der Delegierten in das Grundorgan

In diesem Zusammenhang ist nur auf jene Probleme einzutreten, die unmittelbar das Recht der Gemeinden auf Wahl der Delegierten in das Grundorgan des Zweckverbandes betreffen. Struktur und Funktionen der Verbandsorgane selbst sind im nächsten Abschnitt darzustellen. Bei der Untersuchung der Rechtsgrundlagen wird sich zeigen, dass sowohl die Gemeindeordnungen der einzelnen Verbandsgemeinden als auch die Zweckverbandsstatuten rechtsgültige Vorschriften zur Regelung der Wahl von Gemeindedelegierten enthalten können. Widersprüche zwischen kommunalem und interkommunal vereinbartem Recht sind daher nicht ausgeschlossen. Die Auflösung solcher Normkollisionen ist relativ einfach, da grundsätzlich vom Vorrang des „interkommunalen" Rechts im Verhältnis zu kommunalen Vorschriften auszugehen ist [41]. Übertragen auf das angesprochene Kollisionsproblem bedeutet dies, dass die interkommunal vereinbarte Lösung der kommunalen Regelung stets vorgeht und durch innerkommunale Erlasse auch nicht geändert werden kann.

---

41 Zum Verhältnis von kommunalem und interkommunalem Recht im allgemeinen vgl. vorn S. 99 f.

a) Der Delegierte und sein Verhältnis zur Gemeinde

aa) Der Delegierte als Vertreter „seiner" Gemeinde

Bei der öffentlich-rechtlichen Körperschaft erfolgt die Willensbildung der zu einer rechtlichen Einheit – dem Verband – zusammengeschlossenen Mitglieder und der Vollzug des Verbandszwecks durch besondere Organe [42]. Im Grundorgan, das bei einer mehrstufigen Verbandsorganisation nur für die Grundentscheidungen zuständig ist [43], müssen stets alle Mitglieder Sitz und Stimme haben [44], da sie als Träger des Verbandes an seiner Willensbildung beteiligt sein müssen. Es gilt dort, die Interessen der Verbandsglieder wahrzunehmen, was in genügender Weise nur durch Abordnung eines Delegierten durch jede beteiligte Gemeinde erreicht werden kann. Grundorgan des Zweckverbandes ist also regelmässig ein Repräsentativorgan, in welchem jedes Verbandsmitglied durch mindestens einen Abgeordneten vertreten ist [45]. In diesem Zusammenhang ist zu betonen, dass die Gemeinde in ihrer Gesamtheit, als juristische Person des öffentlichen Rechts – und nicht etwa die Stimmberechtigten – Mitglied des Verbandes ist. Die Delegiertenversammlung ist somit nicht als Volksvertretung [46], sondern als Versammlung der Vertreter aller Verbandsgemeinden zu verstehen.

In der Schweiz können sich in der Regel nur Gemeinden an einem Zweckverband beteiligen [47]; folgerichtig muss sich das Grundorgan ausschliesslich aus Vertretern der zweckverbandsfähigen Gemeinwesen zusammensetzen. Andere Körperschaften, Verbände oder Behörden, wie z. B. Bezirksschulpflegen, Krankenkassenverbände oder gemeinnützige private Vereinigungen kommen nach schweizerischem Recht im allgemeinen als Träger des Zweckverbandes nicht in Frage [48]. Eine Betei-

---

42 Peters, 111; Probst, 320.

43 Wolff, II 169.

44 Neuhofer, 405.

45 Zum Grundorgan des Zweckverbandes im allgemeinen vgl. hinten S. 160 ff. Gesetzliche Grundlagen finden sich z. B. in Freiburg: Art. 8 ZVG; Waadt: Art. 177 GG. – Für die Bundesrepublik Deutschland vgl. Wolff, II 263; Pagenkopf, Kommunalrecht 181; Rothe, Zusammenarbeit 82.

46 Pfisterer, 168.

47 Vgl. vorn S. 23 ff.

48 Für den Kanton Zürich stellte der Regierungsrat im Genehmigungsbeschluss des Wasserversorgungsverbandes 5 (RRB 3798/1967) ausdrücklich fest, dass Personen des Privatrechts, insbesondere eine Genossenschaft, nicht Mitglied eines Zweckverbandes sein können.

ligung dieser Organisationen an der Willensbildung des Verbandes durch Abordnung von Vertretern in die Verbandsorgane muss abgelehnt werden, ausser es bestehen anderslautende kantonale Vorschriften [49]. Abgeordnete von „nicht-zweckverbandsfähigen" Verbänden sind aus diesen Gründen als Vollmitglieder des Grundorgans auszuschliessen; dagegen kommt eine nur beratende Funktion solcher Personen ohne weiteres in Frage [50]. Diesen Überlegungen folgend, hat in neuerer Zeit der Zürcher Regierungsrat einzelne organisatorische Vorschriften von Zweckverbandsstatuten nicht genehmigt; die regierungsrätliche Genehmigungspraxis ist aber

---

[49] Gemäss § 11 der zürcherischen Vollziehungsverordnung zum Gesetz über die Organisation der Jugendhilfe vom 26. 1. 1959 haben Gemeinden, die im Rahmen eines Zweckverbandes ein Jugendsekretariat führen, eine Jugendkommission zu bilden, der auch je ein Vertreter der beteiligten Bezirksjugendkommissions angehört.

[50] Vgl. z. B. Schulverband 18. Laut § 7 der Verbandsstatuten setzt sich die Aufsichtskommission aus den Vertretern der beteiligten Schulgemeinden, dem Schulleiter sowie dem Verwalter zusammen; es wird aber einschränkend festgehalten, dass die beiden letztgenannten Personen nur beratende Stimme haben, sofern sie nicht Abgeordnete von Verbandsgemeinden sind. Im Abwasserreinigungsverband 6 nehmen gemäss Art. 6 Abs. 3 der Statuten an den Sitzungen der Kläranlagekommission Fachleute der Eidgenössischen Anstalt für Wasserversorgung, Abwasserreinigung und Gewässersschutz an der ETH und ein Vertreter der Schweizerischen Industriegesellschaft mit beratender Stimme teil.

in dieser Frage nicht absolut konsequent [51]. Ebenso sind Mitglieder, die von nicht beteiligten Gemeinden in die Zweckverbandsorgane delegiert werden, als unzulässig zu bezeichnen. Der Zürcher Regierungsrat hat auch solchen Lösungen die Genehmigung versagt [52].

---

51 Vgl. z. B. RRB 21/1967 (Genehmigung des Schulverbandes 11). Es wird festgestellt, dass § 5 lit. a der Vereinbarung, der die Zusammensetzung der „Aufsichtskommission" des Verbandes regelt, nicht in der vorliegenden Form genehmigt werden könne. Die Vertretung der Bezirksschulpflege Uster, des Bezirksjugendsekretariates und des Lehrerkapitels Uster in der „Aufsichtskommission" sei insofern zu beanstanden, als diese Instanzen nicht Vertragspartner seien. Der RRB fährt fort: „Die Zuerkennung der gleichen Rechte in den Verbandsorganen, wie sie die Gemeinden besitzen, erscheint daher unangemessen. Sinngemäss können die Vertreter von Bezirksschulpflege, Jugendsekretariat und Lehrerkapitel lediglich mit beratender Stimme an den Verhandlungen der Aufsichtskommission teilnehmen". – Dagegen wurde z. B. § 7 der Statuten Spitalverband 1 mit RRB 2210/1970 ohne Vorbehalte genehmigt, obschon sich die Spitalkommission auch aus einem Abgeordneten des Krankenkassenverbandes Zürcher Unterland und Wehntal und einem Arzt, der von der Ärztegesellschaft des Zürcher Unterlandes gewählt wird, zusammensetzt. Immerhin wird in der genannten Vereinbarung festgehalten, dass diese beiden besonderen Abgeordneten Wohnsitz in einer Verbandsgemeinde haben müssen. – Genehmigt wurden ebenfalls die §§ 7 und 8 Abs. 3 der Vereinbarung Spitalverband 2, auch wenn zwei Vertreter der Gemeinnützigen Gesellschaft des Bezirkes Affoltern als Spitalpflegemitglieder vorgesehen sind (RRB 1764/1956). Auch der Vereinbarung Spitalverband 8 wurde die regierungsrätliche Genehmigung (RRB 1914/1970) nicht versagt, obschon sich die Spitalkommission gemäss Art. 12 Abs. 2 traditionsgemäss aus einem vom Verwaltungsrat vorgeschlagenen Vertreter der Maschinenfabrik Rüti, einem Seelsorger, einem Vertreter der Krankenkassen und einem Vertreter der Ärzteschaft zusammensetzt. Der Vertreter der Maschinenfabrik Rüti lässt sich aus der Entstehungsgeschichte des Kreisspitals erklären, da dieses von der Gründerfamilie des Unternehmens gestiftet wurde; vgl. Baumann, 47.

52 Im RRB 2729/1967 (Genehmigung der Vereinbarung des Schulverbandes 8) wird Art. 7 lit. c der Vereinbarung, der als Mitglied der Sonderklassenkommission auch einen Delegierten der Oberstufenschulpflege nennt, nicht genehmigt, und zwar mit der Begründung, die Oberstufenschulgemeinde Dielsdorf gehöre dem Zweckverband nicht an und könne demnach nicht zur Mitwirkung bei der Bildung der Organe des Zweckverbandes verpflichtet werden. Dagegen wurde § 7 lit. c der Vereinbarung Schulverband genehmigt, obschon Mitglied der Son-

Im allgemeinen werden die Mitglieder des obersten Willensbildungsorgans durch die Träger des Verbandes gewählt [53]. Es sprechen sich jedoch nur sehr wenige kantonale Gesetze ausdrücklich zur Wahl der Zweckverbandsorgane aus [54]; im übrigen wird diese Frage häufig durch die Verbandsstatuten geregelt.

Dem Vertretungsverhältnis zwischen Gemeinde und Gemeindedelegiertem liegt in der Schweiz mehrheitlich ein Wahlakt zu Grunde. In der zürcherischen Praxis finden sich aber auch Beispiele, in welchen dem Grundorgan des Verbandes Personen von Amtes wegen angehören. In diesem Zusammenhang sei etwa die Kommission des Friedhofverbandes Laufen erwähnt, die aus den Friedhofvorstehern und je einem Delegierten der Gesundheitskommission der beteiligten Gemeinden besteht [55], oder die „Behördenkonferenz" des Zweckverbandes für den Betrieb einer gemeinsamen Schiessanlage „In der Beichlen"/Wädenswil, die sich aus allen Gemeinderäten der Verbandsgemeinden zusammensetzt [56]. Der Friedhofkommission Dällikon/Dänikon sollen in der Regel die Zivilstandsbeamten der beteiligten Gemeinden angehören [57]. Wenn sich die Verbandsorgane aus Mitgliedern zusammensetzen, die gemäss Verbands-

---

(Fortsetzung von Anmerkung 52)

derklassenkommission auch ein Abgeordneter der Oberstufenschulpflege Niederweningen ist; die Oberstufenschulgemeinde ist am Zweckverband nicht beteiligt (RRB 2012/1966). Ebenso fragwürdig ist die Genehmigung (RRB 374/1951) von Art. 7 der Vereinbarung Friedhofverband 4, gemäss welchem die Friedhofkommission auch aus einem Vertreter der Kirchenpflege bestehen soll.

53 Gönnenwein, 435; Wolff, II 263. — Wird die Wahl der Organe den Mitgliedern einer öffentlich-rechtlichen Körperschaft vorbehalten und sind diese auch für die Grundentscheidungen der Verbandsverwaltung zuständig, so spricht Forsthoff für das deutsche Recht von öffentlicher Genossenschaft, einer Untergruppe der öffentlich-rechtlichen Körperschaft (S. 453). Nach Peters (S. 111) ist eine solche Unterscheidung aber konstruiert.

54 Vgl. dazu Freiburg: Art. 8 ZVG; Neuenburg: Art. 73 GG; Waadt: Art. 117 GG. In Vorbereitung ist eine entsprechende Vorschrift im Kanton Aargau: § 90 Entwurf GG. Für die Bundesrepublik Deutschland vgl. z. B. Hessen: § 15 Abs. 2 KGG; Nordrhein-Westfalen: § 15 Abs. 2 KGG.

55 Art. 11 der Vereinbarung Friedhofverband 11.

56 Art. 4 der Zweckverbandsvereinbarung (Verschiedenes 5).

57 Art. 4 der Vereinbarung Friedhofverband 9.

statuten diese Funktion von Amtes wegen ausüben, so wird für die sog. Ex-officio-Mitglieder ebenfalls vorausgesetzt, dass sie als Vertreter einer Verbandsgemeinde aufgefasst werden können [58]. Diese Voraussetzung ist ohne Zweifel für Angehörige einer kommunalen Behörde gegeben, die kraft ihrer Stellung als Behördenmitglied einem Zweckverbandsorgan zugeteilt werden.

Nach den Kommunalgesetzen einzelner Länder der Bundesrepublik Deutschland setzt sich das Grundorgan des Zweckverbandes vorwiegend aus „geborenen" Vertretern der Verbandsglieder, d. h. aus Vertretern, die von Amtes wegen dem Verbandsorgan angehören, zusammen. Im allgemeinen werden die Bürgermeister der Verbandsgemeinden für diese Aufgabe vorgesehen [59]. Diese Lösung wurde offenbar in Anlehnung an ältere Vorbilder [60] gewählt, weil die besondere Stellung des Vertreters in „seiner" Gemeinde besser dafür zu garantieren scheint, dass er auch im Verbandsorgan die Interessen der Gemeinde wahrzunehmen weiss.

bb) Die Wählbarkeitsvoraussetzungen für Mitglieder von Verbandsorganen

Da der Zweckverband ausschliesslich der Erfüllung von Gemeindeaufgaben, d. h. dem Vollzug von öffentlichen Aufgaben im Kommunalbereich dient, müssen die Mitglieder eines Verbandsorgans selbstverständlich die gleichen Wählbarkeitsvoraussetzungen wie die Angehörigen einer kommunalen Behörde erfüllen. Im Kanton Zürich ist für Kommunalwahlen das Gesetz über die Wahlen und Abstimmungen vom 4. 12. 1955 (Wahlgesetz) massgebend. Seine Bestimmungen sind analog auch auf die Wahl von Mitgliedern der Zweckverbandsorgane anzuwenden. Für Gemein-

---

58 Interessant ist in diesem Zusammenhang die Regelung von § 7 der Vereinbarung Schulverband 16, gemäss welcher sich die „Aufsichtskommission" aus den Vertretern der beteiligten Schulgemeinden, dem Präsidenten der Schulkommission, den Schulleiterinnen und dem Verwalter zusammensetzt. Die drei zuletztgenannten Personen sind Mitglieder von Amtes wegen; sie haben gemäss § 7 Abs. 2 aber nur eine beratende Stimme, sofern sie nicht zugleich Vertreter einer Verbandsgemeinde sind.

59 Vgl. etwa Baden-Württemberg: Nach § 12 Abs. 3 ZVG wird eine Gemeinde in der Verbandsversammlung durch ihren Bürgermeister vertreten. Eine ähnliche Regelung hat Bayern: Art. 32 Abs. 2 KZG.

60 § 13 Abs. 1 des Preussischen Zweckverbandsgesetzes vom 19. 7. 1911.

debehörden wird in § 7 Abs. 2 des Wahlgesetzes festgelegt, dass nur in der Gemeinde wohnende Stimmberechtigte wählbar sind [61]. Übertragen auf den Zweckverband bedeutet dies, dass ein Kandidat, der als Vertreter einer Gemeinde in das Grundorgan eines Zweckverbandes gewählt werden soll, auch das für die Wählbarkeit aller Gemeindebehörden geltende Erfordernis der Stimmberechtigung, welche die Stimmfähigkeit und den Wohnsitz in der betreffenden Gemeinde voraussetzt, erfüllen muss [62]. Per analogiam sind somit als Gemeindedelegierte grundsätzlich alle in der Gemeinde wohnenden Aktivbürger wählbar. — Nach den Kommunalgesetzen anderer Kantone wird der Kreis der wählbaren Personen insofern eingeschränkt, als alle oder einzelne Gemeindedelegierte der Gemeindeexekutive angehören müssen [63].

Gemäss § 7 Abs. 1 des Zürcher Wahlgesetzes ist jeder Stimmberechtigte in öffentliche Ämter wählbar; vorbehalten bleiben gesetzliche Vorschriften über die Erfüllung von besonderen Wahlerfordernissen. Diese kantonalen Wählbarkeitsvoraussetzungen sind somit als Minimalbedingungen zu verstehen. Gestützt auf ihre Autonomie können die Gemeinden die Wählbarkeit für die Mitglieder ihrer Behörden von zusätzlichen Bedingungen abhängig machen, was selbstverständlich auch für die Mitglieder von Zweckverbandsorganen zutrifft. In diesem Zusammenhang ist daran zu erinnern, dass die Gemeinden und nicht ihre Stimmberechtigten Mitglieder des Verbandes sind, weshalb die Gemeindedelegierten nicht notwendigerweise als „Volksvertreter", d. h. aus dem Kreis aller Aktivbürger bestellt werden müssen. In einer Vielzahl von Zweckverbänden sind die Delegierten aber doch aus dem Kreis aller Stimmberechtigten einer Gemeinde zu bestimmen, da weder Statuten noch Gemeindeordnungen besondere Qualifikationen an die Kandidatur des Gemeindevertreters knüpfen [64]. Nach einzelnen Gemeindeordnungen von polititschen [65] und Schulge-

---

61 Giacometti, 416.

62 Loude, 116; Pfisterer, 163. — Diese Voraussetzung wird gelegentlich auch durch die Zweckverbandsstatuten ausdrücklich formuliert: Vgl. z. B. Art. 8 Abs. 1 der Statuten Kirchenverband 10. — Selbstverständlich gelten für jede Gemeindeart die für sie spezifischen Voraussetzungen der Wahlfähigkeit (z. B. Zugehörigkeit zur römisch-katholischen Kirche bei katholischen Kirchgemeinden).

63 Vgl. z. B. Neuenburg: Art. 73 lit. a GG und Waadt: Art. 117 lit. a GG.

64 Vgl. z. B. Vereinbarung Abwasserreinigungsverband 13; Vereinbarung Kehrichtbeseitigungsverband 4.

65 Z. B. § 26 lit. a Ziff. 8 der GO von Hittnau vom 27. 2. 1970, § 14 lit. a Ziff. 4 der GO von Höri vom 30. 7. 1963, § 12 Ziff. 1 der GO von Oetwil a. S. vom 8. 3. 1970.

meinden [66] ist die als Wahlorgan eingesetzte Gemeindevorsteherschaft dagegen verpflichtet, die Vertreter der Gemeinden im Zweckverbandsorgan aus ihrer Mitte zu bestimmen. Die Zweckverbandsstatuten enthalten zum Teil ähnliche Bestimmungen [67]. In anderen Verbänden müssen die Gemeindedelegierten einer kommunalen Spezialverwaltungsbehörde, wie z. B. der Gesundheitskommission oder der Vormundschaftsbehörde, angehören. Diese Lösung ist vor allem bei jener Gruppe von Zweckverbänden anzutreffen, welche die betreffende Spezialbehörde als Wahlorgan der Delegierten eingesetzt haben [68]. Von dieser Möglichkeit wird aber auch in anderen Verbänden Gebrauch gemacht [69]. — In das Grundorgan von Spitalverbänden werden häufig Personen abgeordnet, die über besondere Kenntnisse auf dem Gebiet des Kranken- und Spitalwesens verfügen. Die Verbandsstatuten nennen in diesen Beispielen Mitglieder von Krankenpflegevereinen und Krankenkassen [70] oder Ärzte [71].

Die Wahl von Angehörigen der Gemeindeexekutive oder anderer kommunaler Behörden in die Verbandsorgane rechtfertigt sich, da gerade sie als Gemeindedelegierte mit den Problemen der von ihnen vertretenen Gemeinde besonders vertraut sind und deswegen deren Interessen besser zu wahren wissen. Durch ihren ständigen Kontakt mit der Gemeindeverwaltung ist eine zuverlässige Information der Gemeinde

---

66 Z. B. § 65 lit. a Ziff. 5 der GO der Primarschulgemeinde Höri vom 30. 7. 1963.

67 Vgl. z. B. Art. 9 Abs. 2 der Statuten Abwasserreinigungsverband 17; Art. 7 der Statuten Abwasserreinigungsverband 20; Art. 7 Abs. 2 der Statuten Abwasserreinigungsverband 22; Art. 4 Abs. 2 der Statuten Wasserversorgungsverband 4; Art. 5 der Statuten Schulverband 9; Art. 4 der Statuten Friedhofverband 9; Art. 8 der Statuten Spitalverband 3; § 7 der Statuten Kirchenverband 3; § 5 der Statuten Regionalplanungsverband 2; § 6 Ziff. 1 der Zweckverbandsstatuten (Verschiedenes 5).

68 Gemäss § 6 der Statuten Friedhofverband 7 können die Gesundheitsbehörden die Mitglieder der Friedhofkommission aus ihrer Mitte oder in freier Wahl bestimmen; vgl. auch § 8 der Statuten Friedhofverband 6.

69 Vgl. z. B. Art. 12 Abs. 2 der Vereinbarung Kehrichtbeseitigungsverband 3, der bestimmt, dass die Mitglieder der Betriebskommission in der Regel aus der Mitte des Gemeinderates oder der Gesundheitskommission zu bezeichnen sind; gemäss § 4 der unterdessen revidierten Statuten vom 15. 10. 1953 Wasserversorgungsverband 2 muss ein Teil der Delegierten Mitglied des Gemeinderates oder der Werkkommission sein.

70 Vgl. z. B. Art. 10 der Statuten Spitalverband 6.

71 Vgl. z. B. Art. 13 Abs. 2 der Statuten Spitalverband 4.

über die Tätigkeit des Zweckverbandes gewährleistet. Selbstverständlich wird dem Verband auch ihre Erfahrung in Verwaltungsangelegenheiten zugute kommen. Sehen die Statuten die Wahl von privaten Fachleuten, wie z. B. Ärzten oder Krankenkassenspezialisten, vor, so ist dabei zu beachten, dass diese nur dann als Vollmitglieder der Verbandsorgane eingesetzt werden sollten, wenn sie gleichzeitig die Erfordernisse eines Gemeindevertreters erfüllen [72]. Die Möglichkeit, Personen mit besonderen Sachkenntnisse in die Verbandsorgane zu delegieren, garantiert in erhöhtem Mass für eine sachgerechte Erfüllung der dem Zweckverband übertragenen Aufgaben. Stehen dagegen die Verbandsorgane nicht nur Mitgliedern von Gemeindebehörden oder sogenannten „Fachleuten", sondern dem Kreis aller Aktivbürger offen, so kann damit bei der Bevölkerung ein breiteres Interesse für die Verbandstätigkeit geweckt [73] und der Kontakt mit den „Verbandseinwohnern" verbessert werden [74].

Zusammenfassend ist festzuhalten, dass im Rahmen der kantonalen Wahlbestimmungen weitere Beschränkungen der in die Verbandsorgane wählbaren Personen zulässig sind, solange damit nicht die Wahl von Gemeindevertretern verunmöglicht wird. Verzichten Gemeindeordnung und Verbandsstatuten auf die Formulierung von speziellen Wählbarkeitsvoraussetzungen, so genügt die Stimmberechtigung als Voraussetzung für eine Kandidatur als Gemeindedelegierter [75].

Ferner kann der in die Zweckverbandsorgane wählbare Personenkreis auch durch sogenannte Unvereinbarkeitsbestimmungen eingeschränkt werden. Die in den kantonalen Wahlgesetzen enthaltenen Unvereinbarkeitsvorschriften für Gemeindebehörden und -beamte, insbesondere § 8 des Zürcher Wahlgesetzes, sind analog auch auf die Mitglieder der Zweckverbandsorgane anzuwenden. In den Verbandsstatuten können weitere Beschränkungen dieser Art statuiert sein. So dürfen beispielsweise der Zentralkirchenpflege der Stadt Winterthur keine im Amt stehenden Pfarrer und Pfarrhelfer angehören [76]. In neuerer Zeit war man offenbar bei verschiedenen Zweckverbänden der Ansicht, die Stellung als Mitglied des Grundorgans sei unvereinbar mit derjenigen als Mitglied des Exekutivorgans des Verbandes, obschon die Gewaltenteilungslehre gerade im Kommunalrecht nie konsequent verwirklicht worden ist.

---

72 Vgl. vorn S. 116 ff.
73 Pfisterer, 163.
74 Neuwiem, 158.
75 Ähnlich für die Bundesrepublik Deutschland, vgl. Neuwiem, 158.
76 § 9 Abs. 2 der Vereinbarung Kirchenverband 2.

Vorschriften, welche die Wählbarkeit für Mitglieder der Zweckverbandsorgane einschränken, wurden im Kanton Zürich sowohl in Gemeindeordnungen als in Zweckverbandsstatuten festgestellt. Es ist davon auszugehen, dass jede Gemeinde als Ausdruck ihrer Autonomie im Rahmen der kantonalen Bestimmungen die Wahl der eigenen Behörden und Beamten regeln kann. Ebenso muss es der Gemeinde vorbehalten bleiben, die Wahl ihrer Vertreter in die Zweckverbände zu ordnen. Die Wahlvorschriften in den Gemeindeordnungen sind deshalb, soweit sie dem kantonalen Recht nicht widersprechen, zulässig. Gilt dies ohne weiteres auch für die entsprechenden Vorschriften in den Zweckverbandsvereinbarungen? Da der Beitritt zu einem freiwilligen Zweckverband immer der ausdrücklichen Genehmigung der Verbandsstatuten jeder Gemeinde bedarf [78], erlangt der Inhalt einer solchen Zweckverbandsvereinbarung im allgemeinen seine innerkommunale Geltung durch ein Prozedere, das sich vom ordentlichen Rechtsetzungsverfahren der Gemeinde nicht grundsätzlich unterscheidet. Die innerkommunale Gültigkeit der Statuten ist in der Regel ebenfalls von der Zustimmung der von der Gemeindeordnung eingesetzten kommunalen Rechtsetzungsorgane abhängig. Unter dieser Voraussetzung muss die Regelung der Wahl der Gemeindedelegierten durch die Zweckverbandsstatuten als zulässig anerkannt werden [79]. Sie ist aus Gründen der Übersichtlichkeit sogar der individuellen Lösung durch jede Gemeinde vorzuziehen. Ergeben sich Widersprüche zwischen kommunalen und „interkommunalen" Wahlvorschriften, so hat das vereinbarte Recht auch hier Vorrang.

---

78 Vgl. vorn S. 47 ff.
79 A. A. Pfisterer, 163.

cc) Amtsdauer und Stellvertretung des Gemeindedelegierten

Die Delegierten werden regelmässig auf die Amtsdauer der Gemeindebehörden gewählt [80]. Eine Wiederwahl ist zweifellos auch ohne ausdrückliche Erwähnung durch die Statuten zulässig, wenn diese nicht durch kantonale Erlasse oder die Vereinbarung selbst ausgeschlossen wird [81].

Damit die Interessen der Mitglieder auch im Verhinderungsfall des gewählten Delegierten im Grundorgan des Verbandes wahrgenommen werden, bestimmen die Gemeinden in einer Reihe von Zweckverbänden nebst den offiziellen Delegierten einen oder mehrere ständige Ersatzmänner [82]. In einzelnen Verbänden wird offenbar von der Wahl eines bestimmten Ersatzmannes abgesehen; die Stellvertretung ist jedoch in den betreffenden Statuten ausdrücklich vorgesehen [83]. Diese Regelung ist vermutlich so zu verstehen, dass der gewählte Gemeindedelegierte ermächtigt ist, bei Verhinderung von Fall zu Fall einen Ersatzmann zu bestimmen. – Für die Vertretung der Gemeinde im Verbandsorgan ist grundsätzlich der offizielle Delegierte verantwortlich; ist er verhindert, so hat er im allgemeinen den gewählten Ersatzmann oder die Gemeinde darüber zu orientieren [84]. Die Wählbarkeitsvoraussetzungen gelten so

---

[80] Freiburg: Art. 8 Abs. 4 ZVG; Neuenburg: Art. 74 Abs. 2 GG; Waadt: Art. 118 Abs. 1 GG; Aargau: § 90 Abs. 2 Entwurf GG. Im Kanton Zürich ist § 22 des Wahlgesetzes, wonach die Amtsdauer der Gemeindebehörden vier Jahre beträgt, analog heranzuziehen. – Die Verbandsstatuten verweisen häufig auf die entsprechenden gesetzlichen Vorschriften; vgl. z. B. Art. 8 der Statuten Abwasserreinigungsverband 19; § 8 der Statuten Kehrichtbeseitigungsverband 5; § 5 der Vereinbarung Schulverband 13; § 4 lit. c der Vereinbarung Schulverband 17; Art. 15 der Statuten Spitalverband 7.

[81] Die Möglichkeit der Wiederwahl wird aber in einer Reihe von Vereinbarungen ausdrücklich erwähnt, vgl. z. B. Art. 4 der Vereinbarung Abwasserreinigungsverband 24; Art. 12 Abs. 1 der Vereinbarung Kehrichtbeseitigungsverband 2; Art. 5 der Vereinbarung Schulverband 9. Die Möglichkeit der Wiederwahl wird auch im Gemeindegesetz des Kantons Neuenburg (Art. 74 Abs. 1) ausdrücklich vorgesehen.

[82] Vgl. z. B. Art. 7 der Vereinbarung Abwasserreinigungsverband 23; § 8 Abs. 2 der Vereinbarung Kehrichtbeseitigungsverband 5; § 4 Abs. 2 der Vereinbarung Wasserversorgungsverband 2; § 7 Abs. 1 der Vereinbarung Spitalverband 1.

[83] Pfisterer, 164.

[84] Neuwiem, 157; Pfisterer, 164.

gut für den regulären Gemeindedelegierten wie für seinen Stellvertreter. Um seiner Aufgabe gerecht zu werden, muss der Ersatzmann im übrigen über die gleichen Rechte und Pflichten wie der Gemeindedelegierte verfügen können.

Die Möglichkeit der Stellvertretung ist Garantie dafür, dass die Interessen der beteiligten Gemeinden bei Verbandsbeschlüssen stets berücksichtigt werden [85]. Daher ist die Stellvertretung auch in jenen Verbänden, deren Statuten sie nicht ausdrücklich regeln, eine absolute Notwendigkeit. Ihre Zulässigkeit ergibt sich aus der Überlegung, dass die Delegiertenversammlung nicht als Volksvertretung konzipiert ist und ihre Mitglieder damit nicht Träger von persönlichen Mandaten sind [86]; sie können deshalb ohne weiteres durch Stellvertreter ersetzt werden. In diesen Fällen kann der Ersatzmann jedoch nur durch das Wahlorgan des offiziellen Gemeindedelegierten ernannt werden. Dieses Verfahren wird sich meistens als zu kompliziert erweisen, und es ist daher eine Lösung vorzuziehen, gemäss welcher der Stellvertreter im voraus und für die Amtsdauer des regulären Gemeindevertreters bestimmt wird.

dd) Rechte und Pflichten des Gemeindedelegierten

In Analogie zu den Verhaltensvorschriften für die Mitglieder von kommunalen Behörden [87], sind die Delegierten verpflichtet, an den Sitzungen des Verbandsorgans teilzunehmen, ihre Stimme abzugeben und unter den üblichen Voraussetzungen in Ausstand zu treten [88]. Um ihrer Aufgabe als Interessenvertreter der Gemeinden gerecht zu werden, muss es ihnen auch erlaubt sein, Anträge zu stellen und Auskünfte zu verlangen.

Heutzutage ist davon auszugehen, dass die Mitglieder der Verbandsorgane in Ausübung einer öffentlichen Aufgabe nicht ehrenamtlich tätig sind [89]. Die Mitglieder der Kläranlagekommission Obermeilen beziehen beispielsweise zu Lasten der Gemeinde, von der sie abgeordnet wurden, ein Sitzungsgeld und für besondere Verrich-

---

85 Pfisterer, 164.

86 Pfisterer, 168.

87 Für die Verhältnisse im Kanton Zürich vgl. insbesondere die §§ 65, 66 und 70 GG.

88 Pfisterer, 167.

89 Für die Bundesrepublik Deutschland vgl. Klüber (S. 554), der feststellt, dass die Mitglieder der Verbandsorgane grundsätzlich „ehrenamtlich" tätig sein sollen – dies im Gegensatz zu „hauptamtlich" – ; eine Aufwandsentschädigung sei damit aber nicht ausgeschlossen.

tungen ein Taggeld [90]. In anderen Verbänden geht die Entschädigung zu Lasten der Betriebsrechnung des Verbandes, die in der Regel von den Gemeinderäten der beteiligten Gemeinden zu genehmigen ist [91]. Eine weitere Gruppe von Vereinbarungen regelt die Frage der Entschädigung der Gemeindedelegierten insofern, als sie das Grundorgan für kompetent erklärt, die Taggelder der Mitglieder dieses Organs festzusetzen [92]. Verschiedene Verbandsstatuten erwähnen die Entschädigung nur im Zusammenhang mit dem Erfordernis der Genehmigung der entsprechenden Finanzbeschlüsse des Grundorgans durch die Gemeinderäte der Verbandsgemeinden [93]. Die Entschädigungsansprüche der Mitglieder von Verbandsorganen richten sich ausdrücklich oder sinngemäss in der Mehrzahl der uns bekannten Fälle an den Verband und nicht an die einzelne Verbandsgemeinde; in der Schweiz sind jedoch beide Lösungen vertreten [94]. In den zahlreichen Beispielen, in welchen die Statuten die Entschädigungsfrage nicht geregelt haben, wird sich der Delegierte an die ihn entsendende Verbandsgemeinde zu halten haben.

---

90 Art. 6 Abs. 6 der Vereinbarung Abwasserreinigungsverband 14.

91 Art. 11 der Vereinbarung Abwasserreinigungsverband 12; Art. 12 der Vereinbarung Abwasserreinigungsverband 5; Art. 12 der Vereinbarung Abwasserreinigungsverband 2; § 12 der Vereinbarung Abwasserreinigungs- und Kehrichtbeseitigungsverband 11.

92 § 13 lit. m der Vereinbarung Kehrichtbeseitigungsverband 5; § 7 lit. m der Vereinbarung Schulverband 13; § 12 lit. m der Vereinbarung Altersheimverband 2; § 8 Ziff. 8 der Vereinbarung Regionalplanungsverband 2; § 8 Ziff. 5 der Zweckverbandsvereinbarung (Verschiedenes 6).

93 Art. 15 Ziff. 4 der Vereinbarung Abwasserreinigungsverband 16; Art. 18 Ziff. 1 der Vereinbarung Abwasserreinigungsverband 17; Art. 17 Ziff. 4 der Vereinbarung Abwasserreinigungsverband 19.

94 Vgl. zu dieser Frage auch Pfisterer, 167 f. — In der Bundesrepublik Deutschland wurde das Problem der Entschädigung zum Teil durch das kommunale Recht der Länder gelöst; für Baden-Württemberg vgl. Rehm, 108.

ee)   Zum Problem des Weisungsrechts der Verbandsgemeinde

Das umstrittene Problem der Weisungsgebundenheit der Gemeindevertreter wurde vor allem in der deutschen Literatur behandelt, und es haben sich in der Diskussion zwei grundsätzliche Standpunkte herausgebildet. Die ältere, auf der Grundlage des Preussischen Zweckverbandsgesetzes vom 19. 7. 1911 entwickelte Lehre betrachtet die Mitglieder des Grundorgans – nach der Terminologie des preussichen Rechts: der Verbandsausschuss [95] – nicht als Bevollmächtigte der Verbandsglieder bzw. ihrer Wähler. Das Verbandsausschussmitglied wird bei dieser Konzeption einem Parlamentsmitglied gleichgesetzt, dessen Befugnisse nicht auf einer Vollmachtserteilung, sondern ausschliesslich und unmittelbar auf dem Gesetz beruhen. Daraus wird gefolgert, dass die Mitglieder des Verbandsausschusses nicht an Instruktionen und Aufträge der Verbandsglieder bzw. ihrer Vertretungskörperschaften gebunden sein können [96]. Diese Auffassung blieb nicht unwidersprochen. Bereits *Otto Mayer* [97] lehnte es ab, die für Abgeordnete in einer Volksvertretung geltenden Grundsätze auf die Vertreter der Verbandsmitglieder im Verbandsausschuss zu übertragen. Bei den Gemeindedelegierten bleibe die Verantwortlichkeit gegenüber der Gemeinde bestehen. Deshalb müsse die Ansicht, wonach die Gemeindevertreter nicht an die Weisungen der Verbandsmitglieder gebunden seien, als unrichtig erkannt werden. Theorie [98] und Praxis [99] haben sich heute weitgehend dieser Meinung angeschlossen und anerkennen grundsätzlich die Weisungsgebundenheit der Mitglieder der Verbandsorgane.

Auch in der vorliegenden Arbeit wird vom Bestand eines Weisungsrechts der Verbandsgemeinden als Korrelat zur Weisungsgebundenheit der Delegierten ausgegangen. Wichtigster Anknüpfungspunkt für die Anerkennung eines Weisungsrechts ist die Tatsache, dass der Zweckverband der Erfüllung von öffentlichen Aufgaben

---

95   § 12 des Preussischen Zweckverbandsgesetzes vom 19. 7. 1911.

96   Ausführlich dargelegt bei Neuwiem, 167 ff.

97   Mayer, 690.

98   Seydel, 119; Schön/Schneider, 49 f.; Wagener, 528. – Für die Schweiz vgl. Pfisterer, 168 ff.

99   Eine Reihe neuerer bundesdeutscher Kommunalgesetze enthält Vorschriften zum Weisungsrecht der Verbandsmitglieder gegenüber ihren Abgeordneten; vgl. z. B. Bayern: Art. 32 Abs. 5 KZG; Baden-Württemberg: Gemäss § 12 Abs. 4 ZVG können die Verbandsmitglieder ihren Vertretern Weisungen erteilen.

dient. Bei diesen Aufgaben handelt es sich weiterhin um kommunale Verpflichtungen, deren Eigenart nur darin besteht, dass sie von mehreren Gemeinden gemeinsam mittels eines neuen Rechtsträgers erfüllt werden. Ein von den Verbandsgliedern völlig losgelöstes Eigenleben des Zweckverbandes ist nicht denkbar [100], da die Gemeinden aus der Konzeption des Zweckverbandes notwendigerweise gewisse Verbandsfunktionen ausüben müssen. Wie bereits in anderem Zusammenhang dargetan, verlangt die körperschaftliche Ausgestaltung des Zweckverbandes nach einer minimalen Ausprägung von Mitgliedschaftsrechten. Das Weisungsrecht ist als ein Mittel dieser Mitwirkungsbefugnis der Verbandsmitglieder zu verstehen; es erlaubt die Einflussnahme auf die Willensbildung des Verbandes und ermöglicht auch eine gewisse Kontrolle der Verbandstätigkeit. Ferner ist daran zu erinnern, dass der Delegierte als Interessenvertreter einer Gemeinde in das Verbandsorgan abgeordnet wird und dass er in dieser Funktion einem kommunalen Beamten gleichzustellen ist. Er ist daher wie der Gemeindefunktionär der ihm vorgesetzten kommunalen Behörde unterstellt; als Aufsichtsmittel ist in diesem Zusammenhang wiederum das Weisungsrecht zu nennen, dem als Korrelat die Weisungsgebundenheit des Delegierten entspricht. Das Weisungsrecht lässt sich also in erster Linie aus der Struktur des Zweckverbandes ableiten. Neben diesen systematisch-rechtlichen Überlegungen gibt es aber auch polititsche Gründe für das Weisungsrecht der Verbandsmitglieder [101]. Die Gemeinden werden in der Regel nur unter der Bedingung, dass sie weiterhin auf die Erfüllung einer Aufgabe Einfluss nehmen können, bereit sein, dem Zweckverband einzelne Kompetenzen abzutreten.

Der Umfang des Weisungsrechts bestimmt sich im allgemeinen nach den gesetzlichen und statutarischen Grundlagen [102]. In der Schweiz fehlen aber durchwegs entsprechende kantonale Vorschriften; ebenso verzichten die uns bekannten Verbandsstatuten auf eine ausdrückliche Regelung der Weisungsbefugnis der Verbandsgemeinden. Der Umfang des Weisungsrechts lässt sich daher bei der Mehrzahl der Verbände nur aus der Verbandsaufgabe ableiten [103]. So ist beispielsweise bei

---

100 Schön/Schneider, 49; Pfisterer, 168.

101 Seydel, 119.

102 Die bernische Gemeindedirektion hat in Beantwortung einer Anfrage ausdrücklich festgestellt, dass jede einzelne Gemeinde darüber zu bestimmen hat, in welcher Weise und in welchem Umfang die von ihr ernannten Delegierten ihre Funktionen auszuüben haben. Die Vollmacht dieser Delegierten sei begrenzt durch die innere Organisation der Gemeinde, die sie zu vertreten hätten (MBVR 30[1932]123).

103 Schön/Schneider, 50.

Zweckverbänden mit ausschliesslich planerischer Zwecksetzung von einem beschränkten Weisungsrecht auszugehen, da die Verbandsaufgabe, insbesondere aber die Ausarbeitung von Modellen und die Planungskoordination des Verbandsgebietes, durch eine weitgehende Weisungsgebundenheit der Mitglieder der Verbandsorgane relativiert oder gar verunmöglicht würde [104]. Neben dieser in der Natur der Verbandsaufgabe begründeten Einschränkung der kommunalen Weisungsbefugnis besteht auch die Möglichkeit, dass die Gemeinden in einzelnen Fragen ausdrücklich oder konkludent auf ihr Weisungsrecht verzichten. Ein genereller Verzicht auf die Ausübung des Weisungsrechts ist jedoch u. E. unzulässig, da die Gemeinden schon aus kommunalrechtlichen Überlegungen nicht vollständig auf ihre Mitgliedschaftsrechte, insbesondere auf die indirekte Einflussnahme auf die Willensbildung des Verbandes verzichten können. In der Praxis wird offenbar nur selten vom Weisungsrecht Gebrauch gemacht. Dies erklärt sich aus der Tatsache, dass der Delegierte mit den Problemen des Verbandes am besten vertraut ist und, da er häufig gleichzeitig einer kommunalen Behörde angehört, auch die Probleme des von ihm vertretenen Verbandsmitgliedes aus nächster Anschauung kennt, was eine direkte Einflussnahme der Gemeinde vielfach überflüssig macht [105]. Im übrigen werden sich die Gemeinden schon aus praktischen Gründen in dieser Hinsicht eine gewisse Zurückhaltung auferlegen müssen, um die Verhandlungsmöglichkeit ihrer Abgeordneten nicht unnötig zu erschweren.

Verstösst ein Delegierter gegen eine Weisung, so beschränken sich die Rechtswirkungen dieser Pflichtverletzung auf das Innenverhältnis zwischen Gemeindedelegiertem und Verbandsgemeinde. Die Nichtbefolgung einer Weisung hat keinen Einfluss auf die Gültigkeit eines Verbandsbeschlusses, da die Gültigkeit einer Abgeordnetenstimme nicht von der Einhaltung der Weisung abhängig gemacht werden kann [106]. Folgende praktische Gründe sprechen für diese Lösung: Bei geheimen Abstimmungen kann die Stimme des Delegierten überhaupt nicht auf ihre Weisungskonformität überprüft werden, und bei offenen Abstimmungen würde das Verfahren in unzumutbarer Weise verzögert, wenn — was als einzige Methode zur Durchsetzung einer Weisung denkbar ist — jede abgegebene Stimme auf ihre Übereinstimmung mit der Instruktion zu untersuchen wäre [107].

---

104 Schön/Schneider, 50.
105 Pfisterer, 169.
106 Mayer, 690; Pfisterer, 168; Prandl/Gillessen, 72; Rehm 106; Schön/Schneider, 50; Wagener, 528; Seydel, 120.
107 Rehm, 106.

Es gibt aber auch ein gewichtiges juristisches Argument für die Gültigkeit von Verbandsbeschlüssen, die mit weisungswidrigen Stimmen zustande kommen. So findet die Selbständigkeit des Zweckverbandes unter anderem darin seinen Ausdruck, dass ein rechtmässig ergangener Beschluss der Verbandsorgane, ohne Rücksicht auf anderslautende Instruktionen der Abgeordneten, Geltung beansprucht [108]. Die Gemeinden können nur gegen ihren Delegierten, nicht aber gegen den Verbandsbeschluss selbst vorgehen. Aus dem weisungswidrigen Verhalten des Gemeindedelegierten ergeben sich allenfalls vermögensrechtliche Ansprüche der Verbandsgemeinde gegen ihren Abgeordneten, oder es können sich disziplinarische Massnahmen – im Extremfall die Abberufung – aufdrängen [109].

Naheliegend wäre es, den Gemeinderat ganz allgemein für die Erteilung von Weisungen an die Delegierten als kompetent zu erklären. Eine solche generelle Zuständigkeit kann aber nur für jene Entscheidungen begründet werden, die auch innerkommunal in den Kompetenzbereich der Gemeindeexekutive fallen [110]. Für die übrigen Entscheide steht, sofern das Gesetz keine andere Regelung getroffen hat, die Weisungsbefugnis den jeweils gemeindeintern zuständigen Gemeindeorganen zu – eine Lösung, die nicht immer leicht zu verwirklichen sein wird.

Endlich ist in diesem Zusammenhang zu überlegen, ob mehrere Delegierte einer Gemeinde ihre Stimmen einheitlich abzugeben haben. Für die Bundesrepublik Deutschland wird diese Frage mehrheitlich positiv beantwortet, mit dem Argument, die Gemeindevertreter müssten als Repräsentanten *eines* Verbandsmitgliedes verstanden werden, und es sei deshalb nur eine einheitliche Stimmabgabe denkbar [111]. Ohne Zweifel kann durch die einheitliche Stimmabgabe das Gewicht der Gemeinde im Verbandsorgan erhöht werden; in diesem Sinne dient diese Lösung dem Interesse des einzelnen Verbandsgliedes. Anderseits soll den Gemeinden durch die Einräumung einer mehrköpfigen Delegation eine bessere Berücksichtigung von sachkompetenten Personen und eine breitere Repräsentation ihrer politischen Struktur bei der Zusammensetzung der Verbandsorgane ermöglicht werden. Liegen keine

---

108 Pfisterer, 168; Rehm, 106; Antwort der Berner Gemeindedirektion auf eine Anfrage, MBVR 30 (1932) 123.

109 Pfisterer, 169; Schön/Schneider, 50.

110 Pfisterer, 153, bzw. 169.

111 Vgl. unter anderen Seydel, 119; Wagener, 528; Widtmann/Schlephorst, 54. Diese Art der Problemlösung ist vermutlich durch die Diskussion des „imperativen" Mandates der Mitglieder des deutschen Bundesrates beeinflusst (vgl. dazu Konrad Hesse, Grundzüge des Verfassungsrechts der Bundesrepublik Deutschland, 4. Aufl. Karlsruhe 1970, 243).

Weisungen der Verbandsgemeinden vor, so spricht der Gesichtspunkt der Sachkompetenz und der politischen Repräsentation bei mehreren Gemeindedelegierten gegen eine einheitliche Stimmabgabe. Auch aus den gesetzlichen Grundlagen der Schweizer Kantone lässt sich keine Pflicht zur einheitlichen Stimmabgabe einer mehrköpfigen Gemeindedelegation im Grundorgan eines Zweckverbandes ableiten. Diese Argumente erscheinen uns massgebend für die Ablehnung einer generellen Pflicht zur einheitlichen Stimmabgabe [112]. Sind mehrere Gemeindeabgeordnete durch eine Weisung ihrer Gemeinde gebunden, so hat dies indirekt die einheitliche Stimmabgabe zur Folge. Verstösse gegen die Weisungsgebundenheit haben aber, wie vorstehend festgestellt, keinen Einfluss auf die Gültigkeit des Verbandsbeschlusses.
— Anders stellt sich die Frage dagegen, wenn Gesetz oder Statuten die Abgeordneten ausdrücklich verpflichten, einheitlich zu stimmen. In diesem Fall müssten sich die Delegierten intern auf eine Meinung einigen und dürften erst dann zur Abstimmung schreiten; eine uneinheitliche Stimmabgabe wäre ungültig.

b) Das Wahlorgan

Regelmässig enthalten die Verbandsstatuten Vorschriften über das Wahlorgan der Gemeindedelegierten. In allen Statuten der Abwasserreinigungsverbände finden sich etwa Formulierungen, wie: „Den Gemeinderäten steht die Wahl der Vertreter und Ersatzleute ihrer Gemeinde in die Klärkommission zu" [113]. Die Mehrzahl der übrigen Zweckverbandsvereinbarungen enthält, soweit sie ein Grundorgan im Sinne einer Delegiertenversammlung vorsehen, ähnliche Kompetenzvorschriften für die Gemeinderäte der Verbandsgemeinden. In Analogie zur Lösung bei Verbänden mit politischen Gemeinden als Mitgliedern wird bei Beteiligung von Zivilgemeinden die Zivilvorsteherschaft [114], bei Beteiligung von Schulgemeinden die Schulpflege [115] und bei Beteiligung von Kirchgemeinden die Kirchenpflege [116] durch die Statuten als Wahlorgan der Gemeindevertreter eingesetzt.

---

112 Ähnlich Rehm, 107 f.
113 Art. 17 Ziff. 1 der Statuten Abwasserreinigungsverband 21.
114 Z. B. Wasserversorgungsverband 4 (Art. 4 Abs. 2 der Statuten).
115 Z. B. Schulverband 9 (Art. 5 der Statuten).
116 Z. B. Kirchenverband 6 (§ 4 Abs. 2 der Statuten).

Von der oben erwähnten Lösungsmöglichkeit der für die Wahl der Gemeindedelegierten zuständigen Gemeindeorgane gibt es in der Praxis auch Varianten und Abweichungen. So setzt sich beispielsweise die Delegiertenversammlung des Zweckverbandes für die Gemeinschaftsschiessanlage „In der Witerig"/Hettlingen aus mehreren Abgeordneten jeder Gemeinde zusammen, die zum einen Teil von den Gemeinderäten und zum anderen Teil von den Gemeindeversammlungen der einzelnen Verbandsgemeinde bestimmt werden [117]. Im Zweckverband Bezirksspital Uster werden die Delegierten der Gemeinde Uster teils vom Gemeinderat und teils vom Grossen Gemeinderat gewählt [118]. Je ein Gemeindedelegierter des Zweckverbandes Kranken- und Altersheim Feuerthalen wird durch die Armenpflege der beteiligten Gemeinden bestimmt; die übrigen Abgeordneten der Verbandsgemeinden werden durch die Gemeinderäte gewählt [119]. – Die Mitglieder der Kommissionen einiger Friedhofverbände werden von den Gesundheitsbehörden der angeschlossenen Gemeinden ernannt [120]. Nach den Statuten vom 18. 2. 1965 des Zweckverbandes

---

117 § 6 der Zweckverbandsvereinbarung (Verschiedenes 6): „Die Delegiertenversammlung besteht aus den Vertretern der Verbandsgemeinden. Jede Verbandsgemeinde bezeichnet 11 Delegierte, wovon

1. die Gemeinderäte der Verbandsgemeinden je drei Mitglieder aus ihrer Mitte,
2. die Gemeindeversammlungen der Verbandsgemeinden die übrigen Mitglieder in freier Wahl. . . ".

118 Art. 13 Abs. 2 der Statuten Spitalverband 4: 6 Abgeordnete werden vom Gemeinderat und 5 Abgeordnete vom Grossen Gemeinderat gewählt.

119 Art. 8 der Statuten Altersheimverband 1. – Beim Altersheimverband 2 werden die Mitglieder der Kommission gemäss Art. 8 der Vereinbarung von den Gemeinderäten der Verbandsgemeinden und nicht von Armenpflegen gewählt, weil nur in einem Teil der Gemeinden besondere Armenpflegen bestehen. Im Genehmigungsbeschluss fügt der Regierungsrat erklärend bei: „Da gemäss § 2 der Verordnung über die Staatsbeiträge an Armenanstalten der Gemeinden vom 24. 9. 1953 Staatsbeiträge nur an Anstalten ausgerichtet werden, die unter Aufsicht der Armenpflegen stehen, wird es Sache der Gemeinderäte sein, bei der Wahl der Gemeindeabgeordneten in die Alters- und Pflegeheimkommission darauf zu achten, dass die Armenbehörden aller Gemeinden in diesem Zweckverbandsorgan vertreten sind, sofern sie Anspruch auf Staatsbeiträge an das Alters- und Pflegeheim erheben". (Vgl. RRB 3638/1969).

120 Z. B. § 6 der Statuten Friedhofverband 7; § 8 der Statuten Friedhofverband 6.

Fürsorgestelle für Alkoholgefährdete im Bezirk Affoltern wurden die Delegierten von den Vormundschaftsbehörden bestimmt [121]. Nach der Zweckverbandsvereinbarung über den Bau und Betrieb eines gemeinsamen Wasserwerks in Meilen erfolgt die Wahl der Mitglieder der Bau- und Betriebskommission durch die Werkkommission der Verbandsgemeinden [122]. – Die Vertreter der vereinigten Schulgemeinde Dällikon in der gemeinsamen „Oberstufenschulpflege" Dällikon/Pfungen werden von der Schulgemeinde Dällikon durch die Urne bestimmt [123]. Die Mitglieder der Zentralkirchenpflege der Stadt Zürich sind durch die Kirchgemeinden zu wählen [124]. Diese Vorschrift ist laut Auskunft des Sekretariates der Zentralkirchenpflege so zu verstehen, dass es der einzelnen Gemeinde bzw. der gemeindeinternen Kompetenzordnung überlassen ist, ob sie ihre Delegierten in der Gemeindeversammlung oder durch Urnenwahl bestimmen will. Im Friedhofverband Steinmaur/Neerach wird je ein Mitglied von den Gesundheitsbehörden der beteiligten Gemeinden bezeichnet, die übrigen Delegierten sind von den Stimmberechtigten der einzelnen Verbandsgemeinden durch die Urne zu wählen [125]. In einigen Spitalverbänden ist die Versammlung der Abgeordneten der beteiligten Gemeinden ermächtigt, weitere Mitglieder der Spitalkommission zu bestimmen [126].

Die Grundorgane einzelner Zweckverbände sollen sich nach ihren Statuten zum Teil aus Delegierten zusammensetzen, die von Körperschaften und Behörden abgeordnet werden, welche nicht Mitglieder des Verbandes sind oder sein können. Dies gilt etwa für die Kommission des Zweckverbandes für den Schulpsychologischen Dienst im Bezirk Meilen, die aus Abgeordneten der beteiligten Schulgemeinden sowie aus drei Delegierten des Schulkapitels Meilen gebildet wird [127].

---

121 § 7 der Vereinbarung Vormundschaftsverband 3.
122 Art. 5 Abs. 2 der Vereinbarung Wasserversorgungsverband 6.
123 Art. 4 Abs. 1 der Vereinbarung Schulverband 2.
124 § 8 der Statuten Kirchenverband 1.
125 Art. 7 der Statuten Friedhofverband 3.
126 Z. B. Art. 12 der Statuten Spitalverband 8.
127 Vgl. z. B. Art. 5 der Vereinbarung Schulverband 11. – Der Spitalkommission des Kreisspitals Bülach gehören neben den Delegierten der Verbandsgemeinden auch ein Abgeordneter des Krankenkassenverbandes und ein Arzt, der von der Ärztegesellschaft Zürcher Unterland gewählt wird, an (vgl. § 7 der Statuten Spitalverband 1).

Das Grundorgan des Zweckverbandes für den Bau- und Betrieb einer gemeinsamen Schiessanlage „In der Beichlen"/Wädenswil setzt sich gemäss Art. 4 der Vereinbarung [128] aus allen Mitgliedern der Gemeinderäte der beteiligten Gemeinden zusammen. Einige Vereinbarungen verweisen für die Wahl der Delegierten auf die Gemeindeordnungen der angeschlossenen Gemeinden [129].

Zusammenfassend ist festzuhalten, dass die meisten Zweckverbandsstatuten die Gemeinderäte der Verbandsgemeinden als Wahlorgan für die Gemeindedelegierten einsetzen. Eine andere Gruppe von Vereinbarungen weist diese Kompetenz den Gemeinderäten und den Stimmberechtigten — sei es durch Urnenwahl oder in der Gemeindeversammlung — bzw. in Gemeinden mit Gemeindeparlament dem Gemeinderat und dem Grossen Gemeinderat zu. In einer weiteren Gruppe von Zweckverbänden wird diese Befugnis von anderen Gemeindebehörden allein oder in Verbindung mit dem Gemeinderat oder den Stimmberechtigten der beteiligten Gemeinden ausgeübt. Nur in vereinzelten Verbänden werden die Gemeindeabgeordneten durch die Stimmberechtigten gewählt [130]. Dies gilt mittelbar auch für jenen Zweckverband, in welchem sich das Grundorgan aus allen — von den Stimmberechtigten gewählten — Gemeinderäten der beteiligten Gemeinden zusammensetzt. In anderem

---

[128] Vgl. Zweckverbandsstatuten (Verschiedenes 5).

[129] Z. B. § 8 Abs. 2 der Statuten Kehrichtbeseitigungsverband 5.

[130] Die „Volkswahl" der Gemeindeabgeordneten lässt sich im Schulverband 2 vermutlich mit folgender Tatsache erklären: Aus organisatorischen Gründen wurde das Schulwesen der beiden Gemeinden je einer vereinigten Schulgemeinde übertragen. Offenbar war es aber wegen der kleinen Einwohnerzahlen nicht sinnvoll, für beide Gemeinden selbständig eine Oberstufenschule zu führen. So versuchte man auf dem Weg des Zweckverbandes eine Lösung zu finden, die u. E. auch mit einer die beiden politischen Gemeinden umfassenden Oberstufenschulgemeinde hätte erreicht werden können. Diese, einer Oberstufenschulgemeinde ähnliche Ordnung kommt in der Bestellung des gemeinsamen Verbandsorganes zum Ausdruck. Die Abgeordneten werden, wie die Angehörigen der Schulpflege, von den Stimmberechtigten jeder Gemeinde gewählt. — § 21 Abs. 2 der Verordnung betreffend das Volksschulwesen vom 31. 3. 1900 schreibt die Form des Zweckverbandes zwingend vor, wenn für die Aufsicht und Verwaltung gemeinsamer Schulabteilungen besondere Organe mit Entscheidungsbefugnissen vorgesehen sind, oder den Gemeinden ein Mitspracherecht bei Beschlüssen der Schulpflege einer anderen Gemeinde eingeräumt wird.

Zusammenhang wurde diese Art von Gemeindedelegierten als ex-officio-Vertreter bezeichnet. – Eine kleine Zahl von Zweckverbandsstatuten ermächtigt das Grundorgan selbst zur Wahl einzelner Mitglieder. Gemäss einzelnen anderen Vereinbarungen setzt sich das Grundorgan aus Abgeordneten von Behörden und Verbänden zusammen, die nicht Mitglieder des Verbandes sind. In diesen Fällen wird der Begriff „Delegierter der Gemeinden" problematisch, und es stellt sich die grundsätzliche Frage, ob eine solche Regelung überhaupt zulässig sei [131]. – Eine letzte Gruppe von Vereinbarungen verweist für die Wahl der Delegierten auf die Gemeindeordnungen der beteiligten Gemeinden und überlässt diese Frage somit ausschliesslich der innerkommunalen Regelung.

Der Untersuchung des interkommunalen Rechts zur Frage des Wahlorgans der Gemeindedelegierten muss somit notwendigerweise eine Darstellung der im kommunalen Recht enthaltenen Regelung des Wahlorgans von Gemeindedelegierten folgen. Nur eine kleinere Zahl der neueren Gemeindeordnungen aller politischen Gemeinden des Kantons Zürich enthält Vorschriften, welche die Wahl der Gemeindeabgeordneten in die Zweckverbandsorgane ausdrücklich regeln. Einige Gemeindeordnungen nennen unter den Kompetenzen des Gemeinderates auch die Wahl der Vertreter der Gemeinde in Zweckverbände [132]. Damit wird der Gemeinderat ganz allgemein ermächtigt, die Gemeindedelegierten in freier Wahl zu bestimmen. Einzelne Gemeindeordnungen schränken diese Kompetenz insoweit ein, als der Gemeinderat generell verpflichtet wird, aus seiner Mitte die Vertreter der Gemeinde in die Organe des Zweckverbandes zu wählen [133]. In der Gemeindeordnung von Meilen vom 4. 12. 1959

---

131 Vgl. vorn S. 112 ff.
132 Vgl. z. B. § 15 lit. b Ziff. 7 der GO von Aeugst vom 1. 12. 1969; § 12 lit. c Ziff. 1 der GO von Bassersdorf vom 15. 4. 1964; Art. 8 lit. b Ziff. 8 der GO von Dielsdorf vom 27. 4. 1966; § 9 Ziff. 2 lit. i der GO von Geroldswil vom 21. 9. 1964; § 25 lit. b/ee der GO von Männedorf vom 12. 2. 1962; § 8 Abs. 4 der GO von Oberembrach vom 29. 12. 1967; Art. 8 Ziff. 2/11 der GO von Oberengstringen vom 1. 2. 1970; § 7 lit. b Ziff. 6 der GO von Schwerzenbach vom 1. 6. 1964; Art. 37 Ziff. 2.6 der GO von Uster vom 21. 12. 1969 („Der Stadtrat wählt in freier Wahl die Vertreter in Zweckverbände".)
133 Vgl. z. B. § 26 lit. a Ziff. 8 der GO von Hittnau vom 27. 2. 1970; § 14 lit. a Ziff. 4 der GO von Höri vom 30. 7. 1963; § 12 Ziff. 1 der GO von Oetwil a. S. vom 8. 3. 1970

wird der Gemeinderat in § 24 Ziff. 2 lit. b verpflichtet, die Mitglieder der Kläranlagekommission, welche auch in § 49 der Gemeindeordnung als Organ des Zweckverbandes für das Klärwerk in Obermeilen erwähnt wird, zu wählen. In diesem Beispiel wird durch die Gemeindeordnung die Bestellung eines bestimmten Zweckverbandsorganes ausdrücklich vorgesehen. Eine ähnliche Lösung findet sich in der Gemeindeordnung von Niederglatt vom 25. 1. 1965 für den Zweckverband zur gemeinsamen Besorgung des Armen- und Friedhofwesens Niederhasli/Niederglatt [134]. Keine politische Gemeinde überträgt diese Aufgabe in ihrer Verfassung den Stimmberechtigten. Die Gemeindeordnungen der Schulgemeinden enthalten nur selten entsprechende Bestimmungen. So wurde in der Gemeindeordnung der Primarschulgemeinde Regensberg vom 22. 11. 1965 eine Vorschrift festgestellt, welche die Primarschulpflege ermächtigt, in freier Wahl die Vertreter der Primarschulgemeinde in Zweckverbänden zu bestimmen [135]. Das Wahlrecht der Primarschulpflege Höri erfährt insofern eine Einschränkung, als die Abgeordneten der Gemeinde in Zweckverbände aus der Mitte der Primarschulpflege zu wählen sind [136]. Zuletzt sei noch die einzige Gemeindeordnung einer Schulgemeinde erwähnt, die auf einen bestehenden Zweckverband Bezug nimmt. In der Gemeindeordnung der Primarschulgemeinde Hausen vom 13. 1. 1970 wird die Primarschulpflege verpflichtet, aus ihrer Mitte den Abgeordneten in den Zweckverband zur Führung von Sonderklassen zu wählen [137].

Nachdem sowohl Zweckverbandsstatuten oder -vereinbarungen als auch einzelne Gemeindeordnungen Vorschriften über die Zuständigkeit zur Wahl von Gemeindedelegierten in die Verbandsorgane enthalten, ist in diesem Zusammenhang auch abzuklären, ob und in welchem Umfang solche Bestimmungen in den Gemeindeordnungen und in den Verbandsstatuten zulässig sind, und wie sich das Verhältnis der beiden Arten von Vorschriften bestimmt. Wie bereits festgestellt, sind die Gemeinden in ihrer Gesamtheit, als juristische Personen des öffentlichen Rechts, und nicht etwa die Stimmberechtigten Mitglieder des Zweckverbandes [138]. Rechtlich gesehen sind somit die Angehörigen des Grundorgans Vertreter der Gemeinden und nur mittelbar solche der Stimmberechtigten [139]. Daraus folgt unter anderem,

---

134 Art. 8 Ziff. 1 der GO von Niederglatt vom 25. 1. 1965.

135 § 83 lit. c der GO der Primarschulgemeinde Regensberg vom 22. 11. 1965.

136 § 65 lit. a Ziff. 5 der GO der Primarschulgemeinde Höri vom 30. 7. 1963.

137 Art. 6 Ziff. 1 lit. f der GO der Primarschulgemeinde Hausen vom 13. 1. 1970.

138 Vgl. vorn S. 112.

139 Neuwiem, 151, Pfisterer, 168.

dass die Gemeindedelegierten nicht notwendigerweise durch die Stimmberechtigten der einzelnen Verbandsgemeinde zu wählen sind. Wichtigste Voraussetzung für das zur Willensbildung des Verbandes geschaffene Repräsentativorgan ist, dass es sich aus Vertretern jedes Verbandsmitgliedes bzw. jeder Verbandsgemeinde zusammensetzen muss [140]. Als Ausfluss der Gemeindeautonomie erscheint es zunächst als selbstverständlich, dass das Wahlorgan der Gemeindevertreter durch jede beteiligte Gemeinde individuell bestimmt wird [141]. Ihre Autonomie kommt gerade darin zum Ausdruck, dass sie in der Wahl ihrer Organisation und damit in der Kompetenzzuteilung ihrer Organe grundsätzlich selbständig entscheidet. Nach der Lehre und gemäss einer Mehrzahl von kantonalen Verfassungs- und Gesetzesbestimmungen, insbesondere aber gemäss Art. 48 der Zürcher Kantonsverfassung, ist es den Gemeinden jedoch nur erlaubt, ihre Angelegenheiten innerhalb der Schranken von Verfassung und Gesetz selbständig zu ordnen [142]. Damit wird der Kanton ausdrücklich ermächtigt, die Organisationsgewalt, als wesentlichen Teil der Gemeindeautonomie, durch kantonale Erlasse jeder Stufe zu beschränken [143]. Zunächst haben wir uns also mit der Frage zu beschäftigen, ob die Zuständigkeit zur Wahl von Gemeindedelegierten durch das kantonale Recht gewisse Beschränkungen erfahren hat. – In den Kantonen mit ausführlicher Regelung des Zweckverbandsrechts sind zur Wahl der Mitglieder des Grundorgans die Gemeinderäte [144], die Gemeindeexekutive und die Gemeindeversammlung, bzw. das Gemeindeparlament [145] oder die Stimmberechtigten allein [146] zuständig. Die übrigen uns bekannten kantonalen Gemeindegesetze

---

140 Zum Grundorgan im allgemeinen vgl. hinten S. 160 ff.

141 Rudolf, MBVR 21 (1923) 167; Pfisterer, 163.

142 Giacometti, 74; Imboden, Gemeindeorganisation 105; Mettler, Gemeinderecht 50.

143 Etter, 20.

144 Freiburg: Art. 8 Abs. 4 ZVG; Neuenburg: Art. 73 lit. a GG, wo aber gemäss lit. b die zusätzliche Möglichkeit besteht, weitere Mitglieder nach einem durch das Reglement geregelten Verfahren zu wählen.

145 Waadt: Gemäss Art. 117 lit. a GG setzt sich der „Conseil intercommunal" aus gleichvielen Vertretern jeder Gemeinde zusammen, die von der Gemeindeexekutive zu wählen sind; diese Delegation wird nach lit. b GG durch eine variable Anzahl von Abgeordneten je Gemeinde ergänzt, die von den Gemeindeversammlungen oder den Gemeindeparlamenten bestimmt werden.

146 Aargau: Gemäss § 90 Abs. 2 Entwurf GG erfolgt die Wahl der Mitglieder der Abgeordnetenversammlung durch die Urne.

haben diese Frage nicht ausdrücklich geregelt [147]. Von welcher Lösungsmöglichkeit hat man also im Kanton Zürich auszugehen? Die Regelung der Gemeindewahlen ist in den §§ 41 Abs. 4, 64 Ziff. 4 und 107 Abs. 1 des Gemeindegesetzes dem kantonalen Gesetz über die Wahlen und Abstimmungen vom 4.12.1966 vorbehalten, welches sich jedoch nicht ausdrücklich zur Wahl der Mitglieder von Zweckverbandsorganen äussert. Jedenfalls gehört die Wahl der Gemeindedelegierten nicht zu jenen Wahlgeschäften, für die gemäss § 112 des Wahlgesetzes ausschliesslich die Stimmberechtigten kompetent sind. § 129, der im zweiten Halbsatz die Wahl von „allfälligen weiteren Beamten und Angestellten" regelt, kann nur analog herangezogen werden, da der Gesetzgeber in diesem Zusammenhang zweifellos nur an Beamte und Angestellte der einzelnen Gemeinde, nicht aber an Abgeordnete in die Verbandsorgane gedacht hat. Gemäss § 129 des Wahlgesetzes sind die „übrigen" Gemeindebehörden – dies im Gegensatz zu § 128, der die Wahlgeschäfte des Grossen Gemeinderates umschreibt – kompetent, weitere Beamte und Angestellte zu wählen, soweit deren Wahl nicht durch die Gemeindeordnung oder durch Gemeindebeschluss den Stimmberechtigten oder dem Grossen Gemeinderat übertragen wird. Unter „übrige Gemeindebehörden" sind gemäss Gemeindegesetz (vgl. die §§ 55 ff. und 110 ff.) die Gemeindevorsteherschaft bzw. der Gemeinderat und kommunale Spezialverwaltungsbehörden zu verstehen [148]. – Jene Gemeindeordnungen des Kantons Zürich, die Kompetenzvorschriften über die Wahl von Gemeindevertretern in die Zweckverbandsorgane enthalten, erklären ohne Ausnahme den Gemeinderat bzw. die Schulpflege oder die Zivilvorsteherschaft dafür zuständig. Diese Regelung entspricht der grundsätzlichen Kompetenzausscheidung von § 129 des Wahlgesetzes, der, wie bereits festgestellt, die Wahl weiterer Beamter und Angestellter den „übrigen Gemeindebehörden", d. h. in erster Linie der Gemeindeexekutive überträgt. Selbstverständlich könnte diese Aufgabe auch einer kommunalen Spezialverwaltungsbehörde auferlegt werden. Im Rahmen des Wahlgesetzes sind aber auch kommunale Bestimmungen zulässig, welche die Wahl der Gemeindedelegierten dem Grossen Gemeinderat oder den Stimmberechtigten zuweisen. Aus Gründen der Praktikabilität und Übersichtlichkeit ist jedoch zu überlegen, ob nicht eine einheitliche Ordnung des Wahlverfahrens, jedenfalls für die Vertreter aller Gemeinden eines bestimmten Zweckverbandes, wünschbar oder sogar notwendig sei. Wird die Regelung dieser Frage den einzelnen Gemeindeordnungen überlassen, so ist die Einheitlichkeit des Verfahrens für ein bestimmtes Verbandsgebiet nicht garantiert, da den Gemeinden von

---

[147] Im Kanton St. Gallen wird offenbar aus der allgemeinen Kompetenzausscheidung für die Gemeindeorgane eine generelle Zuständigkeit der Gemeindeexekutive als Wahlorgan der Gemeindeabgeordneten in das Grundorgan der Zweckverbände anerkannt (Scherrer, 110).

[148] Mettler, Gemeinderecht 225, 334 f.

Gesetzes wegen die verschiedensten Lösungsmöglichkeiten eingeräumt sind, auch wenn sie faktisch keinen Gebrauch davon machen. Die generelle Regelung der Wahl von Gemeindevertretern durch die Gemeindeordnungen, wie z. B. die Statuierung einer allgemeinen Wahlkompetenz des Gemeinderates, ist oft auch nicht zweckmässig, da dem Zweckverband Aufgaben übertragen werden, die aus dem Tätigkeitsbereich einer kommunalen Spezialverwaltungsbehörde ausgeklammert wurden [149]. In diesen Fällen wäre eine Ordnung vorzuziehen, welche die jeweils sachkompetenteste Gemeindebehörde zur Wahl des Gemeindevertreters ermächtigen würde. Die beiden genannten Argumente sprechen somit gegen eine allgemeine Regelung durch die Gemeindeordnung und plädieren für eine Lösung, die für jeden Zweckverband individuell, aber einheitlich für alle beteiligten Gemeinden dieses einen Verbandes getroffen würde. Angesichts dieser Überlegungen haben wir uns den Wahlvorschriften der Verbandsstatuten zuzuwenden. — Ist ohne weiteres von der Zulässigkeit der zahlreichen Wahlvorschriften der Zweckverbandsstatuten auszugehen? Die Wahl der Gemeindedelegierten wurde, unter Vorbehalt von abweichenden kantonalen Gesetzesbestimmungen, als grundsätzlich dem Kompetenzbereich der einzelnen Gemeinde zugehörig erkannt [150]. Ist demzufolge nur eine Regelung der Wahl von Gemeindevertretern durch kommunale Bestimmungen zulässig und müssen die Wahlvorschriften der Zweckverbandsstatuten als ungültig erklärt werden? — Die analoge Anwendung des kantonalen Rechts auf die Wahl von Mitgliedern des Grundorgans eines Zweckverbandes lässt, wie oben dargestellt, die verschiedensten Möglichkeiten für eine kommunale Regelung offen. Im vorangehenden wurde bereits allgemein festgestellt [151], dass Vorschriften der Zweckverbandsstatuten über das Wahlverfahren der Gemeindedelegierten zulässig sind, sofern sie durch Zustimmung der kommunalen Rechtsetzungsorgane innerkommunale Gültigkeit erlangen und dem kantonalen Recht nicht widersprechen. Da der Beitritt zu einem Zweckverband und damit die gemeindeweise Genehmigung der Verbandsstatuten durch die Gemeindeordnungen ausnahmslos den Gemeindeversammlungen und in Gemeinden mit Gemeindeparlament dem Grossen Gemeinderat oder den Stimmberechtigten durch Urnenabstimmung übertragen wird [152], kann die Genehmigung der Verbandsvereinbarung, welche auch die Kompetenzvorschriften über die Wahl von Gemeindedelegierten um-

---

149 Dieses Problem stellt sich selbstverständlich nur bei Gemeinden mit erweiterter Verwaltungsorganisation, in welchen die Gemeindevorsteherschaft nicht als einziges Administrativorgan tätig ist.
150 Rudolf, MBVR 21 (1923) 167; Pfisterer, 163.
151 Vgl. vorn S. 120.
152 Vgl. vorn S. 48 ff.

fasst, zugleich als Gemeindebeschluss einer jeden beigetretenen Gemeinde verstanden werden. Dieser Schluss ist aber nur dann zulässig, wenn die Gemeinde dem Beitritt zu einem Zweckverband ausdrücklich zugestimmt hat; problematisch wird er dagegen bei den sogenannten Zwangsverbänden [153], deren Statuten im Extremfall durch den Kantonsrat bzw. den Regierungsrat geschaffen werden. Auch auf die mehr theoretischen Fälle, in denen nicht die Gemeindeversammlung, sondern die Gemeindebehörden über den Beitritt zu einem Zweckverband entscheiden [154], sind diese Überlegungen nicht zu übertragen, da hier nicht mehr von Gemeindebeschlüssen im Sinne des Zürcher Gemeindegesetzes (vgl. § 151) gesprochen werden darf. Zusammenfassend ist daher festzuhalten, dass auch die Wahlvorschriften der Zweckverbandsstatuten zulässig sind und ihre selbständige Bedeutung haben, wenn sie gleichzeitig als Inhalt eines Gemeindebeschlusses qualifiziert werden können und sich im Rahmen des kantonalen Rechts halten [155]. — Gemessen an diesen Voraussetzungen sind alle vereinbarten Bestimmungen, welche die Wahl der Gemeindevertreter den Stimmberechtigten [156], in Gemeinden mit Gemeindeparlament dem Grossen Gemeinderat, den Gemeinderäten oder anderen kommunalen Behörden zuweisen, zulässig. Dagegen ist unter den genannten Bedingungen die Zulässigkeit jener Bestimmungen in Frage zu stellen, welche die Wahl einzelner Mitglieder des Grundorgans den von den Gemeinden ernannten Delegierten übertragen. Eindeutig unzulässig ist es, wenn, wie bereits in anderem Zusammenhang festgestellt, einzelne Mitglieder des Grundorgans eines Zweckverbandes durch Körperschaften, Behörden oder Verbände gewählt werden, die nicht Mitglieder des Verbandes sind oder sein können [157]. In den regierungsrätlichen Genehmigungsbeschlüssen wird in neuerer Zeit die Unzulässigkeit solcher Kompetenzvorschriften häufig festgestellt und die Genehmigung dafür verweigert [158]. — Bei Kollisionen zwischen Wahlvorschriften in Gemeindeordnungen und Zweckverbandsstatuten ist stets vom Vorrang des vereinbarten Rechts auszugehen [159].

---

153 Vgl. vorn S. 12 ff.

154 Vgl. vorn S. 49.

155 A. A. Pfisterer, 163 und Rudolf, MBVR 21 (1923) 167.

156 Unzulässig wäre, wenn die Mitglieder eines Verbandsorgans ausschliesslich von den Stimmberechtigten einer einzelnen Verbandsgemeinde gewählt würden, vgl. Hungerbühler, 295.

157 Gemäss zürcherischem Recht können nur Gemeinden Mitglieder eines Zweckverbandes sein. Zur Frage der Partner eines Zweckverbandes im allgemeinen vgl. vorn S. 23 ff.

158 Vgl. die vorstehenden Anmerkungen 51 und 52.

159 Vgl. vorn S. 99 f.

Enthalten weder Gemeindeordnungen noch Verbandsstatuten Vorschriften über die Zuständigkeit zur Wahl von Gemeindedelegierten, so ist subsidiär das kantonale Recht anwendbar. Gemäss § 129 des Zürcher Wahlgesetzes ist die Wahl von allfälligen weiteren Beamten und Angestellten der Gemeinde den übrigen Gemeindebehörden vorbehalten, soweit die Gemeindeordnung oder ein Gemeindebeschluss diese Aufgabe nicht den Stimmberechtigten oder dem Grossen Gemeinderat übertragen hat. Diese Regelung gilt in Analogie auch für die Wahl der Gemeindevertreter in die Zweckverbandsorgane. Es kann somit in allen Gemeinden, in welchen die Gemeindevorsteherschaft als allgemeine Verwaltungsbehörde tätig ist, ohne weiteres auf die Zuständigkeit dieser Behörde geschlossen werden. In den Gemeinden mit erweiterter Behördenorganisation muss zunächst auf die vom Gemeindegesetz getroffene generelle Kompetenzausscheidung zwischen den Gemeindebehörden zurückgegriffen werden. Für die „Besorgung der Gemeindeangelegenheiten" enthält § 64 Ziff. 2 des Gemeindegesetzes, soweit die Beschlussfassung nicht einer anderen kommunalen Behörde oder der Gemeindeversammlung zukommt, eine Generalklausel zugunsten der Gemeindevorsteherschaft. Fehlen somit kommunale Sonderbestimmungen, so hat diese Kompetenzvermutung zugunsten der Gemeindevorsteherschaft auch für die Wahl der Gemeindedelegierten in das Grundorgan eines Zweckverbandes ihre Gültigkeit [160].

c) Das Wahlverfahren

Die Wahl der Gemeindevertreter durch die Gemeindebehörden stellt keine besonderen Verfahrensprobleme. In der Regel wählen sie mit einfachem Mehr. Sind die Delegierten jedoch durch die Stimmberechtigten einer Gemeinde zu bestimmen, so be-

---

[160] Zur Frage der Kompetenzausscheidung zwischen Stimmberechtigten und Gemeindebehörden im allgemeinen vgl. Etter, 58 ff.; Heiniger, 178; Mettler, Gemeinderecht 106. — Im Kanton Zürich besteht von Gesetzes wegen keine generelle Zuständigkeit der Gemeindevorsteherschaft zur Bestellung des Grundorgans eines Zweckverbandes; die Kompetenzvermutung zugunsten der Gemeindeexekutive gilt nur subsidiär, d. h. wenn weder Gemeindeordnungen noch Vereinbarungen diese Frage geregelt haben. Anders offenbar im Kanton St. Gallen, wo für die Wahl der Gemeindedelegierten eine allgemeine Zuständigkeit der Gemeindeexekutive gegeben ist; vgl. dazu Scherrer, 110.

darf das Wahlverfahren einer ausdrücklichen Regelung. In anderem Zusammenhang wurde bereits darauf hingewiesen, dass die Delegiertenwahl im Prinzip in die Zuständigkeit jeder einzelnen Verbandsgemeinde fällt [161]. Mit den dort angestellten Überlegungen muss auch die von den Zweckverbandsvereinbarungen getroffene Ordnung des Wahlverfahrens, soweit sie das kantonale Recht nicht verletzt, als zulässig erachtet werden.

Die Gemeindedelegierten gehören nicht zu jener Gruppe von kommunalen Beamten und Behörden, die gemäss § 64 Ziff. 6–11 des Zürcher Wahlgesetzes obligatorisch durch die Urne zu wählen sind. Ebensowenig ist für sie das in § 74 geregelte geheime Verfahren in geschlossener Wahlversammlung vorbehalten. Im allgemeinen wird also in Gemeinden mit ordentlicher Organisation die Wahl der Gemeindevertreter, analog der Regelung von § 78 des Wahlgesetzes, offen durch die Gemeindeversammlung vorgenommen. Gestützt auf § 72 des Wahlgesetzes können die Verbandsgemeinden jedoch auch für die Abgeordneten in Zweckverbandsorgane die Urnenwahl einführen. Dieses Verfahren muss aber ausdrücklich in den Verbandsstatuten oder der Gemeindeordnung vorgesehen sein. — In Gemeinden mit ordentlicher Organisation oder Organisation mit Urnenabstimmung werden die Gemeindedelegierten mehrheitlich durch die Gemeindeversammlung gewählt [162]. Vereinzelt wurde aber auch die Urnenwahl eingeführt [163]. Wird in Zweckverbänden, an welchen sich diese beiden Gruppen von politischen Gemeinden beteiligen, auf eine ausdrückliche Regelung des Verfahrens verzichtet, so ist für die Wahl der Gemeindevertreter die Gemeindeversammlung zuständig. In Gemeinden mit Gemeindeparlament müssen die Mitglieder von Zweckverbandsorganen, sofern die Wahlkompetenz ausdrücklich den Stimmberechtigten vorbehalten ist, selbstverständlich durch die Urne bestellt werden.

2. Direkte Mitwirkungsbefugnisse der Verbandsgemeinden

In diesem Abschnitt sollen jene Mitwirkungsbefugnisse der Verbandsmitglieder untersucht werden, die eine direkte Einflussnahme der Verbandsgemeinden bzw. ihrer zuständigen Organe auf die Verbandsangelegenheiten ermöglichen. Wir denken dabei

---

161 Vgl. vorn S. 134.
162 Vgl. z. B. § 6 Ziff. 2 der Zweckverbandsvereinbarung (Verschiedenes 6).
163 Vgl. z. B. Art. 7 der Statuten Friedhofverband 3.

in erster Linie an Kreditbeschlüsse, welche unter bestimmten Voraussetzungen den einzelnen Gemeinden selbst vorbehalten sind. In diesem Zusammenhang ist aber auch die Genehmigung von Erlassen der Verbandsorgane durch die Verbandsgemeinden zu behandeln, obschon diese nicht als „Mitwirkung" an einem Verbandsbeschluss im eigentlichen Sinne verstanden werden darf [164]. Ausgeklammert wird das vorstehend untersuchte Recht der Verbandsgemeinden auf Entsendung von Delegierten in die Verbandsorgane, welches zu den indirekten Mitwirkungsbefugnissen der Gemeinde an der Willensbildung des Zweckverbandes zu zählen ist.

Es ist davon auszugehen, dass gewisse Entscheide des Zweckverbandes nicht durch die verbandseigenen Organe gefällt werden, sondern den Verbandsgemeinden bzw. den einzelnen Gemeindeorganen durch Gesetz oder Statuten vorbehalten sind. Diese direkten Mitwirkungsbefugnisse der Verbandsgemeinden können auf einer zwingenden Kompetenzvorschrift des kantonalen Rechts oder auf einer Bestimmung der Verbandsstatuten beruhen. An dieser Stelle werden wir uns in erster Linie mit den statutarisch begründeten Verbandskompetenzen der Gemeinden befassen. Durch die direkte Beteiligung an der Willensbildung des Verbandes kommt den Gemeinden im Rahmen der Verbandstätigkeit Organfunktion zu [165], auch wenn die Entscheidungen der einzelnen Gemeinden örtlich getrennt und in zeitlichen Abständen erfolgen. Sind die Stimmberechtigten für die Entscheide des Zweckverbandes aufgerufen, so kann von einem Volksentscheid in Verbandsangelegenheiten gesprochen werden [166]. Eine solche Mitwirkung der Stimmberechtigten wird im allgemeinen aber auf grundlegende Verbandsfragen beschränkt [167]. — In dieser Form ist den Gemeinden ein weiteres Instrument der Mitwirkung und der unmittelbaren Aufsicht über die Verbandstätigkeit gegeben.

---

164 Zum Problem der Genehmigung von kommunalen Akten im allgemeinen vgl. Bütikofer, 125; Mettler, Gemeinderecht 372 ff. — Für die Bundesrepublik Deutschland vgl. Peters, 318.

165 Pfisterer, 148. Nach Grüter (S. 142 f.) sind vom Standpunkt der Zweckverbandslehre und des Grundsatzes der Zweckmässigkeit die Verbandsgemeinden bzw. ihre Organe als Verbandsorgane abzulehnen. U. E. sind diese Erwägungen aber nicht stichhaltig; vgl. dazu hinten S. 151 ff.

166 Pfisterer, 149.

167 Für den Kanton Zürich vgl. Bericht Zürich, 1869 f.

a) Die den Verbandsgemeinden vorbehaltenen Kompetenzen

Einzelne Kompetenzen im Rahmen der Verbandstätigkeit müssen von Gesetzes wegen zwingend durch die Verbandsgemeinden selbst wahrgenommen werden. Dies betrifft in erster Linie jene Befugnisse, welche das kantonale Recht den Stimmberechtigten der Gemeinden als unübertragbar zugewiesen hat [168]. Gemäss Art. 51 Abs. 1 der Zürcher Kantonsverfassung in Verbindung mit den §§ 41 Abs. 1 und 2 sowie 91 des Gemeindegesetzes sind Beschlüsse über den Bestand und die Organisation der Gemeinde, insbesondere aber der Erlass der Gemeindeordnung und ihre Änderung sowie die Oberleitung der kommunalen Finanzverwaltung den Stimmberechtigten jeder Gemeinde vorbehalten [169]. Aus der Unübertragbarkeit dieser Rechte ergeben sich für den Zweckverband gewisse verfahrensmässige Besonderheiten bei der Willensbildung. Insbesondere folgt aus der organisatorischen Autonomie der Gemeinde, dass weder die Gründung [170] noch die Auflösung [171] des Verbandes oder die Revision wesentlicher organisatorischer Bestimmungen der Statuten [172] einem Verbandsorgan im engeren Sinne übertragen werden können; alle diese Kompetenzen sind notwendigerweise von den beteiligten Gemeinden bzw. ihren Organen selbst auszuüben. Diese Besonderheiten wurden, da es sich nicht um Organfunktionen der Verbandsgemeinden im eigentlichen Sinne handelt, in anderem Zusammenhang genauer untersucht.

Die spezifischen Zweckverbandsvorschriften einzelner Kantone weisen den Stimmbürgern der Verbandsgemeinden ausdrücklich die Kompetenz zur Statutenrevision [173], die Bewilligung von ausserordentlichen Krediten [174] und den Entscheid

---

168 Pfisterer, 149.

169 Zur Oberleitung der kommunalen Finanzverwaltung im allgemeinen vgl. Mettler, Gemeinderecht 114 f.

170 Vgl. vorn S. 44 ff.

171 Vgl. vorn S. 78 ff.

172 Vgl. vorn S. 89 ff.

173 Freiburg: Art. 17 Abs. 1 ZVG; Graubünden: Art. 55 Abs. 1 GG; Neuenburg: Art. 71 GG; Waadt: Art. 126 GG; Aargau: § 87 Entwurf GG. — Für diese Beschlüsse wird in allen Gesetzen die Zustimmung jeder einzelnen Verbandsgemeinde vorausgesetzt (Einstimmigkeit).

174 Neuenburg: Art. 79 Abs. 2 GG; Waadt: Art. 123 GG.

über die Auflösung des Zweckverbandes [175] zu. Von der zwingenden gesetzlichen Kompetenzausscheidung können die Statuten selbstverständlich nicht abweichen; es besteht jedoch im Rahmen der kantonalen Vorschriften die Möglichkeit der statutarischen Ergänzung der den einzelnen Verbandsgemeinden vorbehaltenen Kompetenzen. Unser Interesse gilt vorab diesen in den Statuten genannten Kompetenzen der Verbandsgemeinden. Es sind dies im Kanton Zürich in erster Linie Entscheidungen finanzieller Natur, die gemäss gemeindeinterner Kompetenzausscheidung auf den Gemeinderat und die Stimmberechtigten (in Gemeindeversammlung oder durch Urnenabstimmung) bzw. Gemeindeparlament verteilt sind [176]. Da die dem Zweckverband erwachsenden Aufwendungen in der Regel durch Beiträge der einzelnen Verbandsgemeinden gedeckt werden, ist diese Lösung zweifellos als Folge des aus der Gemeindeautonomie abzuleitenden Rechts zur selbständigen Führung des Gemeindehaushaltes zu betrachten. Finanzbeschlüsse kleineren Umfanges übertragen die Verbandsstatuten im allgemeinen den Verbandsorganen [177], um die Verbandstätigkeit nicht durch komplizierte Entscheidungsmechanismen vollständig zu lähmen. Gegen eine solche Zuordnung von Finanzkompetenzen an die Verbandsorgane durch die Statuten ist nichts einzuwenden, solange es sich um kleinere Beiträge

---

175 Bern: Art. 146 Ziff. 1 GG; Freiburg: Art. 19 Abs. 1 ZVG; Waadt: Art. 128 GG; Zug: § 119 Abs. 1 Ziff. 2 Entwurf GG. In der Regel wird auch für die Auflösung des Zweckverbandes Einstimmigkeit der Verbandsgemeinden gefordert.

176 Vgl. Art. 17 und 18 der Vereinbarung Abwasserreinigungsverband 19; § 16 der Vereinbarung Kehrichtbeseitigungsverband 5; Art. 14 und 15 der Vereinbarung Wasserversorgungsverband 6; §§ 4 und 5 der Vereinbarung Schulverband 16; §§ 11 und 12 der Vereinbarung Friedhofverband 10.

177 Vgl. hinten S. 170 f. – Laut Bericht Zürich (S. 1870) bedingt die ordnungsgemässe Erfüllung von Gemeindeaufgaben in der grösseren Einheit eines Zweckverbandes zwangsläufig einen gewissen Abbau der demokratischen Mitwirkungsrechte. Diese Entwicklung läuft derjenigen beim Übergang von der ordentlichen Gemeindeorganisation zum Parlamentssystem parallel, wo gewisse wichtige Befugnisse von der Gemeindeversammlung auf das Gemeindeparlament übergehen.

im Rahmen der ordentlichen Verbandstätigkeit handelt [178], und die Kompetenzausscheidung in der Zweckverbandsvereinbarung klar formuliert ist. Unter den genannten Bedingungen kann bei der Übertragung beschränkter Finanzkompetenzen auf die Verbandsorgane nicht von einer Verletzung des Rechts zur selbständigen Führung des Gemeindehaushaltes gesprochen werden, da jede Gemeinde dieser Kompetenzverschiebung ausdrücklich zustimmen muss und über das Ausmass der übertragenen Finanzkompetenzen von allem Anfang an informiert ist; ferner muss die Verbandsrechnung in der Regel von den Gemeinderäten der Verbandsgemeinden genehmigt werden.

aa) Kompetenzen der Gemeinderäte

Den Gemeinderäten der Verbandsgemeinden werden durch die Statuten regelmässig folgende Kompetenzen zugewiesen: die Vorberatung der Anträge der Verbandskommission, die der Beschlussfassung durch die Stimmberechtigten unterliegen, sowie die Genehmigung des Betriebsvoranschlages und der Betriebsrechnung, die Genehmigung der Beschlüsse der Verbandskommission über die Entschädigung der Mitglieder der Verbands- und der Rechnungsprüfungskommission sowie der Aktuare und der Rechnungsführer. Als wichtigste Funktion ist die Beschlussfassung über einmalige und jährlich wiederkehrende Ausgaben zu nennen, welche den ordentlichen Betriebsaufwand übersteigen, insbesondere ausserordentliche Unterhaltsarbeiten, Anschaffungen usw., sowie über im Voranschlag nicht enthaltene Ausgaben, in beiden Fällen im Rahmen der den Gemeinderäten durch die Gemeindeordnungen eingeräumten Kompetenzen und unter Vorbehalt der Finanzbefugnisse der Verbandsorgane [179]. Gelegentlich werden die Gemeinderäte auch für die Beschlussfas-

---

178 Die den Verbandsorganen zustehenden Finanzkompetenzen bewegen sich für einmalige Ausgaben zwischen einem Gesamtbetrag von Fr. 500.– (Art. 5 der Vereinbarung Friedhofverband 3) und einem solchen von Fr. 1'000'000.– (§ 6 der Vereinbarung Kirchenverband 3). Für jährlich wiederkehrende Ausgaben finden sich Gesamtbeträge von Fr. 100.– (Art. 5 der Vereinbarung Friedhofverband 3) bis Fr. 100'000.– (§ 6 der Vereinbarung Kirchenverband 3).

179 Vgl. z. B. Art. 17 der Vereinbarung Abwasserreinigungsverband 23; § 17 Abs. 1 der Vereinbarung Kehrichtbeseitigungsverband 5; Art. 12 der Vereinbarung Wasserversorgungsverband 4.

sung über dringende, unvorhergesehene Ausgaben für die Behebung von Schäden und Betriebsstörungen, welche die Wirksamkeit der Anlage beeinträchtigen, als zuständig erklärt [180]. Einzelne Vereinbarungen begründen eine Genehmigungspflicht der Gemeinderäte für die von der Verbandskommission erlassenen Reglemente über die Verwaltung und den Betrieb des Gemeinschaftswerkes [181]. Ebenso haben die Gemeinderäte in einigen Verbänden die Wahl des Kommissionspräsidenten, des Rechnungsführers und des Klärwärters zu genehmigen [182].

bb) Kompetenzen der Stimmberechtigten

Den Stimmberechtigten der Verbandsgemeinden, sei es in der Gemeindeversammlung oder durch Urnenabstimmung, bzw. dem Gemeindeparlament werden durch die Statuten im allgemeine folgende Verbandskompetenzen übertragen: die Abnahme der besonderen Baurechnung und die Beschlussfassung über neue, nicht unter den ordentlichen Betriebsaufwand fallende Ausgaben, insbesondere über grössere ausserordentliche Unterhaltsarbeiten sowie über im Voranschlag nicht enthaltene Ausgaben, soweit sie die den Gemeinderäten durch die Gemeindeordnungen vorbehaltenen Ausgabenkompetenzen übersteigen [183]. In einzelnen Fällen werden die Gemeindeversammlungen zur Genehmigung von Anschlussverträgen des Zweckverbandes mit aussenstehenden Gemeinden ermächtigt [184]. Bei Zweckverbänden, die im Zeitpunkt der Verbandsgründung über kein konkretes Projekt der Gemeinschaftsanlage verfügen, bedürfen Anlageprojekt und der erforderliche Kredit der Genehmigung der Stimmberechtigten der Verbandsgemeinden [185]. Nur in einem einzelnen

---

180 Vgl. z. B. Art. 15 Ziff. 6 der Vereinbarung Abwasserreinigungsverband 12; Art. 18 Ziff. 6 der Vereinbarung Abwasserreinigungsverband 17.
181 Vgl. z. B. § 6 Ziff. 5 der Vereinbarung Abwasserreinigungsverband 3; Art. 12 lit. b der Vereinbarung Abwasserreinigungsverband 14.
182 Art. 13 Ziff. 5 der Vereinbarung Abwasserreinigungsverband 2; Art. 13 Ziff. 5 der Vereinbarung Abwasserreinigungsverband 5.
183 Vgl. z. B. Art. 18 der Vereinbarung Abwasserreinigungsverband 20; Art. 13 der Vereinbarung Wasserversorgungsverband 4; Art. 25 der Vereinbarung Spitalverband 6.
184 Art. 16 Ziff. 3 der Vereinbarung Abwasserreinigungsverband 4.
185 Vgl. z. B. Art. 13 lit. a der Vereinbarung Abwasserreinigungsverband 14; Art. 15 lit. a der Vereinbarung Wasserversorgungsverband 6.

uns bekannten Fall sind die Gemeindeversammlungen der beteiligten Gemeinden zum Erlass einer Verordnung und zur Genehmigung des Reglementes über Aufgaben und Entlöhnung der Verbandsfunktionäre zuständig [186]. Diese zusätzliche Kompetenz der Stimmberechtigten ist aber als Ausnahmeregelung zu betrachten, die überhaupt nur in Verbänden mit wenig Mitgliedern denkbar und praktikabel ist.

Die Kompetenzausscheidung zwischen Gemeinderäten und Stimmberechtigten wird durch das kantonale Recht und im Rahmen desselben, als Ausdruck der den Gemeinden zustehenden Organisationsautonomie, durch jede Gemeinde selbst bestimmt. Die Zweckverbandsvorschriften können deshalb, soweit die Gemeinden in der Kompetenzverteilung frei sind, eine eigene Regelung treffen. Sie können die Kompetenzverteilung des kantonalen bzw. kommunalen Rechts auch nur wiederholen, oder, wie es bei der Kompetenzausscheidung für Finanzbeschlüsse des Verbandes üblich ist, auf die gemeindeinterne Regelung der Finanzkompetenzen verweisen.

Die Anzahl der den Verbandsgemeinden zusätzlich eingeräumten Kompetenz scheint uns Massstab dafür zu sein, wie gross die Bereitschaft der Verbandsgemeinden zur Zusammenarbeit in Form eines Zweckverbandes ist. Je umfangreicher sich der statutarisch eingeräumte Katalog der den Verbandsgemeinden bzw. den Gemeindeorganen vorbehaltenen Kompetenzen ausnimmt, desto kleiner muss wohl das Vertrauen der Mitglieder in die Tätigkeit der Verbandsorgane und letztlich in die Zusammenarbeit selbst eingeschätzt werden.

b) Das Beschlussverfahren

Die Vorlagen für jene Entscheidungen, die von den Verbandsgemeinden bzw. ihren Organen zu treffen sind, werden regelmässig durch verbandseigene Organe, insbesondere durch die Delegiertenversammlung vorbereitet [187] und zum Beschluss bzw. zur Genehmigung an die zuständigen Gemeindeorgane weitergeleitet. Da gemäss den Formulierungen der Statuten [188] jede Gemeinde einzeln über die Vorlage

---

186 § 12 lit. a und b der Vereinbarung Friedhofverband 10.

187 Vgl. hinten S. 168 f.

188 Wir finden regelmässig Wendungen wie z. B. „Den Gemeindeversammlungen der Verbandsgemeinden steht zu, ..." (Art. 18 der Vereinbarung Abwasserreinigungsverband 24), oder „Den Gemeinderäten der Verbandsgemeinden steht zu, ..." (Art. 17 der Vereinbarung Abwasserreinigungsverband 19).

zu entscheiden hat, wird schon aus praktischen Gründen davon auszugehen sein, dass die Vorlagen in der von den Verbandsorganen ausgearbeiteten Form von den Gemeinden anzunehmen oder abzulehnen sind. Abänderungen durch einzelne Verbandsgemeinden sind undenkbar, da diese wiederum der Zustimmung der übrigen beteiligten Gemeinden bedürften. Die Zuständigkeit und das Verfahren für die den Verbandsgemeinden übertragenen Entscheidungen im Rahmen der Verbandstätigkeit werden als Ausdruck der kommunalen Autonomie häufig durch jede einzelne Gemeinde festgelegt. Grundsätzlich ist dasjenige Gemeindeorgan zum Verbandsentscheid berufen, das für gemeindeinterne Geschäft gleicher Art zuständig wäre [189]. Nach der gleichen Regel bestimmt sich auch das für den Beschluss massgebende Verfahren.

Bei reinen Finanzbegehren verpflichtet sich die einzelne Verbandsgemeinde nur für den auf sie entfallenden Kostenanteil, weshalb dieser auch für die Frage der gemeindeinternen Zuständigkeit massgebend ist. Diese Tatsache ist offenbar so selbstverständlich, dass sie nur in einem einzigen uns bekannten Beispiels ausdrücklich erwähnt ist [190].

Nach der Mehrzahl der Zürcher Zweckverbandsstatuten gilt für die den Gemeinden vorbehaltenen Verbandsbeschlüsse das Mehrheitsprinzip. Es ist regelmässig ein qualifiziertes Mehr von Verbandsgemeinden, das über die Annahme einer Vorlage entscheidet und damit ihre Verbindlichkeit auch für die nicht zustimmenden Gemeinden begründet. Das qualifizierte Mehr wird entweder durch eine bestimmte Anzahl von zustimmenden Gemeinden [191] oder durch einen in Bruchteilen der Gesamtheit der Verbandsgemeinden ausgedrückten Schlüssel [192] umschrieben. Weitere Verbandsstatuten nennen als Erfordernis für die Gültigkeit eines Verbandsbeschlusses nebst der Zustimmung einer bestimmten Zahl von Gemeinden insbesondere die Zustimmung einer einzigen – meistens an der Finanzierung der Verbandsaufgabe mass-

---

190 Art. 26 lit. a der Vereinbarung Kehrichtbeseitigungsverband 3.

191 Vgl. z. B. Art. 6 der Vereinbarung Abwasserreinigungsverband 19 (6 von 8 Gemeinden müssen der Vorlage zustimmen); Art. 10 der Vereinbarung Kehrichtbeseitigungsverband 3 (6 von 8 Gemeinden müssen der Vorlage zustimmen); § 6 der Vereinbarung Amtsvormundschaftsverband 3 (9 von 12 Gemeinden müssen der Vorlage zustimmen); § 6 der Vereinbarung Spitalverband 2 (8 von 14 Gemeinden müssen der Vorlage zustimmen).

192 Vgl. z. B. § 22 der Vereinbarung Kehrichtbeseitigungsverband 5 (Zustimmung von 2/3 der Verbandsgemeinden); § 5 der Vereinbarung Schulverband 6 (Zustimmung von 2/3 der Verbandsgemeinden).

geblich beteiligten – Verbandsgemeinde [193]. In einzelnen Verbänden müssen bei Ausgabebeschlüssen mindestens 2/3 des von den Verbandsgemeinden aufzubringenden Betrages auf die zustimmenden Gemeinden entfallen [194]. – Ferner lassen sich aber auch Beispiele finden, bei denen die genannten Verbandsentscheide nur durch übereinstimmenden Beschluss sämtlicher Verbandsgemeinden zustandekommen können [195]. In diesen Verbänden gilt somit für die den Gemeinden vorbehaltenen Verbandsbeschlüsse das Prinzip der Einstimmigkeit.

Welches Prinzip soll nun aber zur Anwendung kommen, wenn die Statuten auf eine Verfahrensregelung überhaupt verzichtet haben? Ist aus sachlichen Gründen das eine Prinzip dem anderen vorzuziehen? – Soll durch die den Verbandsgemeinden eingeräumten direkten Entscheidungsbefugnisse die Autonomie der einzelnen Gemeinde im Rahmen der Verbandstätigkeit besonders betont werden, so ist die Einstimmigkeit zum Prinzip zu erheben. Stellt man dagegen die Idee der gemeinschaftlichen Erfüllung einer Aufgabe durch einen neuen Rechtsträger und den Gedanken der praktischen Verwirklichung des gemeinsamen Zieles in den Vordergrund, so wird man dem Mehrheitsprinzip Geltung verschaffen. Da die beiden zuletzt genannten Argumente u. E. beim Zweckverband ein besonderes Gewicht haben [196], muss das Mehrheitsprinzip bei Schweigen der Verbandsstatuten zum Zuge kommen [197]. Durch die Verbandsstatuten kann die Stellung der einzelnen Gemeinde insofern

---

[193] Vgl. z. B. Art. 15 der Vereinbarung Abwasserreinigungsverband 6 (Zustimmung von 3 Gemeinden, mindestens aber von Schaffhausen); Art. 13 Abs. 2 der Vereinbarung Abwasserreinigungsverband 14 (Zustimmung von Meilen und einer weiteren Gemeinde).

[194] Vgl. z. B. § 5 Abs. 2 der Vereinbarung Spitalverband 1.

[195] Vgl. z. B. Art. 7 der Vereinbarung Kirchenverband 4; § 5 Ziff. 4 der Zweckverbandsvereinbarung (Verschiedenes 6).

[196] Vgl. vorn S. 109 f.

[197] A. A. Pfisterer, 152. – Wesentlich für das Verfahren der Beschlussfassung im Zweckverband scheint uns nicht der Gesichtspunkt der Gleichordnung der Gemeinden, von der nur auf Grund einer besonderen Grundlage in der Verbandsverfassung abgewichen werden dürfte, sondern die gemeinschaftliche Erfüllung einer bestimmten Aufgabe durch mehrere Gemeinden, d. h. die Unterordnung unter einen Gemeinschaftswillen im Interesse der Verwirklichung eines gemeinsamen Werkes; andernfalls wären auch Mehrheitsentscheide der Verbandsorgane nicht zu rechtfertigen.

zusätzlich geschützt werden, als das Zustandekommen der hier behandelten Verbandsbeschlüsse von der Zustimmung eines qualifizierten Mehrs der Verbandsmitglieder abhängig gemacht wird [198].

Zu einem Kompromiss in der Anwendung der beiden Prinzipien gelangt man, wenn für die Gültigkeit von gewissen wichtigen Entscheidungen, die nicht mehr als eigentliche Organfunktionen bezeichnet werden können, in Abweichung vom Mehrheitsprinzip Einstimmigkeit gefordert wird. Als wichtig in diesem Sinne gelten alle jene Beschlüsse, die eine grundlegende Änderung der Organisation des Verbandes oder eine Änderung des Verbandszweckes beinhalten [199].

III. Interkommunale Organe im engeren Sinne

Wenn im vorangehenden Abschnitt Rechte und Pflichten der Verbandsgemeinden im Rahmen der Verbandstätigkeit, die durch das Zusammenwirken der Verbandsgemeinden als Organfunktionen zu bezeichnen sind, zur Darstellung gelangten, so sollen an dieser Stelle die verbandseigenen, d. h. für den Verband eigens geschaffenen Organe untersucht werden. Diese Organe sind, wie bereits in anderem Zusammenhang dargetan, ein für den Begriff der öffentlichen Körperschaft notwendiges Element [200].

Die Organisationsformen unterscheiden sich je nach Grösse [201] und Aufgabe [202] des Zweckverbandes. Die älteren Verbände, vor allem auf dem Gebiet des

---

198 Für die von der zürcherischen Praxis entwickelten Formen des qualifizierten Mehrs vgl. die vorstehenden Anmerkungen 191, 192, 193, 194. — Gemäss Art. 142 Abs. 2 des bernischen Gemeindegesetzes kann das Verbandsreglement für die Verbindlichkeit bestimmter Beschlüsse der Abgeordnetenversammlung und der Gesamtheit der Stimmberechtigten des Verbandsgebietes die Zustimmung der einfachen oder einer grösseren Mehrheit der Verbandsgemeinden oder einer die Mehrheit der Bevölkerung des Verbandsgebietes umfassenden Anzahl Gemeinden fordern.

199 Vgl. vorn S. 90 f.

200 Vgl. vorn S. 101.

201 Grüter, 130.

202 Probst, 225.

Friedhofwesens [203], sind organisatorisch den Gemeinden nachgebildet. Bei ihnen findet sich neben der Verbandskommission, die vorwiegend mit Exekutivfunktionen ausgestattet ist, regelmässig ein Organ, das sich, analog der Gemeindeversammlung, aus allen Stimmberechtigten des ganzen Verbandsgebietes zusammensetzt. Dieses Organ wird als „Zweckverbandsgemeinde", „Kreisgemeinde", „Friedhofgemeindeversammlung" oder als „Zweckverbandsversammlung" bezeichnet. Bei den jüngeren Verbänden wurden Organisationsformen geschaffen, welche die Willensbildung und den Vollzug des Verbandszweckes erleichtern; man hat sich dabei vor allem an der Struktur der privatrechtlichen Verbände orientiert [204]. Kleinere Verbände begnügen sich im allgemeinen mit einem Organ, der sogenannten Verbandskommission, welche sich aus Vertretern jeder Verbandsgemeinde zusammensetzt und, mit Ausnahme der den Gemeinden selbst übertragenen Kompetenzen, alle Verbandsfunktionen auf sich vereinigt. Häufig tritt bei grösseren Verbänden neben die aus Vertretern jedes Verbandsmitgliedes bestehende Delegiertenversammlung ein Vollzugsorgan. Als notwendiges weiteres Organ ist allen Verbänden mit finanziellen Kompetenzen eine Rechnungsprüfungskommission beizugeben. Selbstverständlich besteht aber auch die Möglichkeit, zusätzlich zu den schon genannten, weitere Organe einzuführen [205], die

---

203 Die gemeindeartige Organisationsform einer grösseren Anzahl von Friedhofzweckverbänden lässt sich aus ihrer historischen Entwicklung erklären: Bis zur Bundesverfassung von 1874 war das Friedhof- und Bestattungswesen Sache der Kirchgemeinden. Gemäss Art. 52 Abs. 2 der Bundesverfassung von 1874 wurde die Aufgabe den bürgerlichen Behörden, im Kanton Zürich den politischen Gemeinden, übertragen. Um auf dem Gebiet des Friedhofwesens keine territoriale Neugliederung vornehmen zu müssen, sah das Zürcher Gesetz betreffend das Gemeindewesen vom 27. 6. 1875 (OS 18 [1876] 524 ff.) in § 15 vor: „Wo eine Kirchgemeinde in mehrere politische Gemeinden zerfällt, können letztere den bisherigen gemeinsamen Friedhof beibehalten und dafür ein gemeinsames Verwaltungsorgan bestellen...". Die politischen Gemeinden hatten also auch nach altem Recht die Möglichkeit, sich zu einem Friedhofverband zusammenzuschliessen und behielten offenbar für diesen, in Anlehnung an die Struktur der Kirchgemeinde, aus welcher der Verband hervorging, die gemeindeartige Organisationsform bei. — Zur Entwicklung der Friedhofverbände vgl. Rübel, 26 f. und Bericht Zürich, 1865.

204 Jagmetti, 391.

205 Grüter, 130 ff.

mit besonderen Verbandsaufgaben betraut werden können. — Die Grenzen der organisatorischen Gestaltungsfreiheit im zweckverbandsrecht wurden im vorangehenden Abschnitt beleuchtet [206].

1. Das Grundorgan

Bei gemeindeartig organisierten Verbänden werden jene Aufgaben, die bei den anderen Zweckverbandstypen von den einzelnen Verbandsgemeinden bzw. ihren Organen wahrgenommen werden [207], und weitere grundlegende Verbandsfunktionen von der Versammlung aller Stimmberechtigten der Mitgliedergemeinden erfüllt. Die sogenannte „Kreisgemeinde" [208] oder Zweckverbandsversammlung übernimmt bei diesen Verbänden also auch Grundorganfunktion, in die sie sich in der Regel mit einer Kommission aus den Vertretern aller Verbandsgemeinden teilt. Alle übrigen Zweckverbände übertragen die wichtigsten Verbandsfunktionen einer Delegiertenversammlung oder der sogenannten Verbandskommission.

---

206 Vgl. vorn S. 103 ff.

207 Vgl. vorn S. 141 ff.

208 Die Bezeichnung „Gemeinde" darf hier nicht im technischen Sinne verwendet werden, da es sich beim Zweckverband nicht um eine Gebietskörperschaft handelt; vgl. dazu vorn S. 42 f. und den Geschäftsbericht des Regierungsrates an den zürcherischen Kantonsrat 1931, 468 Nr. 2.

a) Die Zweckverbandsversammlung bei gemeindeartig organisierten Verbänden

aa) Zur Frage der Zulässigkeit

An erster Stelle muss die Frage der Zulässigkeit eines Verbandsorganes, das sich aus allen Stimmberechtigten des Verbandsgebietes zusammensetzt, geprüft werden. Nach der Genehmigungspraxis des Zürcher Regierungsrates ist offenbar gegen eine „gemeindeartige" Organisation des Zweckverbandes nichts einzuwenden; jedenfalls wurden entsprechende Verbandsorganisationen ohne weiteres genehmigt [209]. Im Bericht des Regierungsrates über den Erlass eines Gesetzes über die Zweckverbände vom 4. Dezember 1969 [210] ist diese Ansicht ausdrücklich bestätigt und allgemein damit begründet worden, dass das Gemeindegesetz keine näheren Ausführungen über die Organisation des Zweckverbandes enthalte und sich damit begnüge, die Gemeinden generell zu ermächtigen, für die Erfüllung von Verbandsaufgaben „besondere Organe" zu schaffen. Welche Organe eingesetzt und mit welchen Kompetenzen diese ausgestattet würden, sei von den Bedürfnissen des Einzelfalles abhängig und müsse dementsprechend von den Verbandsgemeinden bei der Ausarbeitung der Verbandsstatuten berücksichtigt werden. Gestützt auf dieselben Überlegungen vertritt eine Reihe von Autoren die gleiche Meinung [211]. Der Zürcher Regierungsrat hat seine Ansicht über den zulässigen Kompetenzbereich der Versammlung der Stimmberechtigten des ganzen Verbandsgebietes aber insofern differenziert, als „grundlegende Änderungen in der Organisation des Zweckverbandes oder der Umschreibung seines Zweckes" der Genehmigung durch die Gemeindeversammlungen der beteiligten Gemeinden unterstellt werden müssen, d. h. durch Zustimmung jedes Verbandsmit-

---

209 Die Statuten einer Reihe von Zweckverbänden mit „Kreisgemeindeversammlungen" wurden ohne Vorbehalt genehmigt. Vgl. z. B. Vereinbarung Wasserversorgungsverband 1 (RRB 2000/1932); Vereinbarung Schulverband 8 (RRB 2729/1967); Vereinbarung Friedhofverband 7 (RRB 3356/1961); Friedhofverband 6 (RRB 2746/1961); Vereinbarung Friedhofverband 3 (RRB 3079/1946).
210 Bericht Zürich, 1868.
211 Rübel, 146; Romer, 52 f.; Geilinger, 137; Mettler, Gemeinderecht 40; vgl. auch Müller, 28 f., der offenbar eine gemeindemässige Organisation des Zweckverbandes nicht als rechtlich unzulässig betrachtet.

gliedes und nicht durch Beschluss der „Verbandsversammlung" zu erfolgen haben [212]. Diese Verbandsbeschlüsse werden dem Sinne nach offenbar dem Gründungsbeschluss gleichgesetzt, der, den Ausführungen des zitierten regierungsrätlichen Beschlusses folgend, auf einer getrennten, aber übereinstimmenden Willensbildung in sämtlichen Verbandsgemeinden beruhen müsse, da die einzelnen Gemeinden Vertragspartner seien und Gemeindeaufgaben dem Verband nur in dem von der Gemeindeordnung jeder Gemeinde vorgeschriebenen Verfahren übertragen werden dürften [213]. — Anderer Ansicht über die Frage der Zulässigkeit von gemeindeartig organisierten Zweckverbänden war offensichtlich die bernische Gemeindedirektion, die in Beantwortung einer Anfrage apodiktisch erklärte: „Mitglieder des Gemeindeverbandes sind die ihm angehörenden Gemeinden als einheitliche Korporationen, nicht deren Bevölkerung. Als Organe zur Willensbildung im Verband kann daher das Verbandsreglement nur die sämtlichen Gemeinden als solche oder aus Gemeindevertretern gebildete Kollegien vorsehen" [214]. Ein Mehrheitsentscheid der Verbandsversammlung entspreche auch nicht den Interessen einer geordneten Gemeindeverwaltung, da dadurch finanzschwachen Gemeinden Lasten auferlegt werden könnten, die in den Statuten nicht vorgesehen seien und deren Übertragung auf diese Gemeinden unverantwortlich wäre [215]. Heute dürfte diese Entscheidung durch die gesetzliche Regelung des neuen Gemeindegesetzes vom 5. 9. 1972 [216] überholt sein. — In einer neueren Arbeit [217] wird die Zulässig-

---

212 RRB 371/1967 (Genehmigung der Vereinbarung Friedhofverband 8); in RRB 1333/1931 wird allgemein festgestellt, dass der Gründungsvertrag nur mit Zustimmung jeder einzelnen Verbandsgemeinde geändert werden kann.

213 Vgl. dazu vorn S. 90 ff.

214 MBVR 31 (1933) 455.

215 Diese Überlegungen würden u. E. ebensosehr gegen Mehrheitsentscheide der von Gemeindevertretern gebildeten Kollegien und damit auch gegen deren Zulässigkeit sprechen.

216 In Art. 142 Abs. 1 wird für den Gemeindeverband als notwendiges Organ neben einer allgemeinen Verwaltungs- und Vollzugsbehörde ein ihr übergeordnetes Organ, sei es Abgeordnetenversammlung oder, so wörtlich, die Gesamtheit der Stimmberechtigten aller Verbandsgemeinden, vorgesehen. — Eine ähnliche Bestimmung enthält der Entwurf des Zuger Gesetzes betreffend das Gemeindewesen, der in § 115 Ziff. 1 die im Gebiet des Gemeindeverbandes niedergelassenen Stimmberechtigten als notwendiges Organ des Verbandes bezeichnet.

217 Pfisterer, 154.

keit der Gesamtheit der Stimmberechtigten der Verbandsgemeinden als Verbandsorgan erneut in Frage gestellt. Ein solches Organ sei dem Zweckverbandsinstitut wesensfremd [218], da die Gemeinden Mitglieder des Verbandes seien und es keine Verbandsbürger geben könne. Des weiteren würde durch die Einführung von Mehrheitsbeschlüssen der Stimmberechtigten des gesamten Verbandsgebietes über Angelegenheiten des Zweckverbandes eine neue öffentlich-rechtliche Verwaltungseinheit, die Region, geschaffen, für die es an einer verfassungsmässigen Grundlage mangle. Die Gemeinden seien nur befugt, interkommunal zusammenzuarbeiten, „nicht aber sich selber im Bereich" der Verbandsaufgabe „aufzugeben und in ein grösseres Gebilde – eine organisierte Region – einzugehen" [219]. Diese letzte Folgerung wäre dann richtig, wenn der Zweckverband ein vom Willen der Mitglieder, d. h. der Verbandsgemeinden, rechtlich völlig unabhängiges Dasein entfalten könnte; sie würde sich dann aber gegen alle Mehrheitsentscheide von Verbandsorganen richten [220].
– Wie in einem vorangehenden Kapitel dargestellt [221], müssen die Verbandsstatuten bereits alle wesentlichen Fragen des Zweckes und der Organisation des Verbandes regeln. Die Zahl der den Verbandsorganen zur freien Entscheidung übertragenen Kompetenzen ist vor allem im Bereich der Rechtsetzung sehr beschränkt [222]; die Tätigkeit der Verbandsorgane erstreckt sich im wesentlichen auf den Vollzug der in den Statuten festgelegten Aufgaben und den Erlass von eventuellen Vollzugsbestimmungen. Im Rahmen dieser Funktionen haben wir aber die Zulässigkeit von Mehrheitsentscheiden der Verbandsorgane anerkannt [223]. – Darüberhinaus hat der Zürcher Regierungsrat richtig festgestellt, dass alle grundlegenden Änderungen der Verbandsorganisation und des Verbandszwecks nicht durch Mehrheitsentscheid eines Verbandsorganes erfolgen können, sondern der Zustimmung aller Mitglieder bzw. der dafür zuständigen Organe jeder Verbandsgemeinde bedürfen [224]. Angewandt auf unser Problem bedeutet dies, dass die Zweckverbandsversammlung nie

---

218 In dieser Hinsicht ähnlich Jagmetti (S. 391 Ziff. 303), der die Frage der Zulässigkeit eines solchen Organes aber nicht verneint.
219 Pfisterer, 154.
220 Gleicher Ansicht Rübel, 247.
221 Vgl. vorn S. 86 ff.
222 Vgl. vorn S. 93 f.
223 Vgl. vorn S. 109 f.
224 Vgl. vorn S. 90 f.

zur Änderung von grundlegenden Vorschriften der Verbandsgrundlage kompetent sein kann. Die einzelne Verbandsgemeinde bleibt für diesen Entscheid zuständig. Es kann also keine Rede davon sein, dass sich die Gemeinden durch die beschränkten Möglichkeiten der „Verbandsversammlung" im Rahmen der Verbandstätigkeit „aufgeben und in ein grösseres Gebilde eingehen". Die Grundentscheidungen werden vielmehr weiterhin von den Zweckverbandsmitgliedern selbst getroffen. Es stellt sich jedoch in diesem Zusammenhang die Frage, wie weit dem Argument, die einzelne Verbandsgemeinde sei Verbandsmitglied, und es könnten deshalb die Stimmberechtigten des gesamten Verbandsgebietes nicht in einem Verbandsorgan zusammengefasst und direkt an der Willensbildung des Verbandes beteiligt werden, Rechnung zu tragen ist. Die von einem stark formal-begrifflichen Denken geprägte Begründung, dass jede Gemeinde nur als solche, d. h. durch die einzelnen Gemeindeorgane oder durch Entsendung von Abgeordneten in Verbandsorgane im Rahmen des Zweckverbandes tätig sein könne, darf nicht ohne kritische Würdigung übernommen werden. U. E. ist es im Kanton Zürich, wo es an einem gesetzlichen Organisationsmuster für die Zweckverbände gebricht, Sache der Mitgliedergemeinden, Verbandsorgane und ihre Zusammensetzung in den Statuten festzulegen; dies ist Ausdruck der Organisationsautonomie der Gemeinden auf dem Gebiet des Zweckverbandsrechts. Sind die Gemeinden also frei in der Zusammensetzung des Grundorganes des Zweckverbandes? Im Kanton Zürich ist diese Frage mangels detaillierterer gesetzlicher Organisationsvorschriften zunächst zu bejahen; natürlich immer unter der Voraussetzung, dass jede Verbandsgemeinde im Grundorgan vertreten ist. In diesem Lichte scheint gerade die „Vertretung" durch die Gesamtheit der Stimmbürger des Verbandsgebietes den Wertvorstellungen des schweizerischen Gemeinderechtes, d. h. der Forderung nach direkt-demokratischer Willensbildung, besonders gut zu entsprechen. Und dennoch stimmt diese Ausgestaltung des Grundorgans nicht mit dem Wesen und der rechtlichen Struktur des Zweckverbandes, wie sie sich vor allem in der Bundesrepublik Deutschland entwickelt haben, überein [225]. Aus der Tatsache, dass die Gemeinde und nicht der einzelne Stimmberechtigte Mitglied des Verbandes ist und dass die Verbandsstruktur somit keine direkte Beteiligung der Gesamtheit der Aktivbürger an der Willensbildung des Zweckverbandes fordert, erscheint eine der Gemeindeversammlung nachgebildete „Zweckverbandsversamm-

---

225 Jagmetti, 391; Rübel, 147.

lung" als atypisch und vielfach auch unzweckmässig [226]. Diese Gründe gegen eine gemeindemässige Organisation bleiben bestehen, auch wenn nach unserer Meinung der Stimmberechtigte durch die direkte Beteiligung an der Willensbildung nicht zum „Mitglied" oder „Zweckverbandsbürger" erhoben wird [227], sonderns stets Teil eines durch die Zweckverbandsverfassung konstituierten Organs bleibt. Diese Erkenntnis findet ihre Bestätigung darin, dass grundlegende Änderungen der Verbandsorganisation oder des Verbandszwecks nur durch Zustimmung jeder Verbandsgemeinde und nicht durch Beschluss der „Zweckverbandsversammlung" erfolgen kann.

Die rechtliche Stellung des Zweckverbandes im Kanton Zürich lässt uns die Frage nach der Zulässigkeit der gemeindeähnlichen Organisation ebenfalls positiv beantworten. Aus der selbständigen systematischen Behandlung im Gemeinderecht kann nur abgeleitet werden, dass der Zweckverband nicht „einfach als Gemeinde, sondern als Gebilde eigener Art" [228] zu betrachten ist. Die knappe und elastische gesetzliche Regelung des Zweckverbandes möchte den Gemeinden die Wahl einer der optimalen Erfüllung der gemeinsamen Aufgabe angemessenen Organisationsform ermöglichen [229]. Daher wäre es nach den Worten des Zürcher Regierungsrates auch „äusserst unzweckmässig", wenn jeder Zweckverband einer Gemeinde ähnlich organisiert werden müsste, sofern einfachere Organisationsformen vollauf genügten [230]. Unter dem Gesichtspunkt der Zweckmässigkeit wird sich häufig ein Willensbildungsorgan, das sich aus allen Stimmberechtigten des Verbandsgebietes zusammensetzt, als zu schwerfällig oder aus praktischen Gründen sogar als unrealisierbar erweisen [231].

---

226 Selbstverständlich wird damit die Zulässigkeit der den einzelnen Gemeinden vorbehaltenen Entscheidungen im Rahmen der Verbandstätigkeit nicht in Frage gestellt, da es sich dabei nur um eine mittelbare, d. h. durch Vermittlung der Verbandsgemeinde ermöglichte Beteiligung der Stimmbürger an der Willensbildung des Verbandes handelt.

227 In diesem Sinne zur grundsätzlichen Frage der Beteiligung der Stimmberechtigten an der Willensbildung des Verbandes auch Jacques Meylan, 147.

228 Geschäftsbericht des Regierungsrates an den Zürcherischen Kantonsrat 1931, 468 = RRB 1333/1931.

229 Diese Überlegung ist im Kanton Zürich auch heute für den Verzicht einer ausführlichen Regelung des Zweckverbandsrechtes massgebend; vgl. dazu Bericht Zürich, 1875 f.

230 RRB 1333/1931.

231 Natsch, 168.

Auszugehen ist also von einer grundsätzlichen Zulässigkeit der Beteiligung der Gesamtheit der Stimmberechtigten an der Willensbildung des Verbandes [232]. Es sind jedoch Gründe der Zweckmässigkeit und nicht Überlegungen formal-rechtlicher Natur, die vielfach eine gemeindeartige Organisation des Zweckverbandes als fragwürdig erscheinen lassen. – In der Praxis des Kantons Zürich ist die gemeindemässige Struktur der Zweckverbände in letzter Zeit zur Seltenheit geworden.

bb) Die Komptenzen

Nach den uns bekannten Vereinbarungen von gemeindeähnlich organisierten Verbänden ist die „Kreisgemeindeversammlung" im wesentlichen für jene Fragen zuständig, welche bei den meisten anderen Zweckverbänden von den Mitgliedergemeinden selbst entschieden werden. Es handelt sich dabei vor allem um die Festsetzung des jährlichen Voranschlages, die Abnahme der Jahresrechnung, die Bewilligung von Ausgaben, die im Voranschlag nicht vorgesehen sind und einen bestimmten Minimalbetrag übersteigen [233]. Meistens erlässt die „Zweckverbandsversammlung" im Rahmen der Verbandstätigkeit aber auch Verordnungen über die Benützung der Gemeinschaftsanlage, über die Benützungsgebühren sowie die Besoldung der Mitglieder der Verbandsorgane und des Anlagepersonals [234]. Nur in einem einzelnen Fall wählte die sogenannte „Zweckverbandsgemeinde" einen Teil der Mitglieder des Exekutivorgans des Verbandes [235]. In den übrigen gemeindeähnlichen organisierten Verbänd-

---

232 Gleicher Ansicht Gygi, 146.

233 Art. 7 der Vereinbarung Wasserversorgungsverband 1; Art. 6 der Vereinbarung Schulverband 8; Art. 6 der Vereinbarung Friedhofverband 11.

234 Art. 6 lit. b und h der Vereinbarung Friedhofverband 11: Erlass einer Friedhoverordnung und einer Besoldungsverordnung; Art. 7 lit. d der Vereinbarung Wasserversorgungsverband 1: Erlass eines Reglementes für die Benützung der Wasserversorgung inklusive Tarif für die Wasserabgabe.

235 Art. 7 lit. e der Vereinbarung vom 25. 8. 1932 Wasserversorgungsverband 1.
– Sofern jede Verbandsgemeinde angemessen im Verbandsorgan vertreten ist und die von der Zweckverbandsversammlung gewählten zusätzlichen Mitglieder der Verbandskommission im Verbandsgebiet wohnen und in kommunalen Angelegenheiten stimmberechtigt sind, kann eine solche Lösung als zulässig anerkannt werden.

werden die Gemeindedelegierten laut Verbandsstatuten durch die Mitgliedergemeinden bzw. ihre Organe bestellt [236] oder gehören von Amtes wegen dem Zweckverbandsorgan an [237].

Interessant ist die Lösung des Zweckverbandes Stadel/Neerach, bei welchem gemäss § 5 Ziff. 2 der Statuten [238] die „Verbandsversammlung" nur in Erscheinung tritt, wenn die getrennt tagenden Gemeindeversammlungen der beiden Verbandsgemeinden in einer Verbandsangelegenheit nicht zu einem übereinstimmenden Entscheid kommen. Solche Differenzen in der Willensbildung sind durch die „Verbandsgemeindeversammlung" zu bereinigen. Dieses „Differenzbereinigungsverfahren" ist aus der besonderen Struktur des Verbandes zu erklären: Der Zweckverband Autobetrieb Stadel/Neerach besteht nur aus zwei Mitgliedern, und es wäre daher bei unterschiedlicher Willensäusserung der kommunalen Organe eine Mehrheitsbildung in Verbandsfragen ausgeschlossen. Um auch bei unterschiedlicher Willensbildung einen rechtskräftigen Verbandsbeschluss über die Abnahme der Jahresrechnung, der Krediterteilung und der Entschädigung der Kommissionsglieder zu ermöglichen, wird die „Verbandsgemeindeversammlung" als Schiedsorgan eingesetzt. Sie kommt nur ausnahmsweise zum Zuge, um eine Mehrheitsbildung zu ermöglichen und die Funktionstüchtigkeit des Verbandes aufrecht zu erhalten.

cc) Das Beschlussverfahren

Die allen Stimmberechtigten des Verbandsgebietes vorbehaltenen Entscheidungen sind, analog den Vorschriften der ordentlichen Gemeindeorganisation, regelmässig in der Versammlung zu fällen. In diesem Zusammenhang stellt sich jedoch

---

236 Z. B. Gesundheitsbehörden der Verbandsgemeinden als Wahlorgan: § 6 der Vereinbarung Friedhofverband 7; § 8 der Vereinbarung Friedhofverband 6.

237 Art. 6 der Vereinbarung Friedhofverband 8 (Präsidenten der politischen Gemeinden als Gemeindevertreter).

238 Zweckverband (Verschiedenes 9).

die Frage, ob solche Beschlüsse auch an der Urne getroffen werden könnten, und ob allenfalls die in § 116 des Zürcher Gemeindegesetzes aufgezählten Voraussetzungen für die Einführung der Gemeindeorganisation mit Urnenabstimmung auch beim Zweckverband zu berücksichtigen wären. Diese Fragestellung ist nicht nur theoretischer Natur, da sich eine Verbandsversammlung aus Platzgründen möglicherweise nur schwer durchführen lässt. — Zu diesem Problemkreis findet sich in der zürcherischen Zweckverbandspraxis folgendes Beispiel: Am 30. 11. 1969 führte der Friedhofverband Embrach, gestützt auf den damals neu in die kantonale Verfassung aufgenommenen Artikel 16 Abs. 4, in einer Urnenabstimmung aller Stimmberechtigten des Verbandsgebietes das Frauenstimm- und -wahlrecht für Verbandsangelegenheiten ein. Da die Verbandsstatuten der sogenannten „Friedhofkreisgemeinde" Embrach vom 29. 4. 1923 das Institut der Urnenabstimmung nicht kannten, hatte der Regierungsrat anlässlich der Genehmigung der Statutenänderung, welche die Einführung des Frauenstimmrechtes betraf, auch zu prüfen, ob das gewählte Willensbildungsverfahren zulässig war, oder ob die Änderung der Vereinbarung der „Friedhofkreisgemeindeversammlung" oder sogar den Gemeindeversammlungen der beiden Verbandsgemeinden getrennt zum Entscheid hätte unterbreitet werden müssen. In der Begründung des Genehmigungsbeschlusses [239] folgte der Zürcher Regierungsrat den Argumenten der Verbandskommission und anerkannte die Zulässigkeit der Urnenabstimmung. Er stellte fest, es sei sachlich vertretbar, wenn ein Zweckverband, der sich über ein Gebiet mit mehr als 4'000 Einwohnern erstrecke, in Anlehnung an das Kommunalrecht für Statutenänderungen das gleiche Verfahren wähle, wie es für die Änderung der Gemeindeordnung in Gemeinden mit mehr als 2'000 Einwohnern vorgesehen sei. — Dieser Schluss ist richtig, wenn von der grundsätzlichen Zulässigkeit der gemeindeartigen Organisation des Zweckverbandes auszugehen ist und damit implizit die Möglichkeit der analogen Anwendung der für die Gemeinden geltenden Vorschriften auf den Zweckverband anerkannt wird [240]. Beim Zweckverband ist derselbe praktische Grund anzuführen, welcher für die Einführung der Urnenabstimmung bei grösseren Gemeinden bestimmend war: die Bildung eines für die Körperschaft repräsentativen Willens [241]. Hat sich

---

239 RRB 198/1970 (Genehmigung der Statutenänderung Friedhofverband 2).

240 Mettler, Gemeinderecht 267 f. Ähnlich Streiff (S. 78 f. und 89), der unter der Herrschaft des alten Gemeinderechts (bis 14. 9. 1969) die Zulässigkeit der Urnenabstimmung bei Zweckverbänden anerkennt.

241 Bericht Zürich, 1870.

der Zweckverband eine gemeindeähnliche Organisation gegeben, so ist, analog der für die Gemeinden geltenden Lösung, auch beim Zweckverband die Einführung des Urnensystems für Entscheidungen, die den Stimmberechtigten aller Verbandsgemeinden vorbehalten sind, gerechtfertigt oder sogar notwendig. — Bei der Prüfung der Voraussetzungen für die Einführung der Urnenabstimmung ist die Gesamtbevölkerung des Verbandsgebietes und nicht der einzelnen Verbandsgemeinde zu berücksichtigen [242]. Diese Lösung ist ebenfalls als Folge der analogen Anwendung des Gemeindegesetzes auf den Zweckverband zu betrachten. Das Urnensystem kann u. E. auch ohne ausdrückliche Erwähnung durch die Statuten eingeführt werden, nachdem bei den gemeindemässig organisierten Zweckverbänden eine besonders enge Anlehnung an das Gemeinderecht gegeben erscheint. Dagegen ist die gemäss § 116 Abs. 1 Satz 1 des Zürcher Gemeindegesetzes für politische Gemeinden und Schulgemeinden geltende obligatorische Einführung der Urnenabstimmung für Zweckverbände nicht verbindlich, da der Zweckverband keine Gemeinde ist und deshalb vom Gemeinderecht abweichende Regelungen aufweisen kann [243]. — Im Falle der „Friedhofkreisgemeinde" Embrach hätte vom Regierungsrat aber noch geprüft werden müssen, ob die vorliegende Statutenänderung, d. h. die Einführung des Frauenstimm- und -wahlrechtes, überhaupt durch den Entscheid aller Stimmberechtigten des Verbandsgebietes ergehen durfte, oder ob sie zu jener Kategorie von Beschlüssen gehört, die nur durch Zustimmung jedes einzelnen Verbandsmitgliedes erfolgen kann [244]. Abschliessend ist festzuhalten, dass die gemeindeartige Organisation der Zweckverbände nicht nur durch die Praxis des Kantons Zürich entwickelt wurde, sondern auch in neueren Gemeindegesetzen, wie z. B. demjenigen des Kantons Bern, zu finden ist [245]. Nach der Beurteilung von *Gygi* [246] ist eine solche Regelung vielleicht unüblich, aber aus der Struktur des Zweckverbandes heraus nicht ausgeschlossen. *Gygi* verspricht sich „davon sogar besonders ausgeklügelte und gemeindeföderalistisch-demokratische Abstimmungsverfahren".

---

242 Streiff, 89.

243 Mettler, Gemeinderecht 270.

244 Zu dieser Frage im allgemeinen vgl. vorn S. 89 ff. — Folgen wir den dort angestellten Überlegungen, so kann die Einführung des Frauenstimm- und -wahlrechtes nicht als grundlegende Änderung der Verbandsorganisation betrachtet werden; sie darf also auch durch Beschluss eines Verbandsorganes, d.h. in unserem Fall durch Urnenabstimmung aller Stimmberechtigten des gesamten Verbandsgebietes, erfolgen.

245 Bern: Art. 142 Abs. 1 GG.

246 Gygi, 146.

b) Die „Delegiertenversammlung" und die „Verbandskommission"

Als Konsequenz des körperschaftlichen Charakters des Zweckverbandes muss dieser stets über ein Organ verfügen, das sich aus mindestens einem Vertreter jeder Verbandsgemeinde zusammensetzt [247]. Dieses Repräsentativorgan [248] ist, von jenen Funktionen einmal abgesehen, die bei den gemeindemässig organisierten Verbänden der sogenannten Verbandsversammlung und bei den übrigen Verbänden den einzelnen beteiligten Gemeinden bzw. den zuständigen kommunalen Organen vorbehalten sind, oberstes Organ des Zweckverbandes [249]. Seine besondere Stellung drückt sich darin aus, dass es über die wichtigsten Fragen des Zweckverbandes entscheidet und in der Regel bei mehrstufiger Verbandsorganisation die ihm nachgeordneten Verbandsorgane wählt [250]. Solche weiteren, untergeordneten Organe sind in den verschiedensten Formen und mit den verschiedensten Kompetenzen denkbar.

Im Kanton Zürich begnügt man sich bei kleineren Verbänden im allgemeinen mit einem Verbandsorgan, das meistens Bau- und Betriebskommission zugleich ist, und, soweit dem Verband auch Finanzkompetenzen zustehen, mit einer Rechnungsprüfungskommission [251]. Dieser Verbandstyp weist ein Minimum an organisatorischen Einrichtungen auf; in der Literatur wird daher von Mindestorganisation oder von der Grundform des Zweckverbandes gesprochen [252]. Sind die Mitglieder eines Verbandes sehr zahlreich, oder ist die Verbandstätigkeit komplexer Natur, so genügt diese einfache Struktur häufig den praktischen Bedürfnissen nicht mehr. In diesen Fällen wird die Delegiertenversammlung durch einen selbständigen „Ausschuss" bzw. „Vorstand", „Verwaltungsrat" oder durch die sogenannte „Kommission" ergänzt. Bei einer mehrstufigen Verbandsorganisation teilt sich das Grundorgan mit dem Exekutivorgan in die Verbandsaufgaben; die Delegiertenversammlung erfüllt

---

247 Zur Wahl und zum Verhältnis des Gemeindedelgierten zur Gemeinde im allgemeinen vgl. vorn S. 111 ff.

248 Wolff, II 263; Pagenkopf, Kommunalrecht 181.

249 Rübel, 148; A. Müller, 28; Pfisterer, 155. – Vgl. auch Bern: Art. 142 Abs. 1 GG und Aargau: § 89 Entwurf GG. – Zum obersten Zweckverbandsorgan in der Bundesrepublik Deutschland vgl. Seydel, 117; Gönnenwein, 435.

250 Neuhofer, 405.

251 **Vgl.** hinten S. 177 ff.

252 Pfisterer, 140, 144.

nur die wichtigsten grundlegenden Kompetenzen [253]. Es sind dies in der Regel sowohl beratende, beschliessende als eventuell auch vollziehende Funktionen.

Die ausführlichen kantonalen Zweckverbandsregelungen sehen immer zumindest eine zweistufige Verbandsstruktur vor [254]. Dabei tritt neben das Grundorgan stets ein Ausschuss, der im wesentlichen für den Vollzug der Vereinbarung kompetent ist. Seine Stellung wird häufig mit derjenigen der Gemeindeexekutive verglichen [255], während das Grundorgan dem Gemeindeparlament gleichgesetzt wird. Im allgemeinen werden auch die für die entsprechenden kommunalen Organe geltenden Verfahrensvorschriften als anwendbar erklärt [256].

aa) Die Zusammensetzung der Verbandskommission und der Delegiertenversammlung

In anderem Zusammenhang wurde bereits dargelegt, dass im Grundorgan des Zweckverbandes jedes Verbandsmitglied vertreten sein muss [257]. Diese grundlegendste Voraussetzung für die Zusammensetzung des obersten Verbandsorgans wird in den meisten ausführlichen kantonalen Zweckverbandserlassen ausdrücklich festgehalten [258]. Die Mehrzahl der uns bekannten deutschen Zweckverbandsgesetze enthalten ähnliche Regelungen [259].

---

253 Pfisterer, 156.
254 Jacques Meylan, 173. — Freiburg: Art. 7 ZVG; Neuenburg: Art. 72 GG; Waadt: Art. 116 GG; Bern: Art. 142 Abs. 1 GG; Aargau: § 88 Entwurf GG.
255 Neuenburg: Art. 78 Abs. 1 GG; Waadt: Art. 122 Abs. 1 GG.
256 Neuenburg: Art. 75 GG; Waadt: Art. 119 GG.
257 Vgl. vorn S. 112.
258 Freiburg: Art. 8 Abs. 1 ZVG; Neuenburg: Art. 73 lit. d GG; Waadt: Art. 117 GG.
259 Die Voraussetzung der notwendigen Vertretung jedes Verbandsgliedes war bereits im Preussischen Zweckverbandsgesetz vom 19. 7. 1911 enthalten; vgl. dazu Neuwiem, 15 ; auch die neueren Gesetze der deutschen Bundesländer statuieren diese Bedingung; vgl. z. B. Baden-Württemberg: § 12 Abs. 2 ZVG; Nordrhein-Westfalen: § 15 Abs. 1 KGG.

Da als Verbandsmitglieder nach geltendem schweizerischem Recht nur Gemeinden in Frage kommen, sind als Vollmitglieder des Grundorgans ausschliesslich Vertreter der Verbandsgemeinden wählbar [260]. Andere Personen — wir denken hier an spezifische Fachleute, die nicht in den Verbandsgemeinden wohnen — können ohne weiteres in beratender Funktion beigezogen werden.

Dem genossenschaftlichen Charakter des Zweckverbandes entspricht die Gleichordnung der Verbandsgemeinden, die, wenn sie absolute Geltung haben soll, in den Verbandsorganen durch gleiches Gewicht der einzelnen Gemeinden ihren Ausdruck finden müsste. Wie weit sich das Prinzip der Gleichheit in der Praxis durchzusetzen vermochte, muss auf Grund der uns vorliegenden kantonalen Zweckverbandserlasse und der Zweckverbandsstatuten entschieden werden. — Keines der uns bekannten Kommunalgesetze verpflichtet zur absoluten Gleichbehandlung der Verbandsgemeinden in den Zweckverbandsorganen [261]; einzelne Vorschriften verlangen sogar ausdrücklich eine den tatsächlichen Ungleichheiten der Verbandspartner entsprechende Abstufung der Stimmkraft im Grundorgan. So bestimmt beispielsweise das freiburgische Gesetz V vom 7. 5. 1963 zur Ergänzung des Gesetzes über die Gemeinden und Pfarreien vom 19. 5. 1894 (Zweckverbände) in Art. 8 Abs. 2, die Statuten hätten die Zahl der Gemeindevertreter unter Berücksichtigung der Bevölkerungsziffer und der Bedeutung des Unternehmens für jede Gemeinde festzulegen [262]. In anderen kantonalen Vorschriften werden das Prinzip der gleichen Vertretung jeder Gemeinde und das Prinzip der ungleichen Vertretung nach Massgabe der tatsächlichen Unterschiede nebeneinander verwendet [263]. Nach diesen Bestimmungen delegiert jede Gemeinde einerseits eine gleiche Anzahl von Gemeinderäten in das Grundorgan; anderseits hat sie aber zusätzlich eine von Gemeinde zu Gemeinde variable Zahl von Abgeordneten zu wählen. Auf Grund dieser Gesetzes-

---

260 Zur Frage des Gemeindevertreters im allgemeinen vgl. vorn S. 112 ff.

261 Jacques Meylan, 173. — Die Kommunalgesetze der Bundesrepublik Deutschland halten im allgemeinen nur das Erfordernis der Minimalvertretung jedes Verbandsgliedes fest (vgl. die in Anm. 259 dieses Kapitels zitierten Gesetzesbestimmungen); diese Vorschriften schliessen aber eine ungleiche Vertretung der Gemeinden in den Verbandsorganen nicht aus.

262 Der aargauische Entwurf zum Gesetz über die Einwohnergemeinden sieht in § 90 Abs. 1 eine Vertretung der Verbandsgemeinden nur nach Massgabe der Einwohnerzahl vor.

263 Neuenburg: Art. 73 lit. a und b GG; Waadt: Art. 117 lit. a und b GG. — Loude (S. 115) möchte diese Lösung immer verwirklicht sehen.

bestimmungen darf also nicht von einer rechtlichen Verpflichtung zur gleichmässigen Vertretung jeder Verbandsgemeinde im Grundorgan gesprochen werden.

Welches Vertretungsprinzip hat sich in denjenigen Kantonen durchgesetzt, welche nicht über ausführliche Zweckverbandsvorschriften verfügen? In den uns bekannten Verbandsstatuten des Kantons Zürich finden wir sowohl den Grundsatz der Gleichbehandlung der Verbandsglieder als auch das Prinzip der Berücksichtigung der tatsächlichen Ungleichheiten der Verbandsgemeinden bei der Zusammensetzung des Grundorganes verwirklicht. — In Zweckverbänden mit zweistufiger Organisationsform, d. h. in jenen Verbandstypen, die neben dem Grundorgan auch über ein zweites Organ verfügen, dem vorwiegend Exekutivfunktionen übertragen werden, ist das Grundorgan häufiger als bei Zweckverbänden mit einfacher Organisation nach dem Grundsatz der Gleichordnung der Verbandsglieder aufgebaut [264]. Besonders verbreitet ist dieses Vertretungsprinzip in jenen Verbänden, die keine grosse finanzielle Belastung der beteiligten Gemeinden mit sich bringen [265]. In den Zweckverbänden mit Minimalorganisation hat sich der Grundsatz der Gleichbehandlung der Verbandsmitglieder im Grundorgan seltener durchgesetzt [266]. Zahlreich sind dagegen die Beispiele, bei welchen die tatsächlichen Ungleichheiten der Verbandsgemeinden auch in der Vertretungsstärke im Grundorgan des Zweckverbandes zum Ausdruck kommen. Bei

---

264 Z. B. Kläranlagekommission des Abwasserreinigungsverbandes 6, die sich aus je 3 Vertretern jeder Verbandsgemeinde zusammensetzt (vgl. Art. 6 der Statuten).

265 Die meisten Verbände auf dem Gebiet des Schulwesens haben als Grundorgan eine Kommission, die sich aus je einem Vertreter der beteiligten Schulgemeinden zusammensetzt (vgl. z. B. Art. 5 der Statuten Schulverband 9; § 5 der Statuten Schulverband 13). — In die Vollversammlung der Amtsvormundschaftsverbände werden pro Verbandsgemeinde zwei Delegierte abgeordnet (vgl. z. B. Art. 4 der Statuten Amtsvormundschaftsverband 4). Gleiches gilt für die Regionalplanungsverbände (vgl. z. B. § 6 der Statuten Regionalplanungsverband 3).

266 Z. B. im Abwasserreinigungsverband 21 je ein Vertreter pro Gemeinde (vgl. Art. 7 der Statuten), obschon die Anteile der Verbandsgemeinden an den effektiven Baukosten der zentralen Kläranlage zwischen 2, 22 und 35,08 % schwanken (vgl. Art. 24 der Statuten); ebenso im Spitalverband 2 je zwei Vertreter pro Gemeinde in der Kommission (vgl. § 7 der Statuten), auch wenn sich der Kostenverteiler zwischen 1,82 und 31,17 % bewegt (vgl. § 26 der Statuten).

den Abwasserreinigungsverbänden richtet sich die Grösse der Gemeindevertretungen im allgemeinen nach der Benützungsintensität der Gemeinschaftsanlage durch die einzelne Verbandsgemeinde [267]. Nach demselben Gesichtspunkt berechnet sich die Delegationsstärke der Verbandsgemeinden bei den Wasserversorgungsverbänden [268]. Ebenso wird bei den Schulverbänden zum Teil die effektive Schülerzahl für die Grösse der Gemeindedelegation berücksichtigt [269]. Ein weiteres wichtiges Kriterium, nach dem sich das Vertretungsverhältnis im Grundorgan bestimmen lässt, ist die Einwohnerzahl der beteiligten Gemeinden. Dieser Regel folgen mehrere Kehrichtbeseitigungsverbände [270] und Kirchenverbände [271]. Als letzte Möglichkeit einer Berechnungsgrundlage für die Zusammensetzung des Grundor-

---

[267] Beim Abwasserreinigungsverband 4 ordnen die Gemeinde Opfikon drei und die Gemeinde Kloten zwei Vertreter in das Grundorgan ab (vgl. Art. 4 der Statuten). Nach Art. 17 der Vereinbarung entfallen 100 l/s Trockenwetteranfall auf Kloten und 135 l/s Trockenwetteranfall auf Opfikon. – Ähnliche Berechnungsgrundlagen gelten für den Abwasserreinigungsverband 10, in welchem die Gemeinde Adliswil durch drei, die Gemeinde Langnau durch zwei und die Gemeinde Thalwil durch einen Abgeordneten vertreten sind (vgl. Art. 6 der Statuten); Adliswil kann Abwasser von 11'500 Einwohnern, Langnau von 3'500 Einwohnern und Thalwil von 1'000 Einwohnern der gemeinsamen Anlage zuleiten.

[268] Vgl. z. B. Wasserversorgungsverband 5: Gemäss Art. 5 der Statuten bestimmt sich die Zahl der Abgeordneten der einzelnen Verbandsgemeinden nach den Wasserbezugsrechten: bis 50 l/s ein Abgeordneter; 50–100 l/s zwei Abgeordnete; über 100 l/s drei Abgeordnete.

[269] Schulverband 17: Gemäss § 4 a der Vereinbarung setzt sich die Kommission aus je einem Abgeordneten der angeschlossenen Gemeinden zusammen; für je 400 Schüler oder einen Bruchteil davon ist ein weiterer Vertreter pro Gemeinde zu wählen.

[270] Z. B. Kehrichtbeseitigungsverband 2: Gemäss Art. 11 der Statuten stellt jede Verbandsgemeinde pro 5'000 Einwohner oder einen Bruchteil davon einen Vertreter; massgebend für die Berechnung ist das Ergebnis der letzten eidgenössischen Volkszählung.

[271] Z. B. Kirchenverband 2: Gemäss § 9 der Statuten berechtigen je 2'500 evangelisch-reformierte Einwohner und Bruchteile über 1'250 Einwohner zur Abordnung eines Gemeindedelegierten.

gans seien die finanziellen Beitragsleistungen der Verbandsgemeinden an die Verbandsaufwendungen erwähnt [272]; dabei handelt es sich um eine in Anlehnung an das Recht der privatrechtlichen Kapitalgesellschaften geschaffene Lösung. Jede der genannten Berechnungsgrundlagen für die Vertretungsstärke der einzelnen Gemeinde im Grundorgan ermöglicht eine fortwährende Apassung an die tatsächlichen Verhältnisse der Verbandsgemeinden. — Die ausführlichen kantonalen Kommunalgesetze enthalten in der Regel keine festen Vertretungsregeln für das Grundorgan. Nach den kantonalen Vorschriften können die tatsächlichen Ungleichheiten der Verbandsmitglieder, wie bereits festgestellt, unter den verschiedensten Gesichtspunkten berücksichtigt werden [273].

Den verschiedenen praktischen Möglichkeiten für die Bestimmung des Vertretungsverhältnisses der Verbandsgemeinden im Grundorgan liegt, abstrakt formuliert, stets das Interesse der einzelnen beteiligten Gemeinde an der Erfüllung des Verbandszweckes zugrunde [274]. Dieses Interesse ist nicht immer leicht zu definieren oder gar in Zahlen zu fassen, und es gehört daher zu den schwierigsten Aufgaben bei der Verbandsgründung, ein den tatsächlichen Ungleichheiten der Verbandsgemeinden angemessenes Verhältnis der Stimmkraft zu finden [275]. Das massgebende Kriterium für den Verteilungsschlüssel wird weitgehendst von der Verbandsaufgabe bestimmt. So ist es bei einer Vielzahl von Verbänden naheliegend, auf die Benützungsintensität, d. h. auf die Inspruchnahme der gemeinsamen Anlage durch die einzelne Gemeinde

---

272 Z. B. Spitalverband 1: Gemäss § 7 der Vereinbarung besteht die Spitalkommission aus mindestens einen Abgeordneten jeder Verbandsgemeinde. Übersteigt der Beitrag einer Gemeinde 10 % der Gesamtausgaben, so stehen ihr zwei Abgeordnete zu, übersteigt er 20 %, drei. Die Zahl der Abgeordneten wird jeweils zu Beginn einer Amtsdauer auf Grund der statutarischen Leistungen der Gemeinden an das Betriebsdefizit des Vorjahres festgelegt.

273 Eine ähnliche Vielfalt an Kriterien für den Verteilungsschlüssel, wie sie die Beispiele im Kanton Zürich zeigen, nennt bereits das Preussische Zweckverbandsgesetz in § 12 Abs. 2: die Einwohnerzahl der Verbandsgemeinden, das Verhältnis der Beteiligung an den vom Zweckverband zu erfüllenden Aufgaben, die Steuerkraft der Verbandsgemeinden; vgl. dazu Neuwiem, 155.

274 Loude, 116.

275 Rothe, Zusammenarbeit 82.

abzustellen. Die Gemeindedelegation im Grundorgan von Abwasserreinigungsverbänden wird daher in der Regel auf der Basis der zugeleiteten Abwassermenge [276], die ihrerseits wieder von der der Anlage angeschlossenen Bevölkerungszahl abhängig ist, berechnet. Grundsätzlich werden aber alle Gemeinden eine ihren Beitragsleistungen angemessene Vertretung im Grundorgan beanspruchen, und es ist Aufgabe jeder Zweckverbandsorganisation, den Ausgleich zwischen finanziellem Aufwand und Mitbestimmung in Verbandsangelegenheiten zu schaffen [277].

Im Unterschied zur Bundesrepublik Deutschland [278] sehen die kantonalen Gesetze kein mehrfaches Stimmrecht der Vertreter der Verbandsmitglieder vor. Auch die Zweckverbandspraxis des Kantons Zürich hält sich an diese Regel, wonach auf einen Abgeordneten nur eine Stimme entfällt. Offenbar weichen aber die Lösungen einzelner Kantone in dieser Hinsicht vom Regelfall ab [279]. — Die Entsendung mehrerer Delegierter durch die einzelne Verbandsgemeinde muss im allgemeinen schon aus politischen Gründen der Abordnung eines einzelnen Vertreters mit mehrfacher Stimme vorgezogen werden. Das politische Kräfteverhältnis in der einzelnen Gemeinde kann nämlich nur bei der Wahl mehrerer Gemeindeabgeordneter einigermassen berücksichtigt werden [280]. Im übrigen wird eine Gemeinde durch mehrere Delegierte häufig eine differenziertere Meinung zu einzelnen Verbandsproblemen zum Ausdruck bringen können [281].

---

276 Pfisterer, 161.
277 Seydel, 120.
278 Z. B. Bayern: Art. 32 Abs. 1 KZG. — Die Regelung wurde wohl dem privatrechtlichen Aktienrecht nachgebildet, wo sich die Anzahl der Stimmen des Aktionärs nach der Grösse des Aktienpaketes richtet. Nach Rothe (Zusammenarbeit, 82) soll durch das „abgestufte" Stimmrecht eine allzu grosse Verbandsversammlung verhindert werden.
279 Vgl. dazu das bei Pfisterer (S. 161, Anm. 151) erwähnte Beispiel im Kanton Uri.
280 Schön/Schneider, 48.
281 Jacques Meylan, 173.

Um im Grundorgan eine Majorisierung der Verbandspartner durch eine einzelne Verbandsgemeinde zu verhindern, statuieren einzelne Kommunalgesetze Schranken der Vertretungsstärke [282]. So soll im allgemeinen in Verbänden, denen mehr als zwei Gemeinden angehören, keiner von ihnen die Mehrheit der Stimmen im Grundorgan eingeräumt werden [283]; mit dieser Regelung wird die beherrschende Stellung eines Verbandsmitgliedes ausgeschlossen. Ein ähnliches Resultat kann auch durch das Erfordernis eines qualifizierten Mehrs für bestimmte Entscheide des Grundorgans erreicht werden.

bb) Die Kompetenzen des Grundorgans

Einzelne kantonale Gesetze umschreiben die Befugnisse des Grundorgans näher. Ein grösserer Teil der gesetzlichen Vorschriften nennt in erster Linie organisatorische Kompetenzen der Verbandskommission, wie beispielsweise, dass sie sich selbst konstituiert, ihren Präsidenten, Vizepräsidenten und Sekretär bezeichnet sowie die Mitglieder des Exekutivorgans wählt [284]. Zu den grundsätzlichen Kompetenzen des Grundorgans gehört aber auch der Erlass von Vollzugsbestimmungen über die Erfüllung der Verbandsaufgabe [285], die Abnahme des Budgets und der Beschluss über Ausgaben. Das Grundorgan hat auch die Möglichkeit, einzelne Befugnisse an andere Verbandsorgane abzutreten [286]. Der aargauische Entwurf zum Gemeindegesetz enthält einen sehr ausführlichen Kompetenzkatalog der Abgeord-

---

282 Schon das Preussische Zweckverbandsgesetz vom 19. 7. 1911 forderte, dass in Zweckverbänden mit mehr als drei Verbandsgliedern die Abgeordnetenzahl eines Verbandspartners im allgemeinen hinter der Hälfte der Gesamtzahl der Gemeindevertreter zurückbleiben solle.

283 Bern: Art. 142 Abs. 3 GG. Ähnliche Regelungen haben Freiburg: Art. 8 Abs. 3 ZVG, Graubünden: Art. 54 lit. h GG und Aargau: § 90 Abs. 1 Entwurf GG.

284 Freiburg: Art. 9 ZVG; Neuenburg: Art. 75 Abs. 2 GG; Waadt: Art. 119 GG.

285 Zur Rechtsetzungsbefugnis der Verbandsorgane im allgemeinen vgl. vorn S. 93 f.

286 Freiburg: Art. 9 Abs. 4 ZVG; Waadt: Art. 119 Abs. 4 GG.

netenversammlung, wonach zu ihren Zuständigkeiten insbesondere gehören: „a) die Wahl des Vorstandes aus dem Kreis ihrer Mitglieder; b) die Wahl ihres Präsidenten und Vizepräsidenten, die gleichzeitig Präsident und Vizepräsident des Vorstandes sind und diesem angehören müssen; c) die Wahl ihres Aktuars, der auch Aktuar des Vorstandes ist, diesem oder der Abgeordnetenversammlung aber nicht angehören muss; d) die Wahl der Kontrollstelle; e) die Beschlussfassung über den nachträglichen Beitritt von Gemeinden, über Änderungen der Satzungen und über die Auflösung des Verbandes; f) die alljährliche Festlegung des Voranschlages; g) die Entgegennahme des Rechenschaftsberichtes sowie der Jahresrechnungen und die Beschlussfassung über sie; h) die Beschlussfassung über die Errichtung der zur Erfüllung des Verbandszweckes notwendigen Bauten, Werke und Unternehmungen, über die Finanzierung derselben und über die von den angeschlossenen Gemeinden im Rahmen der Satzungen zu leistenden Kostenanteile; i) die Beschlussfassung über Verpflichtungskredite und neue jährlich wiederkehrende Ausgaben; k) bei Regionalplanungsgruppen die Beschlussfassung über die Regionalpläne; l) der Erlass von Rechtssätzen; m) die Festlegung der Besoldung des Personals und der Entschädigungen der Mitglieder der Verbandsorgane; n) der Erlass von Dienstreglementen für das Verbandspersonal; o) bei schwerer Pflichtversäumnis und bei Untüchtigkeit die Entlassung der von ihr gewählten Funktionäre; p) die Vergebung von Arbeiten und die Aufnahme von Darlehen, Anleihen und Krediten, sofern nicht nach den Satzungen der Vorstand zuständig ist; q) alle weiteren ihr durch die Satzungen übertragenen Aufgaben"[287].

Bei einzelnen Zürcher Zweckverbänden wird für die Bauzeit der gemeinsamen Anlage nicht das reguläre Grundorgan, sondern eine spezielle Baukommission mit entsprechenden Kompetenzen eingesetzt[288], in anderen Verbandsstatuten werden

---

287 Aargau: § 91 lit. a – q Entwurf GG.

288 Z. B. § 4 Abs. 3 der Statuten Abwasserreinigungsverband 3; § 5 Abs. 1 der Statuten Abwasserreinigungsverband 11; § 8 der Statuten Wasserversorgungsverband 2; Art. 5 der Statuten Wasserversorgungsverband 6; § 3 Abs. 2 und § 8 der Zweckverbandsstatuten (Verschiedenes 7).

dem Grundorgan für die Bauperiode besondere Befugnisse eingeräumt [289]. – In den Verbänden mit einstufiger Organisation hat die Verbandskommission, soweit nicht die Verbandsgemeinden bzw. ihre Organe zuständig sind, alle für die Erfüllung der gemeinsamen Aufgaben notwendigen Befugnisse; insbesondere obliegt ihr die Leitung und Beaufsichtigung des Gemeinschaftswerkes, der Vollzug von Beschlüssen der Verbandsgemeinden, die Wahl des Verbandspersonals, die Festsetzung seiner Besoldung und der Erlass von Dienstanweisungen, die Aufstellung des jährlichen Voranschlages, die Vorbereitung besonderer Ausgabenbeschlüsse zuhanden der Organe der Verbandsgemeinden sowie die Verabschiedung der Bau- und Betriebsrechnung und die Erstattung eines Geschäftsberichtes zuhanden der Verbandsgemeinden [290]. Aus seiner Stellung in der Verbandsorganisation heraus steht dem Grundorgan auch die Führung von Prozessen für den Verband, insbesondere

---

[289] Z. B. Art. 5 der Statuten Abwasserreinigungsverband 1: „Während des Baues der Abwasserreinigungsanlage und der zugehörigen Einrichtungen sowie bei allfälligen Erweiterungsbauten hat die Kläranlagekommission insbesondere folgende Aufgaben: 1. der Erwerb des erforderlichen Grundeigentums; 2. die Einholung der notwendigen Bewilligungen und der Abschluss der erforderlichen Rechtsgeschäfte; 3. die Vergebung der Bauarbeiten und Lieferungen; 4. die Überwachung der Bauarbeiten; 5. die Festsetzung des Zeitpunktes der Inbetriebnahme der Anlage; 6. die Verabschiedung der Baurechnung zuhanden der Organe der Verbandsgemeinden". Ähnlich Art. 5 der Statuten Abwasserreinigungsverband 4; Art. 13 lit. a der Statuten Abwasserreinigungsverband 16 (in diesem Beispiel wird als zusätzliche Aufgabe die provisorische Anstellung des Klärwartes genannt); Art. 21 lit. b der Statuten Kehrichtbeseitigungsverband 3; § 14 lit. a der Statuten Kehrichtbeseitigungsverband 5.

[290] Z. B. Art. 6 der Statuten Abwasserreinigungsverband 4; Art. 6 der Statuten Abwasserreinigungsverband 5; Art. 9 der Statuten Wasserversorgungsverband 1. – Die Kompetenzen des Grundorgans können auch allgemein umschrieben sein: „Die Kommission vertritt den Verband in allen Angelegenheiten, die mit der Projektierung, dem Bau und Betrieb der Wasserversorgung Hohenasp zusammenhängen. Sie ist insbesondere bevollmächtigt, die für den Bau erforderlichen Rechtsgeschäfte abzuschliessen, wie Erwerb von Land und Durchleitungsrechten, Vergebung von Arbeiten, Anschaffung von Betriebsmaterialien usw." (vgl. Art. 7 der Statuten Wasserversorgungsverband 4).

die Ernennung eines Prozessvertreters zu [291]. Die Festsetzung der Berechnungsgrundlage für den Betriebskostenverteiler, d. h. die Bestimmung der für die Berechnung der Kostenanteile der Gemeinden massgebenden Zahlen und der entsprechenden Stichtage, kann ebenfalls dem Grundorgan übertragen sein [292]. Häufig erwähnen die Statuten, dass dem Grundorgan alle jene Geschäfte übertragen sind, die nicht ausdrücklich anderen Organen des Verbandes zugewiesen wurden [293]. — In mehrstufigen Verbänden gehört die Oberaufsicht über die Verwaltung der Gemeinschaftseinrichtung sowie über die nachgeordneten Verbandsorgane und Hilfspersonen zu den Pflichten des Grundorgans [294]. Die Mitglieder des Exekutivorgans werden im allgemeinen bei mehrstufiger Zweckverbandsorganisation vom Grundorgan aus seiner Mitte gewählt [295]. Ebenso ist diesem häufig die Wahl der Rechnungsprüfungskommission übertragen [296].

Im übrigen hat das Grundorgan im Rahmen der Verbandstätigkeit regelmässig gewisse Finanzkompetenzen, die in einer stets sich wiederholenden Formulierung umschrieben werden. Die entsprechenden Bestimmungen der Statuten unterscheiden sich nur in der Höhe der Beträge, die der Beschlussfassung des Verbandsorganes unterliegen. Das folgende Zitat einer Zweckverbandsvorschrift mag als Beispiel der zahlreichen, gleichlautenden Umschreibungen der Finanzkompetenzen des Grund-

---

291 Ausdrücklich z. B. Art. 11 lit. a Ziff. 7 der Statuten Abwasserreinigungsverband 7; Art. 21 lit. a Ziff. 16 der Statuten Kehrichtbeseitigungsverband 3.

292 Z. B. Art. 7 lit. k der Statuten Abwasserreinigungsverband 6; Art. 8 lit. q der Statuten Kehrichtbeseitigungsverband 4.

293 Z. B. Art. 7 lit. 1 der Statuten Abwasserreinigungsverband 6; § 10 der Statuten Abwasserreinigungsverband 11; Art. 12 der Statuten Abwasserreinigungsverband 12.

294 Z. B. Art. 11 lit. a Ziff. 1 der Statuten Abwasserreinigungsverband 7; Art. 18 lit. a Ziff. 5 der Statuten Abwasserreinigungsverband 15; Art. 9 lit. a der Statuten Kehrichtbeseitigungsverband 1.

295 Z. B. Art. 9 lit. c der Statuten Kehrichtbeseitigungsverband 1; Art. 14 lit. a der Statuten Kehrichtbeseitigungsverband 2; Art. 8 lit. 1 der Statuten Kehrichtbeseitigungsverband 4; § 13 lit. i der Statuten Kehrichtbeseitigungsverband 5; Art. 6 Ziff. 8 der Statuten Schulverband 17; § 10 der Statuten Amtsvormundschaftsverband 3; § 8 lit. c der Statuten Spitalverband 1.

296 Z. B. Art. 9 lit. e der Statuten Kehrichtbeseitigungsverband 1; § 8 lit. d der Statuten Spitalverband 1.

organes dienen: „Die Kläranlagekommission beschliesst in eigener Kompetenz über:

1. Auslagen, die im Voranschlag enthalten sind oder die zwingende Folge des Vollzuges von Bestimmungen der Zweckverbandsvereinbarung oder früherer Verbandsbeschlüsse darstellen, wie z. B. dringende Reparaturen;
2. Ausgaben, die den Voranschlag übersteigen sowie neue einmalige Ausgaben, die im Voranschlag nicht vorgesehen sind, und zwar im Einzelfall bis zu Fr. 10'000.–, höchstens aber im Gesamtbetrag von Fr. 30'000.– pro Jahr;
3. Neue jährlich wiederkehrende Ausgaben im Einzelfall bis zu Fr. 1'000.–, höchstens aber bis zum Gesamtbetrag von Fr. 2'000.– pro Jahr"[297].

cc) Das Beschlussverfahren

Das Grundorgan wird in einzelnen kantonalen Gesetzen dem Gemeindeparlament gleichgesetzt, und es werden die dafür geltenden Verfahrensvorschriften als anwendbar erklärt[298]. Nach verschiedenen kantonalen Vorschriften entscheidet die Verbandskommission mit einfachem Mehr[299]. Eine ausführlichere Regelung des Geschäftsganges von Verbandsorganen findet sich nur im aargauischen Entwurf zu einem neuen Gemeindegesetz, wo die Einberufung der Abgeordnetenversammlung, der Ausstand der Mitglieder sowie der Verhandlungsgang im einzelnen festgelegt werden[300].

---

[297] Art. 15 der Statuten Abwasserreinigungsverband 23; ähnliche Formulierungen z. B. in § 13 lit. f und g der Statuten Kehrichtbeseitigungsverband 5; Art. 8 der Statuten Wasserversorgungsverband 7; Art. 7 der Statuten Schulverband 9. – Zur Höhe der den Verbandsorganen übertragenen Finanzkompetenzen vgl. die in Anm. 178 dieses Kapitels erwähnten Zahlen.

[298] Neuenburg: Art. 75 Abs. 1 GG; Waadt: Art. 119 Abs. 1 GG.

[299] Z. B. Bern: Art. 142 Abs. 2 GG; Freiburg: Art. 10 Abs. 1 ZVG; Neuenburg: Art. 76 GG; Waadt: Art. 120 GG.

[300] Vgl. Aargau: §§ 92 ff. Entwurf GG.

Auf die Geschäftsführung des Grundorgans wird nach der ausdrücklichen Formulierung mehrerer zürcherischer Zweckverbandsstatuten das Gemeinderecht angewendet [301]. Im allgemeinen sind auch in den Zürcher Verbänden Beschlüsse des Grundorgans mit einfachem Mehr der anwesenden Mitglieder zu fassen [302]; häufig wird jedoch eine qualifizierte Anwesenheit von Gemeindedelegierten vorausgesetzt [303]. Das Grundorgan konstituiert sich in der Regel selbst. In einzelnen Fällen stellt aber eine bestimmte Verbandsgemeinde den Präsidenten [304].

2. Das Exekutivorgan bei mehrstufiger Verbandsorganisation

Für das Exekutivorgan werden in Gesetz und Zweckverbandsstatuten die verschiedensten Bezeichnungen, wie z. B. Vorstand, Ausschuss, Verwaltungsrat oder Kommission verwendet.

Nach den verschiedenen ausführlichen kantonalen Kommunalgesetzen sind auf das Exekutivorgan eines Zweckverbandes sinngemäss jene Vorschriften anzuwenden, welche die Gemeindeexekutive betreffen [305]. Ähnliche Regelungen enthalten auch die Zürcher Zweckverbandsstatuten [306].

---

301 Vgl. die in Anm. 55 des 3. Kapitels erwähnten Beispiele.

302 Z. B. § 4 der Statuten Abwasserreinigungsverband 3.

303 Vgl. z. B. Art. 7 der Statuten Abwasserreinigungsverband 4: Die Kommission ist beschlussfähig, wenn mindestens 3 Mitglieder anwesend sind und jede Gemeinde vertreten ist. Ähnlich lautet die Regelung von Art. 4 der Statuten Abwasserreinigungsverband 6 (die Anwesenheit der Hälfte der Mitglieder und die Vertretung aller Gemeinden ist für die Beschlussfähigkeit der Kommission erforderlich).

304 Vgl. z. B. § 5 Abs. 2 der Statuten Abwasserreinigungsverband 11 (in diesem Beispiel stellt die Gemeinde Dübendorf immer den Präsidenten der Kommission).

305 Z. B. Neuenburg: Art. 78 Abs. 1 GG; Waadt: Art. 122 Abs. 1 GG; Aargau: § 99 Abs. 2 Entwurf GG.

306 Z. B. Art. 10 der Statuten Kehrichtbeseitigungsverband 2.

a)   Die Wahl der Mitglieder

Der Vorstand wird regelmässig durch das Grundorgan des Zweckverbandes bestellt [307]. Nur in Ausnahmefällen wählen die Verbandsgemeinden bzw. deren Organe die Mitglieder des Exekutivorgans [308]. Häufig halten die Statuten ausdrücklich fest, dass eine Gemeinde nicht durch mehr als ein Mitglied im Ausschuss vertreten sein soll [309]. Vielfach werden die Vorstandsmitglieder aus der Mitte des Grundorgans bestimmt [310], was aber nicht notwendigerweise der Fall sein muss [311]. Der Präsident und der Vizepräsident bzw. der Aktuar des Grundorgans nehmen im allgemeinen die gleiche Funktion auch im Exekutivorgan ein [312]. Diese Lösung ist u. E. sinnvoll, da vor allem die Personalunion des Präsidenten von Grundorgan und Exekutivorgan die Effizienz der Verbandsorgane vergrössert und ihre gegenseitige Information erleichtert. Eine Zeitlang hat die Zürcher Direktion des Innern aus Gründen der Gewaltentrennung von einer solchen Regelung abgeraten [313], und so haben ein-

---

[307] Vgl. vorn S. 170 und z. B. Freiburg: Art. 11 ZVG; Neuenburg: Art. 77 GG; Waadt: Art. 121 Abs. 1 GG; Aargau: § 91 lit. a Entwurf GG.

[308] Im Abwasserreinigungsverband 2 wählen beispielsweise die Gemeinderäte der Verbandsgemeinden die Mitglieder des Vorstandes (vgl. §§ 8 und 9 der Statuten), ebenso im Altersheimverband 7 (vgl. Art. 14 der Statuten).

[309] Vgl. z. B. Art. 12 der Statuten Kehrichtbeseitigungsverband 1; Art. 16 Abs. 1 der Statuten Kehrichtbeseitigungsverband 2.

[310] Z. B. Art. 16 Abs. 1 der Statuten Kehrichtbeseitigungsverband 2; Art. 7 der Statuten Schulverband 11; Art. 15 Abs. 1 der Statuten Spitalverband 4; § 8 der Statuten Kirchenverband 3.

[311] Z. B. Art. 9 lit. d der Statuten Kehrichtbeseitigungsverband 1: Der Betriebskommission steht die Wahl der 7 Mitglieder des Verwaltungsrates zu, die nicht der Betriebskommission angehören müssen; ähnlich § 10 der Statuten Kehrichtbeseitigungsverband 4.

[312] Vgl. z. B. Art. 12 der Statuten Kehrichtbeseitigungsverband 1; Art. 17 der Statuten Kehrichtbeseitigungsverband 2; Art. 12 der Statuten Kehrichtbeseitigungsverband 4; Art. 7 der Statuten Schulverband 11; § 15 der Statuten Spitalverband 2.

[313] Vgl. vorn S. 97 und Pfisterer, 175.

zelne Verbandsstatuten ausdrücklich festgelegt, dass die Mitglieder des Exekutivorgans nicht gleichzeitig dem Grundorgan angehören dürfen [314]. Heute wird diese Praxis im Kanton Zürich aber nicht mehr konsequent verfolgt. Im übrigen gelten für die Mitglieder des Vorstandes die gleichen Wahlvoraussetzungen wie für die Mitglieder des Grundorgans, d. h. für die Gemeindedelegierten [315]. — Nach den ausführlicheren Kommunalgesetzen einiger Kantone muss sich das Exekutivorgan eines Zweckverbandes aus mindestens drei Mitgliedern zusammensetzen [316]. Auch die Zürcher Zweckverbandsstatuten legen jeweils die genaue Anzahl der Vorstandsmitglieder fest. Einzelne Vereinbarungen bestimmen sogar, wieviel Mitglieder von jeder Gemeinde zu stellen sind [317], oder welcher Gemeinde ein ständiger Sitz im Vorstand einzuräumen ist [318].

b) Die Kompetenzen des Exekutivorgans

Der Verbandsausschuss übernimmt die Ausübung der ihm von den Statuten oder vom Grundorgan überwiesenen Kompetenzen. Soweit sich die kantonalen Gesetze über die Befugnisse des Ausschusses äussern, übertragen sie ihm ausdrücklich die Vorbereitung der vom Grundorgan zu fassenden Beschlüsse, die Ausführung der Beschlüsse des Grundorgans, die Vertretung des Verbandes nach aussen inkl. Prozessvertretung des Verbandes und die Bezeichnung des Personals, das zur Ausführung der Verbandsaufgaben notwendig ist [319]. Gelegentlich werden die Aufgaben des

---

314 Vgl. z. B. Art. 11 der Statuten Schulverband 19; Art. 14 der Statuten Altersheimverband 7; Art. 11 der Statuten Kirchenverband 10.

315 Vgl. vorn S. 116 ff.

316 Freiburg: Art. 11 ZVG; Waadt: Art. 121 Abs. 1 GG.

317 Vgl. z. B. Art. 9 der Statuten Abwasserreinigungsverband 6 (je 2 Vertreter der Gemeinden Schaffhausen und Neuhausen sowie je 1 Vertreter der Gemeinden Feuerthalen und Flurlingen).

318 Z. B. § 10 Abs. 1 der Statuten Kehrichtbeseitigungsverband 5 (". . . der Gemeinde Bülach soll jedoch ein ständiger Sitz zuerkannt werden, während die übrigen Mandate möglichst gleichmässig auf die Region zu verteilen sind".)

319 Freiburg: Art. 12 ZVG; Neuenburg: Art. 78 Abs. 2 GG; Waadt: Art. 122 GG; Aargau: § 99 Entwurf GG.

Verbandsvorstandes auch ganz allgemein als den Befugnissen der Gemeindeexekutive analoge Kompetenzen bezeichnet [320]. Der aargauische Entwurf zu einem Gemeindegesetz ergänzt den Kompetenzkatalog des Exekutivorganes folgendermassen: Die Verwaltung des Verbandsvermögens, die Führung der Verbandsrechnungen und die alljährliche Rechnungsablage sowie die alljährliche Erstattung eines Rechenschaftsberichtes über die Verbandtätigkeit und dessen Vorlage an die Abgeordnetenversammlung, der Erwerb der zur Erfüllung des Verbandszweckes notwendigen Eigentums- und anderen dinglichen Rechte, die Einreichung von Subventionsgesuchen, die Erhebung von Gebühren und Beiträgen sowie das Einfordern der den angeschlossenen Gemeinden obliegenden Leistungen und alle weiteren, nicht ausdrücklich der Abgeordnetenversammlung zustehenden Aufgaben werden zusätzlich zu den oben erwähnten Befugnissen ausdrücklich dem Vorstand vorbehalten [321]. In den Zürcher Verbandsstatuten wird das Exekutivorgan gelegentlich als allgemeines Ausführungs- und Vollzugsorgan bezeichnet [322]. Nach der ausführlichen Vereinbarung des Zweckverbandes für die Kehrichtverwertung im Zürcher Oberland [323] werden dem als Verwaltungsrat bezeichneten Exekutivorgan folgende Aufgaben ausdrücklich übertragen:

„1. Beschlussfassung über die im Voranschlag enthaltenen Ausgaben, soweit sie zu ihrem Vollzug nicht eines besonderen Beschlusses der übergeordneten Verbandsorgane bedürfen;

2. Beschlussfassung über Ausgaben ausserhalb des Voranschlages, welche die zwingende Folge von Bestimmungen dieser Vereinbarung oder besondern Beschlüssen der Betriebskommission, von gesetzlichen Vorschriften und richterlichen Urteilen sind;

3. Beschlussfassung, welche die Bestimmungen dieser Vereinbarung in die Zuständigkeit des Verwaltungsrates weisen;

4. Beschlussfassung über dringliche, unaufschiebbare Ausgaben, die zur Aufrechterhaltung des Betriebes notwendig sind;

5. Beschlussfassung über neue einmalige Ausgaben, die im Voranschlag nicht enthalten sind und im Einzelfall Fr. 50'000.– und pro Jahr Fr. 100'000.– nicht übersteigen, ...;

---

320 Neuenburg: Art. 78 Abs. 2 GG; Waadt: Art. 122 Abs. 1 GG.
321 Aargau: § 99 Abs. 1 lit. c, d, g, h, i Entwurf GG.
322 Vgl. z. B. Art. 12 der Statuten Kehrichtbeseitigungsverband 1.
323 Art. 14 lit. b der Statuten Kehrichtbeseitigungsverband 1.

6. Beschlussfassung über neue, jährlich wiederkehrende Ausgaben bis zu Fr. 5'000.– im Einzelfall, ausgenommen Besoldungen;
7. die Festsetzung der Berechnungsgrundlagen für den Transportkostenausgleich;
8. die Anstellung, Entschädigung und Aufsicht des Personals im Rahmen des Besoldungsreglementes;
9. die Verwaltung des Verbandsvermögens und die Beschaffung von Bankkrediten für Betrieb und Ausbau im Rahmen der Voranschläge;
10. die Ausführung der Beschlüsse der Betriebskommission;
11. die Vorbereitung der Versammlungen der Betriebskommission und deren Geschäfte, wie Voranschlag, Betriebsrechnung, Baurechnung, Geschäftsbericht;
12. die Erhebung gerichtlicher Klagen bei Streitwerten bis zu Fr. 50'000.– und Erledigung solcher Prozesse durch Abstand oder Vergleich;
13. die Organisation des Sammel- und Abfuhrdienstes . . .;
14. die Organisation des Verkaufes der KEZO-Erzeugnisse;
15. der Abschluss von Lieferungsverträgen, die nicht in die Kompetenz des Betriebsleiters fallen;
16. die Festsetzung folgender Gebühren und Preise nach den Richtlinien der Betriebskommission:

    a) Abfuhrgebühren, sofern Einsammlung und Transport durch betriebseigene Fahrzeuge erfolgen;

    b) Verwertungsgebühren für Betriebsabfälle, die ausserhalb dem kommunalen Sammeldienst separat zugeführt werden;

    c) Preis für Kompost, Altmetall, Dampf und elektrische Energie u. ä. m.;

17. die Berichterstattung über Verbands- und Betriebsbelange zuhanden der Betriebskommission, der Gemeinden, der Öffentlichkeit;
18. die Bildung von Ausschüssen und Kommissionen ohne selbständige Verwaltungsbefugnis für besondere Aufgaben."

Die Statuten der anderen Zweckverbände mit Exektuviorgan enthalten in der Regel ähnliche Kompetenzvorschriften [324], die je nach Verbandszweck gewisse Modifikationen aufweisen können.

---

324 Vgl. z. B. Art. 21 lit. b und Art. 22 der Statuten Kehrichtbeseitigungsverband 2 § 12 der Statuten Spitalverband 1.

c) Das Beschlussverfahren

Die Geschäftsführung des Exekutivorgans des Zweckverbandes orientiert sich, wie in einzelnen kantonalen Gesetzen und in einigen der Zürcher Zweckverbandsstatuten ausdrücklich festgehalten wird, im allgemeinen an den entsprechenden Vorschriften des Exekutivorgans der Gemeinden [325]. In der Regel entscheiden die Exekutivorgane mit einfachem Mehr. Gelegentlich wird ihre Beschlussfähigkeit von der Anwesenheit einer bestimmten Anzahl von Mitgliedern abhängig gemacht [326].

3. Die Rechnungsprüfungskommission oder Kontrollstelle

Hat ein Verband finanzielle Kompetenzen, so bedarf er notwendigerweise, da er der Erfüllung von öffentlichen Aufgaben dient und dafür öffentliche Gelder beansprucht, wie jede Gemeinde auch einer Rechnungsprüfungskommission [327].

---

325 Vgl. die in Anm. 256 dieses Kapitels erwähnten kantonalen Gesetzesbestimmungen und Aargau: § 99 Abs. 2 Entwurf GG oder beispielsweise Art. 10 der Statuten Kehrichtbeseitigungsverband 2; Art. 10 Abs. 2 der Statuten Wasserversorgungsverband 5.

326 Vgl. z. B. § 21 der Statuten Kehrichtbeseitigungsverband 5 (die Beschlussfähigkeit des Ausschusses ist gegeben bei Anwesenheit von 4 Mitgliedern); Art. 5 der Statuten Altersheimverband 2 (die Beschlussfähigkeit der Betriebskommission ist bei Anwesenheit der Mehrheit der Mitglieder gegeben.)

327 Streiff, 80; Mettler, Gemeinderecht 41.

a) Die Bestellung der Rechnungsprüfungskommission

In den Zürcher Zweckverbänden amten häufig die Rechnungsprüfungskommissionen der beteiligten Verbandsgemeinden als Kontrollstellen der Verbände [328]. Meistens wird diese Aufgabe im Turnus von den Rechnungsprüfungskommissionen der Mitgliedergemeinden ausgeübt [329]. Selbstverständlich besteht die Möglichkeit, für die Rechnungsprüfung eine eigene Kommission einzusetzen [330]. Bei dieser Lösung ist aber zu beachten, dass eine klare personelle Trennung zwischen Verwaltung und Rechnungsprüfung eingehalten wird [331]. In Bestätigung dieser Regel wird in einzelnen Verbandsstatuten ausdrücklich vorgeschrieben, dass die Mitglieder der Rechnungsprüfungskommission nicht gleichzeitig dem Grundorgan des Verbandes angehören dürfen [332]. Die Mitglieder der Rechnungsprüfungskommission werden, sofern diese Aufgabe nicht dem Kontrollorgan einer Verbandsgemeinde übertragen wird, im allgemeinen vom Grundorgan gewählt [333]. In der Praxis wurde aber auch von anderen Lösungsmöglichkeiten Gebrauch gemacht [334]. Mit Ausnahme des

---

328 Z. B. Art. 11 der Statuten Abwasserreinigungsverband 1; § 23 der Statuten Abwasserreinigungsverband 3.

329 Vgl. z. B. Art. 11 der Statuten Abwasserreinigungsverband 1; Art. 11 der Statuten Abwasserreinigungsverband 5 („Als Rechnungsprüfungskommission amten die Rechnungsprüfungskommissionen der Gemeinden Fehraltorf und Russikon, und zwar beginnend mit derjenigen von Fehraltorf, abwechslungsweise für je eine ganze Amtsdauer".)

330 Z. B. Art. 15 der Statuten Abwasserreinigungsverband 8; Art. 16 der Statuten Kehrichtbeseitigungsverband 1.

331 RRB 2587/1966 (Genehmigung Regionalplanungsverband 3).

332 Z. B. Art. 15 Abs. 2 der Statuten Spitalverband 4; Art. 16 Abs. 3 der Statuten Spitalverband 6.

333 Vgl. vorn S. 168 und 170.

334 Gemäss Art. 15 Abs. 2 der Statuten Abwasserreinigungsverband 8 ordnen beispielsweise die Rechnungsprüfungskommissionen der Gemeinden Dietikon und Schlieren aus ihrer Mitte je zwei, die Rechnungsprüfungskommissionen der übrigen Verbandsgemeinden je einen Vertreter in die Rechnungsprüfungskommission des Verbandes ab; ähnlich Art. 8 der Statuten Abwasserreinigungsverband 10.

aargauischen Entwurfes zum Gemeindegesetz äussern sich die kantonalen Erlasse über die Rechnungsprüfung bei Zweckverbänden nicht. Nach dem aargauischen Vorschlag besteht die Kontrollstelle aus geeigneten, der Abgeordnetenversammlung nicht angehörenden natürlichen Personen, wobei auch der Beizug einer Treuhandgesellschaft statthaft ist [335].

b) Die Kompetenzen der Rechnungsprüfungskommission

Nach der Mehrzahl der Zürcher Verbandsstatuten hat die Rechnungsprüfungskommission die Voranschläge, die jährlichen Verbandsrechnungen und die besonderen Ausgabenbeschlüsse und Bauabrechnungen zuhanden der zuständigen Organe der Verbandsgemeinden auf ihre Richtigkeit bzw. finanzielle Angemessenheit und ihre Gesetzmässigkeit zu prüfen [336]. Dabei wird regelmässig auf die kantonalen Vorschriften über die Rechnungsprüfungskommission der Gemeinden verwiesen und ihre sinngemässe Anwendung postuliert. Im aargauischen Entwurf zum Gemeindegesetz wird der Kontrollstelle die Aufgabe zugewiesen, die Rechnungen des Gemeindeverbandes alljährlich zu überprüfen und über das Ergebnis schriftlichen Bericht zu erstatten [337]. Es ist also grundsätzlich davon auszugehen, dass die Rechnungsprüfungskommission des Zweckverbandes nach den für die entsprechenden Organe der Gemeinden geltenden Regeln neben der Jahresrechnung auch den Voranschlag zu prüfen hat. Gerade für dieses Verbandsorgan drängt sich eine sinngemässe Anwendung der Kommunalvorschriften, insbesondere aber des § 135 des Zürcher Gemeindegesetzes, der die Kompetenzen der kommunalen Rechnungsprüfungskommission umschreibt, auf [338].

---

335 Aargau: § 100 Abs. 1 Entwurf GG.

336 Vgl. z. B. Art. 20 der Statuten Abwasserreinigungsverband 23.

337 Aargau: § 100 Abs. 2 Entwurf GG.

338 Vgl. dazu RRB 4783/1967, der die in § 12 Abs. 1 der Statuten Schulverband 16 auf die Prüfung der Jahresrechnung beschränkte Kompetenz der Verbandsrechnungsprüfungskommission auch auf die Prüfung des Voranschlages ausdehnt. — Zur Anwendung der Vorschriften des Gemeindegesetzes auf die Rechnungsprüfungskommission des Zweckverbandes vgl. vorn S. 98.

4. Weitere Verbandsorgane

Besondere Aufgaben des Verbandes können speziellen, weiteren Verbandsorganen zur Erledigung übertragen werden. Diese Möglichkeit einer Organisationserweiterung wird in einzelnen Statuten ausdrücklich erwähnt [339]. In der Regel haben diese zusätzlichen Ausschüsse oder Kommissionen aber keine selbständigen Verwaltungsbefugnisse, d. h. ihre Tätigkeit ist eher beratender Natur und ihre Beschlüsse bedürfen jedenfalls der Genehmigung des Grund- oder Exekutivorgans; auch der Vollzug ihrer Beschlüsse ist einem der beiden genannten grundlegenden Verbandsorgane übertragen.

5. Die Stellung der Verbandsfunktionäre

Auf die Angestellten und Beamten eines Zweckverbandes, wie z. B. der Klärwärter oder der Betriebsleiter einer Kehrichtverbrennungsanlage sowie deren Hilfskräfte, ist das kantonale Beamtenrecht, insbesondere aber die Vorschriften für die Gemeindebeamten anzuwenden [340]. Die Regelung der Anstellungs- und Besoldungsverhältnisse ist im allgemeinen Sache des Grundorgans des Zweckverbandes [341].

---

339 Z. B. § 9 der Statuten Spitalverband 1; Art. 14 lit. b Ziff. 18 der Statuten Kehrichtbeseitigungsverband 1; Art. 3 lit. d der Statuten Kirchenzweckverband 10.

340 Pfisterer, 182.

341 Vgl. vorn S. 168 f. und z. B. Art. 5 der Statuten Abwasserreinigungsverband 14.

5. Kapitel

DIE FINANZIERUNG DES VERBANDSZWECKES

I. Die Finanzierungsarten des Zweckverbandes

Die Regelung der Mittelbeschaffung des Zweckverbandes gehört zum notwendigen Inhalt der Verbandsstatuten [1]. Enthalten sie keine Vorschriften über die Finanzierung des Verbandszweckes, so sollte die kantonale Genehmigung dafür nicht ausgesprochen werden [2], da sich die Verbandsgemeinden über ein Essentiale der Zweckverbandsvereinbarung nicht geeinigt haben. Die Frage der Beitragsleistungen an die Verbandsaufgabe ist eines der heikelsten Probleme der Verbandsgründung und wird immer wieder Anlass zu Unstimmigkeiten zwischen den Mitgliedergemeinden geben. Da die Finanzierung des Zweckverbandes, insbesondere aber die Verteilung der Finanzlasten unter die beteiligten Gemeinden, einen massgebenden Einfluss auf die Verbandsorganisation hat, soll in diesem Kapitel kurz auf diesen Problemkreis eingetreten werden. Die Darstellung wird sich im wesentlichen auf die von der Praxis entwickelten Finanzierungsarten und deren Einfluss auf die Verbandsorganisation beschränken. Nach dem aargauischen Entwurf zum Gemeindegesetz werden die zur Erfüllung des Verbandszweckes erforderlichen Mittel

„a) durch Leistungen der Verbandsgemeinden nach den in den Satzungen festgelegten Grundsätzen;

b) durch Beiträge des Bundes, des Kantons und Dritter;

c) durch Gebühren;

d) durch die Aufnahme von Darlehen, Anleihen und Krediten" [3]

aufgebracht. Diese kantonale Vorschrift umfasst u. E. alle denkbaren und zulässigen Finanzierungsmöglichkeiten der Verbandsaufgabe, die im folgenden etwas genauer untersucht werden sollen.

---

1   Vgl. vorn S. 86.
2   Blumenstein, Finanzmittel 5.
3   Aargau: § 101 Entwurf GG.

1. Die Beiträge der beteiligten Gemeinden

Da Zweckverbände ausschliesslich zur Erfüllung von öffentlichen Aufgaben, insbesondere aber zur gemeinschaftlichen Erledigung von Kommunalaufgaben, eingesetzt werden [4], werfen sie im allgemeinen keinen Gewinn ab [5]. Die Gewinnstrebigkeit bzw. Eigenwirtschaftlichkeit steht nur bei öffentlichen Dienstleistungsbetrieben in der Form eines Zweckverbandes, wie z. B. der Betrieb einer gemeinsamen Autobuslinie [6], stärker im Vordergrund. Bei den übrigen Zweckverbänden müssen andere Möglichkeiten der Verbandsfinanzierung gesucht werden. Selbstverständlich wird dabei in erster Linie auf die Verbandsgemeinden zurückgegriffen, deren Beitragspflicht in der Mitgliedschaft begründet ist. Ein Teil der kantonalen Gesetze verweist ausdrücklich auf diese Pflicht der Mitgliedergemeinden [7]. Auch in den Ländergesetzgebungen der Bundesrepublik Deutschland ist regelmässig die Finanzierung der Verbandsaufgabe durch die beteiligten Gemeinden vorgesehen [8]. Alle uns bekannten Zweckverbände des Kantons Zürich haben ebenfalls eine Beteiligung der Verbandsgemeinden an den Bau- und Betriebskosten des durch den Verband betriebenen gemeinsamen Werkes statuiert [9].

---

4   Vgl. vorn S. 31.

5   Seydel, 122.

6   Zweckverband (Verschiedenes 9).

7   Bern: Art. 143 Abs. 1 GG; Freiburg: Art. 16 Abs. 1 ZVG; Aargau: § 101 lit. a Entwurf GG; Zug: § 116 Abs. 1 Entwurf GG.

8   Vgl. z. B. Baden-Württemberg: § 16 Abs. 1 ZVG; Bayern: Art. 43 Abs. 1 KZG; Hessen: § 19 Abs. 1 KGG; Nordrhein;Westfalen: § 19 Abs. 1 KGG.

9   Vgl. z. B. Art. 17 und 18 der Statuten Abwasserreinigungsverband 2; Art. 25 und 41 der Statuten Kehrichtbeseitigungsverband 4; Art. 22 und 26 der Statuten Wasserversorgungsverband 3; Ziff. 8 der Statuten Schulverband 1; Art. 29 und 37 der Statuten Spitalverband 10; Art. 25 und 31 der Statuten Altersheimverband 7; Art. 6 der Statuten Amtsvormundschaftsverband 1; Art. 18 und 29 der Zweckverbandsstatuten (Verschiedenes 1).

2. Benützungsgebühren und Beiträge sowie privatrechtliche Leistungen

Nach der Mehrzahl der kantonalen Gesetze sind die Zweckverbände berechtigt, von den Benützern des Gemeinschaftswerkes Gebühren zu erheben [10]. Die Voraussetzungen und die Höhe dieser Gebühren richten sich nach den im öffentlichen Recht geltenden Regeln. Auch in den Zürcher Zweckverbänden wird von der Möglichkeit der teilweisen Verbandsfinanzierung durch Gebühren und Beiträge der Benützer Gebrauch gemacht [11]. In diesen Zusammenhang gehören auch die Taggelder von Spitalpatienten [12] oder die Taxen von Altersheiminsassen [13]. Ferner ist es denkbar, dass ein Zweckverband einen Teil seiner Mittel aus privatrechtlichen Rechtsgeschäften, wie z. B. dem Verkauf von Klärschlamm zu Düngzwecken, aufbringt.

3. Subventionen

Einzelne kantonale Gesetze verweisen im Zusammenhang mit der Regelung der Verbandsfinanzierung auch auf die Möglichkeit der Staatsbeiträge oder Subventionen [14]. Nach dem Zweckverbandsgesetz des Kantons Freiburg sollen solche

---

10 Bern: Art. 143 Abs. 1 GG; Freiburg: Art. 16 Abs. 3 ZVG; Neuenburg: Art. 80 GG; Waadt: Art. 125 GG; Aargau: § 101 lit. c und § 102 Abs. 1 Entwurf GG; Zug: § 116 Abs. 1 Entwurf GG. – In der Ländergesetzgebung der Bundesrepublik Deutschland gibt es ähnliche Vorschriften; vgl. z. B. Bayern: Art. 43 Abs. 4 KZG; Hessen: § 20 KGG; Nordrhein-Westfalen: § 19 Abs. 3 KGG.

11 Z. B. Art. 14 lit. b Ziff. 16 lit. a und b der Statuten Kehrichtbeseitigungsverband 1 (Gebühren); § 27 der Statuten Schulverband 6 (Beiträge).

12 Z. B. Art. 15 lit. o der Statuten Spitalverband 6.

13 Z. B. Art. 13 Ziff. 16 der Statuten Altersheimverband 6.

14 Bern: Art. 143 Abs. 1 GG; Freiburg: Art. 16 Abs. 2 ZVG; Aargau: § 101 lit. b Entwurf GG; Zug: § 116 Abs. 1 Entwurf GG.

Beiträge dem Verband direkt ausbezahlt werden [15]. Ob der Zweckverband direkt als Subventionsempfänger auftritt, wird u. E. aber im allgemeinen durch die gesetzlichen Grundlagen des Bundes und der Kantone bestimmt [16]. Das Subventionsrecht des Bundes und der Kantone bevorzugt häufig Gemeinschaftseinrichtungen von Gemeinden [17], oder macht solche Leistungen von der Bereitschaft zur Zusammenarbeit der begünstigten Gemeinde abhängig [18]. Damit haben Bund und Kantone ein äusserst wirksames Mittel in den Händen, um die Gemeinden vermehrt zu kooperativem Verhalten zu veranlassen. Auch in einem Teil der Zürcher Zweckverbandsstatuten wird auf die Möglichkeit der Verbandsfinanzierung durch Staatsbeiträge verwiesen [19].

4. Fremdkapital

Nur in einigen wenigen kantonalen Zweckverbandserlassen [20] wird ausdrücklich erwähnt, dass der Zweckverband Darlehen und Kredite aufnehmen kann. Häufiger findet sich dagegen in den Zweckverbandsstatuten des Kantons Zürich die Befugnis zur Beschaffung von Bankkrediten und Darlehen unter den Kompetenzvorschriften des Grund- oder Exekutivorgans.[21]

---

15 Freiburg: Art. 16 Abs. 2 ZVG.
16 Vgl. dazu Pfisterer, 234 f.
17 Pfisterer, 231.
18 Vgl. dazu das in Anm. 28 des 1. Kapitels erwähnte Beispiel des Kantons Zürich.
19 Vgl. z. B. Art. 28 der Statuten Abwasserreinigungsverband 15: „Staatsbeiträge sind, soweit sie den Gemeinden nicht direkt ausgerichtet werden, den einzelnen Verbandsgemeinden auf Anrechnung an ihre Kostenanteile gutzuschreiben".
20 Z. B. Freiburg: Art. 16 Abs. 3 ZVG und Aargau: § 101 lit. d Entwurf GG.
21 Z. B. Art. 11 lit. a Ziff. 4 der Statuten Abwasserreinigungsverband 7; Art. 14 lit. b Ziff. 9 der Statuten Kehrichtbeseitigungsverband 1.

II. Zur Frage der Steuerhoheit des Zweckverbandes

In einem vorangehenden Kapitel [22] wurde dem Zweckverband das Wesensmerkmal der Allzuständigkeit abgesprochen und damit das grundlegende Unterscheidungskriterium für Gemeinde und Zweckverband herausgearbeitet. Bereits *Blumenstein* [23] stellte fest, dass dem Zweckverband keine Gebietshoheit zukomme und dass ihm deshalb auch keine Steuerhoheit, die als Teil der Gebietshoheit zu betrachten sei, zugebilligt werden dürfe. Zum gleichen Schluss gelangt man auch auf Grund der positiven Steuergesetzgebung, welche regelmässig die Gemeinden, bzw. die Einwohnergemeinden zur Erhebung von Steuern ermächtigt. Entsprechende Kompetenzvorschriften für den Zweckverband fehlen sowohl in den kantonalen Steuergesetzen als auch in den allgemeinen Zweckverbandsregelungen. Da zum Schutz der Steuerpflichtigen dem Grundsatz der Gesetzmässigkeit im Steuerrecht eine besondere, durch Praxis und Theorie stets neu bestätigte Bedeutung zukommt [24], darf dem Zweckverband mangels ausdrücklicher gesetzlicher Ermächtigung keine eigene Steuerberechtigung zuerkannt werden. Diese Ansicht findet in einem Teil der kantonalen Zweckverbandsvorschriften ihre ausdrückliche Bestätigung [26]. Anders stellt sich aber das Problem, wenn die Verbandsgemeinden einem Zweckverband die Kompetenz zur Festsetzung und Erhebung von Steuern übertragen wollen. In der Praxis des Kantons Zürich finden sich verschiedene Verbände, die unter anderem für die beteiligten Gemeinden Steuern festsetzen und erheben. Dazu gehören einmal der Verband der stadtzürcherischen evangelisch-reformierten Kirchgemeinden,

---

22 Vgl. vorn S. 43.

23 Blumenstein, Finanzmittel 3.

24 Vgl. dazu Imboden, Verwaltungsrechtsprechung 100 f.

25 Freiburg: Art. 16 Abs. 4 ZVG („Er kann keine Steuern beziehen"); Neuenburg: Art. 80 GG („Le syndicat intercommunal n'a pas le droit de lever des impôts"); Waadt: Art. 125 GG („L'association de communes n'a pas le droit de lever des impôts"); Zug: § 113 2. Satz („Das Recht zur Erhebung von Steuern steht ihm dagegen nicht zu"). – Die Gesetze der Länder der Bundesrepublik Deutschland enthalten ähnliche Bestimmungen; vgl. z. B. Baden-Württemberg: § 16 Abs. 3 ZVG; Hessen: § 20 KGG; Nordrhein-Westfalen: § 19 Abs. 3 KGG.

der Verband der evangelisch-reformierten Kirchgemeinden der Stadt Winderthur und der Verband der römisch-katholischen Kirchgemeinden der Stadt Zürich [26] sowie ein Teil der Friedhofverbände [27]. Die Zulässigkeit der Übertragung der den Gemeinden zustehenden Kompetenzen zur Festsetzung und Erhebung von Steuern auf einen Zweckverband wurde in den regierungsrätlichen Genehmigungsbeschlüssen [28] und in der Literatur [29] nicht nur für einzelne Zwecke, sondern auch für den gesamten Finanzhaushalt der Gemeinden immer wieder anerkannt. Mit dem Hinweis auf § 16 des Zürcher Gemeindegesetzes, wonach die Gemeinden, d. h. die Zivilgemeinden, die Schulgemeinden und die Kirchgemeinden, unter anderem die Erhebung der Steuern den politischen Gemeinden übertragen oder sich mit ihnen über die Aufstellung gemeinsamer Organe für diese Aufgabe einigen können, wurde diese Praxis gerechtfertigt [30]. Immerhin erscheint uns die Feststellung des Zürcher Regierungsrates: „In finanzieller Hinsicht ist festzuhalten, dass dem Friedhofverband, im Gegensatz zu den meisten Zweckverbänden, das Recht übertragen ist, zur Bestreitung seiner Ausgaben selbständig Steuern zu erheben" [31], zweideutig, da sie zu wenig klar zum Ausdruck bringt, dass der Zweckverband nicht über eine eigene Steuerhoheit verfügt.

---

26 Kirchenverbände 1, 2, 3.
27 Friedhofverbände 3, 4, 8.
28 Z. B. RRB 371/1967 (Genehmigung Friedhofverband 8).
29 Rübel, 171 ff.; Mettler, Gemeinderecht 42; Schmid, 366.
30 Mettler, Gemeinderecht 42.
31 RRB 371/1967 (Genehmigung Friedhofverband 8).

III. Die Beitragspflicht der Gemeinden

1. Die Beiträge der Gemeinden als subsidiäres Finanzierungsmittel

Aus einem Teil der kantonalen Kommunalgesetze geht deutlich hervor, dass die Verbandsfinanzierung durch Beiträge der Verbandsgemeinden als subsidiäre Leistungspflicht der Verbandsmitglieder zu verstehen ist [32]. Das bedeutet praktisch, dass der Verband, falls er über eigene Einnahmen verfügt, von den Verbandsgemeinden nur dann Beiträge einfordern kann, wenn dies zur Deckung des Finanzbedarfes des Zweckverbandes notwendig ist [33].

2. Der Verteilungsschlüssel

In anderem Zusammenhang wurde bereits erkannt, in welchem Mass die Beitragsleistungen der Verbandsgemeinden die Verbandsorganisation beeinflussen können. Dies gilt in erster Linie für die Vertretungsstärke der Verbandsgemeinden im Grundorgan, die in einzelnen Verbänden durch die finanzielle Belastung der einzelnen Gemeinde durch den Verband bestimmt wird [34]. Ferner kann die Höhe der Beitragsleistungen auch einen Einfluss auf die Mehrheitsbildung bei Verbandsbeschlüssen haben [35]. An dieser Stelle sollen aber nur die Kriterien, nach welchen die Beitragsleistungen der Verbandsgemeinden berechnet werden, ausführlicher zur Darstellung ge-

---

32 Vgl. z. B. Bern: Art. 143 Abs. 1 GG; Zug: § 116 Abs. 1 Entwurf GG. — In allen uns bekannten Gesetzen der deutschen Bundesländer wird diese Pflicht der Verbandsmitglieder ausdrücklich als subsidiäres Deckungsmittel umschrieben; vgl. z. B. Baden-Württemberg: § 16 Abs. 1 ZVG; Bayern: Art. 43 Abs. 1 KZG; Hessen: § 19 Abs. 1 KGG; Nordrhein-Westfalen: § 19 Abs. 1 KGG.

33 Rehm, 62.

34 Vgl. vorn S. 164 f. und 166.

35 Vgl. vorn S. 146 f.

langen. Soweit sich die kantonalen Gesetze dazu äussern und ihre Bemessung nicht den Verbandsstatuten überlassen, ist für die Berechnung die Steuerkraft der Verbandsgemeinden zu berücksichtigen [36]. Nach den Gesetzen der deutschen Bundesländer sollen die Beitragsleistungen in der Regel nach dem Verhältnis des Nutzens bemessen werden, den die Verbandsmitglieder aus der Erfüllung der Aufgaben durch den Zweckverband haben [37]. Es besteht aber auch die Möglichkeit, auf die Leistungskraft der einzelnen Gemeinde, insbesondere auf ihre Steuerkraft, oder auf ihre Grösse, d. h. auf die Einwohnerzahl, oder auf den konkreten Aufwand der Gemeinschaftsanlage für die einzelne Mitgliedergemeinde abzustellen [38]. In der zürcherischen Praxis werden dem Verteilungsschlüssel für die Verbandskosten in den Abwasserreinigungsverbänden die von den Gemeinden zuzuleitenden Abwassermengen oder die effektiven bei Trockenwetter zugeleiteten Abwassermengen [39] zugrunde gelegt; in den Kehrichtbeseitigungsverbänden gilt für die Baukosten eine Verhältniszahl, die sich zu einem Drittel aus der Einwohnerzahl, zu einem Drittel aus dem abgelieferten Kehricht und zu einem Drittel aus der Steuerkraft errechnet [40], und für das Betriebsdefizit die effektiv zugeführte Kehrichtmenge [41]. Bei den Wasserversorgungsverbänden wird die zu beziehende oder effektiv bezogene Wassermenge [42], bei den Schulverbänden die effektive Schülerzahl [43], die Steuererträge [44] oder eine Kombination der beiden Werte [45] oder die Einwohnerzahl [46] berücksichtigt. Bei den Spital- und Altersheim-

---

36   Bern: Art. 143 Abs. 2 GG.

37   Z. B. Bayern: Art. 43 Abs. 2 KZG; Hessen: § 19 Abs. 1 KGG; Nordrhein-Westfalen: § 19 Abs. 1 KGG.

38   Bayern: Art. 43 Abs. 2 KZG; Nordrhein-Westfalen: § 19 Abs. 1 KGG.

39   Z. B. Art. 20 der Statuten Abwasserreinigungsverband 4; Art. 17 der Statuten Abwasserreinigungsverband 5; Art. 23 und 28 der Statuten Abwasserreinigungsverband 10.

40   Z. B. Art. 23 der Statuten Kehrichtbeseitigungsverband 1.

41   Z. B. Art. 38 der Statuten Kehrichtbeseitigungsverband 1.

42   Z. B. § 26 und 38 der Statuten Wasserversorgungsverband 2.

43   Z. B. Ziff. 8 Abs. 2 der Statuten Schulverband 1.

44   Z. B. § 19 der Statuten Schulverband 7.

45   Z. B. Art. 26 Abs. 2 der Statuten Schulverband 8.

46   Z. B. Art. 10 der Statuten Schulverband 11.

verbänden basieren die Beitragsleistungen der Verbandsgemeinden je zu einem Drittel auf der Einwohnerzahl, der Steuerkraft und der Zahl der Pflegetage für ihre Einwohner [47] und bei den Amtsvormundschaftsverbänden auf der Einwohnerzahl, dem Staatssteuerertrag und der Zahl der betreuten Fälle je zu einem Drittel [48]. Zusammenfassend ist also festzuhalten, dass für die Berechnung der Beitragsleistungen bei der Mehrzahl der Verbände auf die effektive Leistung der Gemeinschaftsanlage für die einzelne Gemeinde abgestellt wird. Daneben gibt es aber auch Beispiele, in welchen die Grösse der einzelnen Gemeinde bzw. ihre Einwohnerzahl und, im Sinne eines freiwilligen Finanzausgleichs, ihre Steuerkraft berücksichtigt werden.

---

[47] Z. B. § 13 der Statuten Spitalverband 1; Art. 30 der Statuten Altersheimververband 3.

[48] Z. B. Art. 6 der Statuten Amtsvormundschaftsverband 1.

6. Kapitel

WÜRDIGUNG UND KRITIK: AUSBAUMÖGLICHKEITEN UND GRENZEN DES ZWECKVERBANDES

Die folgenden Ausführungen beziehen sich im wesentlichen auf die Verhältnisse im Kanton Zürich. Diese Einengung des Gesichtswinkels ergibt sich aus der Tatsache, dass der Untersuchung fast ausschliesslich Beispiele aus der zürcherischen Zweckverbandspraxis zugrunde liege. Im Rahmen dieser Arbeit muss sich daher eine kritische Würdigung hauptsächlich auf die Ausgestaltung der Zürcher Zweckverbandsorganisation beschränken.

I. Würdigung der heutigen Rechtslage

Den vorangehenden Kapiteln ist zu entnehmen, dass der Zweckverband für die gemeinsame Erfüllung einer Vielzahl von Gemeindeaufgaben Verwendung gefunden hat. Auf fast allen Gebieten der kommunalen Tätigkeit wird der Zweckverband zur Bewältigung gemeinsamer Probleme eingesetzt [1]. Er kann daher als das vielseitigste öffentlich-rechtliche Instrument der interkommunalen Zusammenarbeit bezeichnet werden. Seine Stärke liegt in der Anpassungsfähigkeit seiner Organisation an die Bedürfnisse der verschiedensten Verbandszwecke [2]. Die knappen gesetzlichen Grundlagen gewähren den Gemeinden grösste Freiheit in der Ausgestaltung der Verbandsorganisation. Ein Teil der untersuchten Verbände kommt mit einem minimalen organisatorischen Aufwand aus. So besteht in vielen Zweckverbänden nur ein einziges Verbandsorgan, das der Verwirklichung des Verbandszweckes dient [3]; die Kontrolle der Verbandsrechnung und des Voranschlages wird in diesen Beispielen häufig der ordentlichen Rechnungsprüfungskommission einer Verbandsgemeinde übertragen [4].

---

1   Vgl. vorn S. 37 ff.
2   Vgl. dazu Bericht Zürich, 1875 f.
3   Vgl. vorn S. 160.
4   Vgl. vorn S. 178.

Andere Verbände — in der Hauptsache jene mit zahlreichen Mitgliedern — weisen dagegen eine mehrstufige Organisation mit Grund- und Exekutivorgan sowie einer eigenen Rechnungsprüfungskommission und eventuellen weiteren Verbandsorganen auf [5]. — Die Statuten einzelner Zweckverbände beschränken sich auf wenige Bestimmungen [6], andere enthalten eine ausführliche Regelung der interkommunalen Beziehung [7].

In der Regel wird der Zweckverband nur für einzelne Kommunalaufgaben eingesetzt; Mehrzweckverbände sind selten [8] und werden vermutlich auch in Zukunft keine grosse Verbreitung finden, da die Komplexität der Rechtsbeziehungen mit der Übertragung mehrerer Aufgaben auf einen neuen Rechtsträger zunimmt und deshalb eine freiwillige Übereinkunft zwischen den Verbandsgemeinden nur schwer zu erreichen sein wird.

II. Kritik der heutigen Lösung

1. Die Unüberschaubarkeit der interkommunalen Rechtsbeziehungen

Die Untersuchung der Zürcher Zweckverbände hat ergeben, dass sich die interkommunale Zusammenarbeit in gewissen Gebieten des Kantons häuft und dort zu vielfältigen Überlagerungen und Verflechtungen geführt hat, die auch von den direkt beteiligten Gemeinden oder gar vom einzelnen Bürger nicht mehr zu überschauen sind [9].

---

5   Vgl. vorn S. 149.

6   Die Statuten des Schulverbandes 1 bestehen beispielsweise aus 10 Artikeln. — Vgl. dazu auch hinten S. 215 ff.

7   Dem Kehrichtbeseitigungsverband 3 liegt eine Vereinbarung von 86 Artikeln zugrunde. — Vgl. dazu auch hinten S. 199 ff.

8   Vgl. vorn S. 36 f.

9   G. Häberling, Zweckverbände als staatspolitische Hypothek?, NZZ vom 31. 10. 1974 479/45.

Dass eine solche Entwicklung aus Gründen der Klarheit des staatlichen Aufbaus und der Rechtssicherheit einer gewissen Korrektur oder Lenkung bedarf, muss nicht weiter begründet werden. Es hat sich unterdessen auch herausgestellt, dass eine Vielzahl von sich überlagerndernden Organisationsformen nicht zur Effizienz der lokalen Verwaltung beiträgt.

2. Mangelhafte gesetzliche Grundlagen

Die als Vorteil gepriesene Elastizität der Zweckverbandsorganisation in den Kantonen mit knappster Regelung des Zweckverbandsrechts hat auch ihre Kehrseite. Soll dieses Instrument der interkommunalen Zusammenarbeit intensiver verwendet werden, so sind u. E., entgegen der Meinung des Zürcher Regierungsrates [10], aus Gründen der Rechtssicherheit dringend ausführlichere Rechtsgrundlagen zu fordern [11]. Der Ansicht des Regierungsrates ist im übrigen entgegenzuhalten, dass eine detailliertere Ordnung im Sinne von Rahmenbestimmungen die Freiheit der Gemeinden bei der Ausgestaltung der Verbandsorganisation nicht einschneidend zu beschränken braucht [12]. Wichtigstes Postulat für eine neue Gesetzgebung ist die Formulierung eines Mindestinhaltes der Verbandsstatuten, insbesondere aber die Pflicht zur genauen Umschreibung des Verbandszweckes, zur Regelung der Finanzierung der Verbandsaufgabe sowie des nachträglichen Beitritts, Austritts und der Auflösung des Verbandes. Ferner sollte das Problem der möglichen Verbandspartner, insbesondere aber die Beteiligungsmöglichkeit des Kantons grundsätzlich neu überdacht werden [13]. Ebenso müsste die Frage der Haftung und des Rechtsschutzes durch ausführliche gesetzliche Grundlagen eindeutig geklärt werden. — Alle diese Forderungen an eine neue gesetzliche Ordnung des Zweckverbandsrechts haben den Sinn, die Gemeinden in ihren Bemühungen um eine selbständige Bewältigung ihrer Aufgaben zu unterstützen. Klare gesetzliche Grundlagen vergrössern das Vertrauen der potentiellen Verbandspartner in den Zweckverband als Institution der Zusammenarbeit; sie vermeiden Unklarheiten in den interkommunalen Rechtsbeziehungen und damit auch Streitigkeiten beim Vollzug der Verbandsaufgabe.

---

10   Bericht Zürich, 1875 f.
11   Vgl. dazu die in Anm. 9 des 4. Kapitels zitierten kritischen Stimmen.
12   Vgl. vorn S. 101 f.
13   Vgl. vorn S. 27 f.

Mit dem Postulat einer umfassenderen gesetzlichen Regelung soll die beratende und koordinierende Funktion, die heute von der Zürcher Direktion des Innern bei der Ausarbeitung von Zweckverbandsstatuten geleistet wird, nicht herabgewürdigt werden. Ausführlichere Rechtsgrundlagen würden jedoch ihre Arbeit erleichtern und den Lösungen eine gewisse Konstanz verleihen.

3. Die ungenügende Veröffentlichung der Zweckverbandsstatuten

Einen Teil der Schwierigkeiten im Bereich der interkommunalen Zusammenarbeit ist auf die mangelnde Publikation der Verbandsgrundlagen zurückzuführen. Da im Kanton Zürich die Statuten nicht allgemein zugänglich sind, haben die Gemeinden oft keine Kenntnis von bestehenden interkommunalen Rechtsbeziehungen. Wollen sie sich über die möglichen Organisationsformen für eine bestimmte Verbandsaufgabe informieren, so können sie diese Auskunft nur von der kantonalen Direktion des Innern erhalten, die alle genehmigten Vereinbarungen registriert. Die Zugänglichkeit der Zweckverbandsstatuten könnte durch eine mit der regierungsrätlichen Genehmigung verbundenen Publikationspflicht im Amtsblatt erleichtert werden. Eine kantonale Veröffentlichung würde den Vorwurf, dass dem Zweckverband „Geheimbundcharakter" zukomme, weitgehend entschärfen.

4. Die Schwerfälligkeit des Zweckverbandes als Instrument der interkommunalen Zusammenarbeit

Für grundlegende Änderungen der Verbandsstatuten, insbesondere für Änderungen der Verbandsaufgabe bedarf es nach heutiger Ausgestaltung des Zweckverbandsrechts der Zustimmung aller Verbandsgemeinden [14]. Das Erfordernis der Einstimmigkeit erweist sich in manchen Fällen als Hindernis einer leistungsfähigen Zusammenarbeit. Deshalb werden von der Theorie die notwendigen Rechtsgrundlagen gefordert, um „dem Zweckverband einerseits durch Mehrheitsentscheid von seiten

---

14   Vgl. vorn S. 90 ff.

der Gemeinden und anderseits von seiten des Kantons neue Aufgaben" übertragen zu können [15]. Dieser Lösungsvorschlag ist dem Zweckverbandsrecht nicht völlig fremd, da er eine gewisse Verwandtschaft mit dem Institut des sogenannten Zwangsverbandes aufweist; er ist daher als Möglichkeit zur Verbesserung der zwischengemeindlichen Zusammenarbeit denkbar. Allerdings müsste ein solcher Zweckverband einem Regionalverband ähnlich organisiert, d. h. mit gewissen minimalen demokratischen Mitwirkungsrechten ausgestattet sein, um dem Erfordernis des demokratischen Aufbaus der Gemeinwesen zu genügen.

5. Das Problem der Beschränkung der demokratischen Rechte durch Übertragung von Gemeindeaufgaben auf einen Zweckverband

Die Verbandsstruktur bedingt in den Verbandsgemeinden zwangsläufig eine gewisse Einschränkung der demokratischen Mitwirkungsrechte der einzelnen Stimmbürger [16]. Der Mangel einer ausgebildeten demokratischen Organisation des Zweckverbandes lässt es aber als zweifelhaft erscheinen, ob dieses Institut für die Erfüllung aller überörtlichen Aufgaben geeignet sei [17]. Der Ausschluss der demokratischen Rechte würde beispielsweise beim vielschichtigen Problem der Landesplanung negativ ins Gewicht fallen, da jede planerische Massnahme von einer Mehrheit der Betroffenen getragen werden muss. — In letzter Zeit mehren sich die Stimmen, welche die Gefährlichkeit oder sogar Verfassungswidrigkeit einer solchen Entwicklung aufzeigen und sich mit aller Deutlichkeit gegen Organisationsformen wenden, die den Stimmbürger zum „Stummbürger" werden lassen [18]. Nach *Weber* [19] erweckt jede Übertragung von Kommunalaufgaben auf einen Zweckverband Bedenken, da diese „der bürgerschaftlichen Mitwirkung entfremdet und einer in der Substanz andersartigen esoterischen Besorgung durch Fachtechniker anheimgegeben" werden, „die zu den Vorstellungen der kommunalen Selbstverwaltung nur noch eine entfernte Beziehung hat".

---

15 Fleiner, 25.

16 Bericht Zürich, 1870 und vorn Anm. 177 des 4. Kapitels.

17 Jagmetti, 392.

18 So wörtlich G. Häberling (zit. in Anm. 9 dieses Kapitels).

19 Struktur, 43.

6. Das Ungenügen der Zweckverbandsorganisation zur Erfüllung von komplexen Aufgaben

a) Die Lösung der Probleme der Agglomeration

Im Einzugsgebiet einer Agglomeration, wo die politischen Gemeinden durch ihre örtliche Ausdehnung dicht aufeinander gerückt sind, ist die Erfüllung der meisten Kommunalaufgaben durch die gegenseitige Verflechtung so komplex geworden, dass eine zweckmässige Erledigung oft nicht mehr auf der Grundlage eines einfachen und freiwilligen Zweckverbandes erfolgen kann [20]. Die unterschiedliche Interessenlage von Vorortsgemeinden und Grossstadt verunmöglicht häufig eine Lösung auf freiwilliger Basis [21]. Dieser Tatsache ist man sich in der Bundesrepublik Deutschland schon seit längerer Zeit bewusst geworden und hat in einzelnen Fällen die Probleme des Grossstadtumlandes durch die Schaffung eines auf besonderem Gesetz beruhenden Verbandes gelöst [22]. Auf dem Weg der gesetzlichen Verbandsbildung können widerspenstige Gemeinden zur Zusammenarbeit gezwungen und ein die Gesamtsituation des Verbandsgebietes berücksichtigender Ausgleich der Interessen erreicht werden. Die spezialgesetzliche Grundlage ermöglicht eine den vielfältigen Bedürfnissen angemessene organisatorische Ausgestaltung des Verbandes, für die das allgemeine Zweckverbandsrecht nur ein ungenügendes Organisationsschema zur Verfügung stellen würde. Die gesetzliche Individuallösung ist also für die Bewältigung komplexer Situationen der freiwilligen Koordination vorzuziehen [23].

---

20 Wennemar Haarmann, Stand und Probleme des Raumordnungsrechts, DVBl. 78 (1963) 842.

21 Duvenbeck, 32; Loschelder, Ordnung 532.

22 Vgl. vorn S. 14.

23 Für die Verhältnisse des Grossraumes Hannover vgl. Loschelder, Ordnung 532.

b) Zur Frage der Eignung des Zweckverbandes für Planungsaufgaben

Gemäss § 8 a des zürcherischen Baugesetzes für Ortschaften mit städtischen Verhältnissen vom 23. 4. 1893 können sich mehrere Gemeinden zur Aufstellung und Durchführung eines Bebauungsplanes für ein grösseres Gebiet zu einem Verband vereinigen. Aus der historischen Entwicklung des Baugesetzes muss auch die Übertragung der gesamten Zonenplanung auf einen Zweckverband als zulässig erkannt werden, wobei aber die zu delegierenden Planungsinstrumente in der Vereinbarung einzeln aufzuführen sind. Diese Bedingung ergibt sich aus dem durch das Gemeinderecht formulierten Grundsatz, dass der Zweckverband nur der Erfüllung von einzelnen Zweigen der Gemeindeverwaltung dienen könne [24]. Bei den uns bekannten drei Regionalplanungsverbänden wurde die Verbandstätigkeit auf die Aufstellung und Ergänzung eines gemeinsamen Bebauungsplanes beschränkt [25], d. h. in concreto die Errichtung eines Verkehrslinienplanes [26]. Für die Tätigkeit eines „echten Planungsverbandes", d. h. eines Verbandes, der sowohl die Vorbereitung und Zielsetzung als auch die Verwirklichung des Planes übernimmt, fehlen dem Zürcher Zweckverband vorläufig die notwendigen gesetzlichen Grundlagen. Vor allem mangelt es an einer ausdrücklichen Ordnung des Rechtsschutzes und der Verbandsfinanzierung [27]. Als echtes Planungsinstrument wird der Zweckverband im Kanton Zürich erst verwendbar sein, wenn die erwähnten Rechtsfragen, sei es durch Spezialgesetz oder durch das Gemeindegesetz, geregelt sind. – Nach *Gygi* [28] ist dagegen der bernische Ge-

---

24 Natsch, 167.

25 Ausdrücklich § 3 der Statuten Regionalplanungsverband 1. – In den Statuten der Regionalplanungsverbände 2 und 3 ist diese Aufgabe nicht ausdrücklich erwähnt. Gestützt auf ihre gleichlautenden §§ 3 können die beiden Verbände weitere, im Zweckartikel nicht genannte Aufgaben der Orts- und Regionalplanung übernehmen. Da sich die Zweckverbandsvereinbarung auch ausdrücklich auf § 8 a des Baugesetzes beruft, ist nach den Ausführungen des regierungsrätlichen Genehmigungsbeschlusses die Aufstellung eines Bebauungsplanes für ein grösseres Gebiet ebenfalls als Verbandszweck zu betrachten, obwohl diese Aufgabe in den Statuten nicht erwähnt wird (vgl. RRB 727/1966; RRB 2587/1966).

26 Natsch, 170.

27 Natsch, 169.

28 S. 149.

meindeverband bei Ausschöpfung aller rechtlichen Möglichkeiten eine taugliche Organisationsform der Regionalplanung. Da die Region als neue Verwaltungseinheit vermutlich „doch vor allem das Warten auf die ideale Organisationsform, mit der endlich die Lösung der anstehenden überörtlichen Raumordnungsprobleme gelingen wird", symbolisiere, sei vorläufig der bereits erprobte Zweckverband für Planungsaufgaben dieser Art einzusetzen [29]. Ferner hofft man, mit der Verwendung des Zweckverbandes für Planungszwecke eine harmonische Entwicklung der Region einzuleiten [30]. – In der Bundesrepublik Deutschland wird dagegen von der Praxis die Tauglichkeit des allgemeinen Zweckverbandes für die Bewältigung der Raumordnungsprobleme in Zweifel gezogen [31]. In einem Teil der sogenannten Ballungsräume wurden deshalb, wie bereits erwähnt, durch besondere Gesetze Verbände geschaffen.

III. Schlussfolgerungen

Die kritische Auseinandersetzung mit dem Institut des Zweckverbandes lässt sich in folgender Erkenntnis über seine Verwendungsmöglichkeiten zusammenfassen: Der freiwillige Zweckverband eignet sich zur Lösung einzelner, überschaubarer und genau definierter Gemeinschaftsaufgaben von Gemeinden ähnlicher Grösse und Interessenlage [32]. Für die Koordination komplexer Rechtsbeziehungen, insbesondere die Raumordnung einer Agglomeration, genügen seine organisatorischen Möglichkeiten nicht. Der Gesetzgeber hat für die Bewältigung solcher Aufgaben neue Rechtsformen zu schaffen. Dabei ist aber zu bedenken, dass der heute noch überschaubare Aufbau der Kantone nicht durch eine Vielzahl von neuen Rechtsgebilden und interkommunalen Rechtsbeziehungen in Frage gestellt werden sollte [33]. U. E. ist in die-

---

29 Gygi, 144.

30 Fleiner, 25.

31 Hans Jürgen v. d. Heide, Zum Bericht der Sachverständigenkommission für die Vereinfachung der Verwaltung, II. Kommunalpolitische Vorschläge, DÖV 13 (1960) 248; Loschelder, Ordnung 531.

32 Vgl. dazu Duvenbeck, 32.

33 Gutachten über die Finanzreform, 85 N. 324; Weber, Struktur 42 f.

sem Zusammenhang die Meinung von *Werner Weber* zu beachten, wonach es widersprüchlich wäre, „um einer vermeintlich besseren Anpassung der kommunalen Struktur an die Anforderungen der Raumordnung willen unbedenklich die Universalität der kommunalen Grundkörperschaften zugunsten interkommunaler Träger von Spezialaufgaben zu durchlöchern und schliesslich aufzulösen"[34]. Des weitern ist erwiesen, dass eine, wegen mangelnder Leistungsfähigkeit in ihrer Existenz grundsätzlich bedrohte Gemeinde auch durch Gründung von Zweckverbänden auf lange Sicht nicht zu retten ist. In solchen Fällen kann nur eine Neugliederung, insbesondere aber die Verschmelzung mit anderen Gemeinden, der Notlage grundlegend abhelfen[35]. Auch die Probleme einzelner Grossgemeinden sind u. E. nur durch eine kommunale Neuordnung zu bewältigen; auf diese Weise kann eine den konkreten Bedürfnissen angemessene Lösung gefunden werden. In diesem Zusammenhang ist auch daran zu erinnern, dass das Mittel der Eingemeindung heute nicht mehr jene abschreckende Wirkung hat, welche dieses Verfahren für lange Zeit ausser Gebrauch kommen liess[36].

---

34 Weber, Struktur 43.

35 Fritz Ossenbühl, Rechtliches Gehör und Rechtsschutz im Eigemeindungsverfahren, DÖV 22 (1969) 548.

36 Weber, Struktur 44; Haarmann (zit. in Anm. 20 dieses Kapitels), 842.

ANHANG

Vereinbarung

zwischen

den Politischen Gemeinden Bäretswil, Bauma, Bubikon, Dürnten, Fehraltorf, Fischenthal, Gossau, Greifensee, Grüningen, Hinwil, Hittnau, Illnau, Jona, Mönchaltorf, Pfäffikon, Rapperswil, Russikon, Rüti, Seegräben, Uster, Volketswil, Wald, Weisslingen und Wetzikon (nachstehend Verbandsgemeinden genannt)

Verbandsbildung

über

den Zweck und die Aufgaben des Gemeindeverbandes für den gemeinsamen Bau und Betrieb von Abfallbeseitigungsanlagen.

Gestützt auf den Staatsvertrag zwischen den Regierungen der Kantone Zürich und St. Gallen vom 6. Juli und 21. August 1961 vereinbaren die eingangs erwähnten Gemeinden was folgt:

A. Zusammenschluss und Zweck

I. Zusammenschluss

Art. 1

Die Verbandsgemeinden bilden unter der Bezeichnung

„Zweckverband Kehrichtverwertung Zürcher Oberland"

(nachstehend KEZO benannt) auf unbestimmte Dauer einen Zweckverband mit Rechtspersönlichkeit, im Sinne von Art. 52 Abs. 2 ZGB.

Art. 2

Der Sitz der KEZO befindet sich in Hinwil.

Sitz

II. Aufgaben der KEZO

Art. 3

Die KEZO bezweckt den gemeinsamen Bau und Betrieb von Abfallbeseitigungsanlagen.

Aufgaben

Art. 4

Die KEZO ist verpflichtet,

— sämtliche in der Anlage verarbeitbaren Abfälle zu übernehmen, soweit diese aus Betriebssicherheits- und Umweltschutzgründen nicht von der Annahme ausgeschlossen sind.

— die Bestrebungen für die Rückführung von wieder verwertbaren Abfällen in den Produktionskreislauf massgeblich zu fördern.

— auf Grund allfälliger Beschlüsse der Delegiertenversammlung weitere Aufgaben auf dem Gebiet der Abfallbeseitigung zu übernehmen.

Art. 5

Die Organisation des Sammel- und Abfuhrdienstes, sowie die Bereitstellung der hiefür notwendigen Fahrzeuge erfolgt durch die Verbandsgemeinden oder in deren Auftrag durch die KEZO. Die Anschaffung und der Betrieb der Fahrzeuge kann vertraglich an Privatunternehmen delegiert werden.

Art. 6

Die Einteilung des Verbandsgebietes in Sammelkreise erfolgt durch die KEZO.

B. Organisation

I. Allgemeine Bestimmungen

Art. 7

Organe   Die Organe der KEZO sind

1. *Verbandseigene Organe*

    a) die Delegiertenversammlung
    b) der Verwaltungsrat
    c) die Rechnungsprüfungskommission

2. *Kommunale Verbandsorgane*

    a) die gemäss Gemeindeordnungen zuständigen Behörden
    b) die Stimmberechtigten der Verbandsgemeinden, bzw. der Grosse Gemeinderat

II. Die Delegiertenversammlung

Art. 8

Die Delegiertenversammlung setzt sich zusammen aus Delegierten der Verbandsgemeinden.

Die Mitglieder des Verwaltungsrates sind an der Delegierten-Versammlung nicht stimmberechtigt.

Die Zahl der den einzelnen Verbandsgemeinden zustehenden Delegierten richtet sich nach der Einwohnerzahl, anlässlich der letzten eidgenössischen Volkszählung.

Auf je 7000 Einwohner oder einen Bruchteil davon entfällt ein Delegierter.

Verbandsgemeinden unter diesem Quorum haben das Recht auf einen Delegierten.

Die Anpassung der Delegiertenzahl erfolgt auf Grund der letzten Volkszählung auf die nächstfolgende Wahl der Verbandsorgane.

Delegiertenversammlung

Art. 9

Die Wahl der Delegierten, deren Stellvertreter und die Nachwahl gem. Art. 14 erfolgt durch die zuständigen Behörden der Verbandsgemeinden auf die gesetzliche Amtsdauer der Gemeindebehörden. Die Delegiertenversammlung konstituiert sich unter dem Vorsitz des Gemeindepräsidenten von Hinwil innert drei Monaten nach Bestellung der zürcherischen Gemeindebehörden.

Als Aktuar amtet der Sekretär des Verwaltungsrates.

Die Delegiertenversammlung ist beschlussfähig, wenn die Mehrheit der Gemeinden vertreten ist.

Wahl, Konstituierung und Beschlussfähigkeit

Art. 10

Der Delegiertenversammlung stehen zu:

Aufgaben

a) Die Oberaufsicht über die KEZO-Verwaltung

b) die Antragstellung über die Abänderung dieser Vereinbarung zu Handen der Verbandsgemeinden

c) die Aufnahme neuer Verbandsgemeinden, Festsetzung der Einkaufsgebühren und Abschluss von unbefristeten Übernahmeverträgen, resp. Verträgen, welche länger als ein Jahr dauern

d) die Wahl des Präsidenten des Zweckverbandes nach den Vorschriften von § 76 des zürcherischen Wahlgesetzes. Der Gewählte ist zugleich Präsident des Verwaltungsrates.

Die Vorschläge sind nicht an den Kreis der Delegierten gebunden. Sofern die Delegiertenversammlung nichts anderes beschliesst, ist der Gewählte Vorsitzender derselben

e) die Wahl von sechs weiteren Mitgliedern des Verwaltungsrates. Die Vorschläge sind nicht an den Kreis der Delegierten gebunden.

f) den Erlass einer Geschäftsordnung für die Delegiertenversammlung

g) die Wahl von fünf Mitgliedern der Rechnungsprüfungskommission

h) die Begutachtung der Vorlagen und Anträge an die Verbandsgemeinden

i) die Genehmigung von Ausbauprojekten und Baukostenvoranschlägen zur Weiterleitung an die Verbandsgemeinden, sofern die Beschlussfassung diesen vorbehalten ist

k) der Erlass von Richtlinien für den Sammeldienst

l) die Genehmigung der Voranschläge

m) die Abnahme der Verbandsrechnungen, der besonderen Bauabrechnungen, des Schlüssels für die Kostendeckung und des Geschäftsberichtes

n) die Krediterteilung für neue, einmalige Ausgaben und Nachtragskredite bis zu einem Betrag von Fr. 1'000'000.– pro Fall. Ausgenommen von der Kreditbegrenzung ist die Anschaffung von Fahrzeugen für die Durchführung des Sammeldienstes. Gegen Ausgabebeschlüsse von mehr als Fr. 300'000.– können die gemäss Gemeindeordnung zuständigen Behörden Einspruch erheben. Sofern mehr als 1/3 der Verbandsgemeinden innert 6 Wochen (von der Beschlussfassung an gerechnet) Einsprache erheben, gilt die entsprechende Kreditvorlage als an die Delegiertenversammlung zur endgültigen Beschlussfassung zurückgewiesen

o) die Beschlussfassung über jährlich wiederkehrende Ausgaben im Betrag von über Fr. 20'000.– im Einzelfall, jedoch höchstens zum Gesamtbetrag von Fr. 50'000.– jährlich

p) die Erhebung von gerichtlichen Klagen bei Streitwerten von über Fr. 100'000.– und die Erledigung derartiger Prozesse durch Abstand oder Vergleich

q) die Festsetzung von Taggeldern, festen Vergütungen und Entschädigungen an die Mitglieder der Verbandsorgane, sowie der Erlass eines Besoldungsreglementes.

Art. 11

Die Delegiertenversammlung tritt zusammen:

a) zur Abnahme der Verbandsrechnungen und des Geschäftsberichtes, jährlich bis Ende Mai
b) zur Abnahme des Voranschlages, jährlich bis Ende Oktober
c) auf spezielle Anordnung des Verwaltungsrates
d) auf Verlangen von vier Verbandsgemeinden innert drei Monaten.

Art. 12

Die Erledigung von Geschäften die der Delegiertenversammlung zustehen, kann auf schriftlichem Weg erfolgen, sofern keine der zuständigen Gemeindebehörden die Behandlung an einer Delegiertenversammlung verlangt.

Art. 13

Die Delegierten der Verbandsgemeinden an der Delegiertenversammlung sind zur Stimmabgabe verpflichtet.   Stimmpflicht

Art. 14

In den Verwaltungsrat gewählte Delegierte sind der Stellung als Gemeindevertreter enthoben. Auf diese Weise den betroffenen Verbandsgemeinden verloren gegangene Delegierte sind nach der Konstituierung zu ersetzen.   Unvereinbarkeit von Doppelmandaten

Art. 15

Bei Stimmengleichheit in der Delegiertenversammlung steht dem Präsidenten derselben der Stichentscheid zu.

III. Der Verwaltungsrat

Art. 16

Verwaltungs- und Vollzugsorgan ist der Verwaltungsrat. Er setzt sich aus sieben Mitgliedern zusammen und konstituiert sich — mit Ausnahme des Präsidenten — selbst.   Verwaltungsrat Konstituierung

Art. 17

Beschlussfähigkeit

Der Verwaltungsrat ist beschlussfähig, wenn mindestens vier Mitglieder anwesend sind.

Bei Stimmengleichheit gilt derjenige Antrag als angenommen, für den der Vorsitzende gestimmt hat.

Die Mitglieder sind zur Stimmabgabe verpflichtet.

Art. 18

Verantwortung des Verwaltungsrates

Der Verwaltungsrat trägt ausser den ihm durch diese Vereinbarung im einzelnen übertragenen Aufgaben insbesondere auch die Verantwortung für:

a) Im allgemeinen:
1. die Führung der Verbandsgeschäfte, soweit sie nicht ausdrücklich einem anderen Organ übertragen sind
2. die Vorbereitung und Antragstellung zu den Geschäften der Delegiertenversammlung
3. die Vertretung des Zweckverbandes nach aussen
4. die Überwachung der verbandseigenen Anlagen
5. die Wahl und die Abberufung der Geschäftsleitung, der Betriebsleitung, des Sekretärs und des Rechnungsführers
6. die Anstellung und Entschädigung des Personals im Rahmen der Besoldungsverordnung
7. die Ausführung der Beschlüsse der Delegiertenversammlung
8. die Organisation des Sammel- und Abfuhrdienstes im Sinne von Art. 4–6
9. der Abschluss von Verträgen mit Bezügern von Produkten der Werkanlagen
10. der Abschluss von Verträgen mit einer Dauer von weniger als einem Jahr mit ausserregionalen Abfall-Lieferanten im Rahmen der Anlagenkapazität
11. die Bildung von Kommissionen ohne selbständige Verwaltungsbefugnis für besondere Aufgaben
12. die Prüfung und Abklärung wesentlicher Belange des Umweltschutzes im Rahmen der Zweckverbandsbestimmungen.

b) In finanzieller Beziehung:
1. die Überwachung des Betriebes und des Sammeldienstes in organisatorischer und wirtschaftlicher Hinsicht
2. die Ausarbeitung von Berechnungsgrundlagen für eine gerechte Lastenteilung zwischen den Verbandsgemeinden, zu Handen der Delegiertenversammlung
3. die Erstellung von Betriebs- und Sammeldienstrechnungen und der Voranschläge zu Handen der Rechnungsprüfungskommission und der Delegiertenversammlung, bzw. der Verbandsgemeinden
4. Beschlussfassung über die im Voranschlag enthaltenen Ausgaben, soweit sie zu ihrem Vollzug nicht eines besonderen Beschlusses der übergeordneten Verbandsorgane bedürfen
5. die Beschlussfassung über Ausgaben ausserhalb des Voranschlages, welche die zwingende Folge der Bestimmungen dieser Vereinbarung oder besonderen Beschlüssen der Delegiertenversammlung, von gesetzl. Vorschriften oder richterlichen Urteilen sind
6. die Beschlussfassung über dringliche, unaufschiebbare Ausgaben, die zur Aufrechterhaltung des Betriebes notwendig sind
7. die Beschlussfassung über neue, einmalige Ausgaben, die im Voranschlag nicht enthalten sind und pro Jahr Fr. 200'000.— nicht übersteigen, ausg. Zif. 18b5 und 18b6
8. die Beschlussfassung über neue, jährlich wiederkehrende Ausgaben bis zu Fr. 20'000.— im Einzelfall, ausgenommen Besoldungen
9. die Erhebung gerichtlicher Klagen bei Streitwerten bis zu Fr. 100'000.— und Erledigung solcher Prozesse durch Abstand oder Vergleich
10. die Verwaltung des Verbandsvermögens und die Beschaffung von Bankkrediten
11. die Festsetzung folgender Gebühren und Preise nach den Richtlinien der Delegiertenversammlung:
    a) Abfuhrgebühren, sofern Einsammlung und Transport durch betriebseigene Fahrzeuge erfolgen
    b) Verwaltungsgebühren für Betriebsabfälle, die ausserhalb des kommunalen Sammeldienstes separat zugeführt werden
    c) Deponiegebühren
    d) Preise für Kompost, Altmetalle, Dampf, elektrische Energie u. a. m.

12. die Festsetzung des Kapitaldienst-Anteiles bei Gebühren, die nicht über die Verbandsgemeinden verrechnet werden.

d) Im Rahmen von Bauprogrammen:
1. die Aufsicht über die Detailprojektierung und deren Genehmigung, sowie der Verkehr mit den Projektverfassern, den zuständigen Behörden und Instanzen
2. die freihändige oder zwangsrechtliche Erwerbung von Grund und Rechten
3. die Vergebung von Arbeiten und Lieferungen
4. die Überwachung der Bauausführung im Rahmen des Projektes und der Kredite
5. die Geltendmachung der Staats- und Bundesbeiträge
6. die Verabschiedung der Baurechungen zu Handen der Rechnungsprüfungskommission und der Delegiertenversammlung
7. der Vollzug des jährlichen Baukostenausgleiches

Der Verwaltungsrat ist berechtigt, die vorstehend genannten Aufgaben ganz oder teilweise seiner Geschäftsleitung zu übertragen.

Art. 19

Unterschriftsberechtigung

Rechtsverbindliche Unterschrift für den Zweckverband, die Delegiertenversammlung und den Verwaltungsrat führt der Verbandspräsident (im Verhinderungsfall der Vizepräsident) in Verbindung mit dem Sekretär. Der Verwaltungsrat kann weitere Unterschriftsberechtigungen festlegen.

IV. Die Rechnungsprüfungskommission

Art. 20

Rechnungsprüfungskommission

Die Delegiertenversammlung wählt fünf Mitglieder der Rechnungsprüfungskommission, die mit dem Rechnungswesen der Gemeinden, der Verwaltung und der industriellen Betriebsführung vertraut sein müssen. Sie dürfen weder dem Verwaltungsrat, noch der Delegiertenversammlung angehören.
Die Rechnungsprüfungskommission konstituiert sich selbst. Sie ist ermächtigt, dem Verwaltungsrat, oder der Delegiertenversammlung, den Beizug einer Revisionsgesellschaft, technischer oder verwaltungsfachlicher Experten zu beantragen.

Art. 21

Die Rechnungsprüfungskommission hat die Voranschläge, die jährlichen Verbandsrechnungen, die Bauabrechnungen, die Kostenteiler, sowie alle weiteren Anträge des Verwaltungsrates gemäss Art. 10, Zif. i, n, o, p und q, vor deren Vorlage an die Delegiertenversammlung auf ihre Richtigkeit und Gesetzmässigkeit zu prüfen und hierüber schriftlich Antrag zu stellen.

Aufgaben

V. Befugnisse der Organe der Verbandsgemeinden

Art. 22

Den zuständigen Gemeindeorganen obliegen:

Verbandsgemeinden, Zuständigkeit

a) die ihnen durch diese Vereinbarung im einzelnen übertragenen Befugnisse

b) die Beschlussfassung über neue Ausgaben und Nachtragskredite, soweit sie die Ausgabenbefugnisse der Delegiertenversammlung übersteigen (vgl. Art. 10, Abs. i und n).

Art. 23

Ein in die Befugnisse der beteiligten Verbandsgemeinden fallender Verbandsbeschluss gilt als gültig zustande gekommen, wenn er die Zustimmung der zuständigen Organe von 2/3 der Verbandsgemeinden gefunden hat. Derartige Beschlüsse sind auch für die nichtzustimmenden Verbandsgemeinden verbindlich.

Verbindlichkeit

C. Ausbau der Anlagen

I. Grundlagen und Verlegung der Baukosten

Art. 24

Der Ausbau der Abfallbeseitigungsanlagen erfolgt auf Grund eines durch die Verbandsgemeinden, bzw. durch die zuständigen Verbandsorgane genehmigten und mit einem Kostenvoranschlag versehenen, allgemeinen Bauprojektes, sowie eines zu diesem Projekt gehörenden Berichtes des Verwaltungsrates.

Baugrundlage

Art. 25

Baukosten

Als Baukosten gelten alle Aufwendungen für die baulichen und betrieblichen Einrichtungen im Rahmen des Projektes.

Sie umfassen insbesondere:

a) die Kosten der Grundlagenbeschaffung, Projektierung und Bauleitung, Begutachtung, Bodenuntersuchungen, Erwerb von Grund und Rechten, Erschliessung, Abgaben, Lieferungen und Arbeiten, soweit sie mit dem Ausbau im Zusammenhang stehen
b) die mit der Betriebserweiterung zusammenhängenden Personalkosten
c) die Zinsen des Baukredites bis zum Abschluss der Baurechnung
d) die einschlägigen Verwaltungskosten bis zur Inbetriebnahme der Ausbauten.

Art. 26

Baukostenteiler

Die Baukosten ab Jahrgang 1972 (KVA II) werden entsprechend dem Abfallgewicht der Verbandsgemeinden unter Berücksichtigung des Heizwertzuschlages und allenfalls weiterer Faktoren auf die Verbandsgemeinden aufgeteilt.

Art. 27

Die Investierungen in die Abfallbeseitigungsanlage inkl. KVA I werden während 25 Jahren nach Genehmigung des ersten Baukostenteilers durch die Delegiertenversammlung, auf Grund der Abfallmenge jeder Verbandsgemeinde vom Vorjahr, zuzüglich Heizwertzuschlag ausgeglichen.

Die Nettobaukosten werden während dieser Zeit jährlich um 1/25 reduziert.

Die Abrechnung hierüber erfolgt gleichzeitig mit den übrigen Verbandsrechnungen in einer für die Verbandsgemeinden übersichtlichen Darstellung.

Art. 28

Subventionen

Die Verteilung der Subventionen auf die einzelnen Verbandsgemeinden erfolgt nach den Grundsätzen des jeweiligen Subventionsgebers.

Art. 29

Die Verbandsgemeinden sind verpflichtet, dem Verband ihre Baukostenanteile auf Grund der approximativen Berechnung im Rahmen des Baufortschrittes zu leisten. Für verspätete Zahlungen wird ein Zins zum jeweiligen Zinssatz der Zürcher Kantonalbank für Gemeindedarlehen verrechnet.

Zahlungsfrist und Zinsberechnung

II. Bauvorschriften und Rechtsverhältnisse

Art. 30

Der Verwaltungsrat setzt entsprechend dem Bauprogramm den Baubeginn fest, nachdem er sich versicht hat, dass:

Baubeginn

a) der Regierungsrat des Kantons Zürich das Projekt genehmigt und einen allfälligen Staatsbeitrag zugesichert hat

b) die technischen Vorarbeiten beendet sind

c) der Verband über die erforderlichen Bewilligungen und Rechte verfügt

d) die Baufinanzierung gesichert ist.

Art. 31

Für die Vergebung von Arbeiten und Lieferungen finden die Bestimmungen der kantonalzürcherischen Submissionsverordnung sinngemäss Anwendung. Handel und Gewerbe der Verbandsgemeinden sind soweit als möglich zu berücksichtigen.

Arbeitsvergebung

Art. 32

Die Gemeinde Hinwil verzichtet gegenüber der KEZO auf die Erhebung aller Abgaben, von denen öffentliche Unternehmungen befreit sind.

Verzicht auf Abgaben

D. Betrieb der Anlagen

I. Allgemeine Grundsätze

Art. 33

Der Verwaltungsrat setzt den Zeitpunkt der Übernahme von Anlagen und Bauten fest.

Inbetriebnahme

Art. 34

Hygienische Betriebsbelange

Die Anlagen und Bauten sind so zu betreiben und zu unterhalten, dass weder in gesundheits- und gewässerpolizeilicher, noch in anderer Hinsicht Übelstände entstehen. Alle vermeidbaren, lästigen Einwirkungen auf die Umgebung sind durch geeignete Massnahmen zu verhindern.

Art. 35

Richtlinien für den Sammeldienst

Um den Betrieb gefahrlos und rationell zu gestalten und den Bestimmungen lt. Art. 4–6 und 34 zu genügen, erlässt die Delegiertenversammlung verbindliche Richtlinien über die Abfallbeseitigung. Die Verbandsgemeinden sind verpflichtet, nötigenfalls für die örtlichen Dienste Vorschriften zu erlassen, die den Richtlinien entsprechen.

II. Betrieb und Betriebskosten

Art. 36

Betriebsführung

Der Betrieb der Anlagen untersteht der Betriebsleitung, entsprechend den Richtlinien des Verwaltungsrates.

Art. 37

Kostenbelastung

Der Verwaltungsrat sorgt für eine gerechte Belastung der Verbandsgemeinden

a) bei der Sammel- und Transportdienstrechnung durch einen Lastenausgleich auf Grund der registrierten Gewichte der durch den kommunalen Sammeldienst zugeführten Abfälle

b) bei der Betriebsrechnung auf Grund der registrierten Gewichte, des feststellbaren Heizwertes und allenfalls weiterer Faktoren der abgelieferten Abfälle.

Art. 38

Betriebskosten, Kapitaldienst

Die Rechnungsführung ist nach kaufmännischen Grundsätzen so zu gestalten, dass die jährlichen Betriebskosten für den Sammel- und Transportdienst und die Verwertung eine klare Übersicht über die Kostenfaktoren ergeben.

Verzinsung und Amortisation der durch die Verbandsgemeinden erbrachten Investierungen sind sinngemäss zu erfassen und diesen jährlich mitzuteilen.

Art. 39

Zur vorläufigen Deckung der Sammel- und Transportdienstkosten, sowie der Betriebskosten erhebt der Verwaltungsrat bei den Verbandsgemeinden einen entsprechenden Kostenvorschuss.

Vorläufige Kostendeckung

E. Verbandshaushalt

Art. 40

Die KEZO führt eigene Rechnungen nach Vorschriften des zürcherischen Gemeindegesetzes, unter Vorbehalt der nachfolgenden Bestimmungen.

Rechnungsführung

Art. 41

Der Verwaltungsrat stellt den Voranschlag auf und unterbreitet ihn der Rechnungsprüfungskommission zu Handen der Delegiertenversammlung.

Voranschlag

Art. 42

Die Verbandsgemeinden haben ihre Anteile innert 30 Tagen nach Zustellung der Zahlungsaufforderung zu begleichen. Für verspätete Zahlungen wird ein Zins entsprechend dem Zinssatz der ZKB für Gemeindedarlehen berechnet.

Zahlungsfrist

Art. 43

Die Verbandsrechnungen sind auf den 31. Dezember jeden Jahres abzuschliessen und so zu gestalten, dass sie eine klare Grundlage für die Kostenverlegung bilden.

Rechnungsabschluss

Art. 44

Der Verwaltungsrat hat die Verbandsrechnungen der Rechnungsprüfungskommission so rechtzeitig vorzulegen, dass diese bis Ende Mai jeden Jahres durch die Delegiertenversammlung behandelt werden kann.

Rechnungsabnahme

Art. 45

Geschäfts- und Betriebsleitung sind verpflichtet, die Betriebsdaten und die entsprechenden Kosten statistisch nachzuführen.

Statistik

Art. 46

Mittelbe-
schaffung

Für die Beschaffung der erforderlichen Geldmittel durch Vorausbezug bei den Verbandsgemeinden oder durch Bankkredite ist der Verwaltungsrat zuständig.

Art. 47

Einkaufsbe-
trägeteiler

Allfällige Leistungen neu hinzutretender Verbandsgemeinden sind entsprechend den bisherigen Baukostenanteilen den übrigen Verbandsgemeinden gutzuschreiben.

Art. 48

Nicht-
kommunale
Gebühren

Die Gebühren für Lieferungen, welche nicht über die Verbandsgemeinden verrechnet und mit einem Anteil für den Kapitaldienst belastet werden, sind der Betriebsrechnung gutzuschreiben.

F. Aufsicht und Rechtsschutz

Art. 49

Staatsaufsicht

Die KEZO steht nach Massgabe des zürcherischen Gemeindegesetzes unter Aufsicht des Staates.

Art. 50

Schiedsgericht

Streitigkeiten zwischen den beteiligten Verbandsgemeinden oder zwischen der KEZO und einer Verbandsgemeinde werden — sofern eine Verständigung in der Delegiertenversammlung nicht möglich ist — durch das in Art. 5 des Staatsvertrages zwischen den Kantonen Zürich und St. Gallen vom 6. Juli und 21. August 1961 vorgesehene Schiedsgericht entschieden.

G. Kündigungs- und Liquidationsbestimmungen

I. Austritt aus der KEZO

Art. 51

Austritt und
Kündigungs-
frist

Die Verbandsgemeinden können nach Ablauf von 25 Jahren nach dem Beitritt zur KEZO, unter Wahrung einer vorangehenden Kündigungsfrist von drei Jahren, auf das Ende eines Kalenderjahres aus der KEZO austreten.

Art. 52

Der vorzeitige Austritt einer Verbandsgemeinde ist nur zulässig, wenn der Zweck, für den die KEZO gegründet wurde, für die betreffende Verbandsgemeinde zur Hauptsache dahingefallen ist.

Vorzeitiger Austritt

Auch in diesem Fall beträgt die Kündigungsfrist drei Jahre.

Art. 53

Eine Verbandsgemeinde, die aus der KEZO austritt, hat keinen Anspruch auf Rückerstattung von Leistungen.

Rechtsanspruch bei Austritt

Erwächst der KEZO, bzw. den verbleibenden Verbandsgemeinden ein nachweisbarer Nachteil, so hat die austretende Verbandsgemeinde eine entspr. Entschädigung zu leisten. Diese wird im Streitfall durch das in Art. 50 dieser Vereinbarung erwähnte Schiedsgericht festgelegt.

II. Auflösung und Liquidation

Art. 54

Die Auflösung der KEZO ist nur mit Zustimmung aller Verbandsgemeinden möglich.

Auflösung

Art. 55

Die Liquidationsanteile der Verbandsgemeinden sind entsprechend ihrer Beteiligung an den Bau- und Anschaffungskosten festzulegen.

Liquidations-Anteile

Art. 56

Streitigkeiten über die KEZO-Auflösung und die Liquidation sind gemäss Art. 50 der Vereinbarung zu erledigen.

H. Schlussbestimmungen

I. Abänderungen

Art. 57

Abänderungen dieser Vereinbarung bedürfen der Zustimmung von 2/3 sämtlicher Verbandsgemeinden, sowie der Genehmigung durch die Regierungsräte der Kantone Zürich und St. Gallen.

Abänderung der Vereinbarung

II. Inkrafttreten

Art. 58

Inkrafttreten   Diese Vereinbarung tritt mit der Genehmigung durch die Regierungsräte der Kantone Zürich und St. Gallen in Kraft.

Genehmigt durch die Betriebskommission.

8340 Hinwil, 17. November 1973

VERTRAG

zwischen

der Schulgemeinde Dättlikon

und

der Schulgemeinde Pfungen

Zweck

Art. 1

Die Schulgemeinde Pfungen und die Schulgemeinde Dättlikon bilden einen Zweckverband zur Besorgung des Oberstufen-Schulwesens (Sekundar-, Real- und Oberschule).

Die Oberstufe wird gemäss den nachstehenden Bestimmungen von der Schulgemeinde Pfungen geführt.

Schüler

Art. 2

Die Schüler von Dättlikon haben das Recht zum Besuch der Oberstufe in Pfungen. Sie kommen in den gleichen Genuss der Wohlfahrtseinrichtungen der Oberstufe wie die Schüler von Pfungen.

Übertrittsverfahren

Art. 3

Die Aufnahme in die Oberstufe erfolgt nach einem der in § 3 der kantonalen Übertrittsordnung vom 11. Juli 1960 geregelten Verfahren. Das Verfahren wird von der Oberstufenschulpflege nach Anhören der beteiligten Schulpflegen bestimmt.

Oberstufenschulpflege

Art. 4

Als Oberstufenschulpflege amtet die Schulpflege Pfungen unter Mitwirkung von zwei von der Schulgemeinde Dättlikon durch die Urne auf Amtsdauer gewählten Vertretern von Dättlikon.

Die Vertreter von Dättlikon nehmen mit allen Rechten und Pflichten eines Schulpflegers an den Geschäften der Oberstufe teil. Es steht ihnen das Recht zur Einsichtnahme und Prüfung der Schulgutsrechnung zu. Sie werden vom Schulgut Pfungen besoldet.

Gemeindeversammlung. Besuchs- und Stimmrecht

Art. 5

Den Stimmberechtigten der Gemeinde Dättlikon steht das Besuchs- und Stimmrecht an den Schulgemeindeversammlungen in Pfungen in allen Geschäften der Oberstufe zu.

Lehrerwahlen

Art. 6

Die Wahl der Oberstufenlehrer erfolgt durch die Urne gemeinsam durch die Stimmberechtigten der Gemeinden Pfungen und Dättlikon.

Leitende Wahlbehörde ist die Wahlbehörde von Pfungen.

Publikationen

Art. 7

Die amtlichen Publikationen für die Oberstufe erfolgen durch die Publikationsorgane der Gemeinden Pfungen und Dättlikon.

Beitragsleistung von Dättlikon

Art. 8

Die jährliche Beitragsleistung der Gemeinde Dättlikon an das Schulgut Pfungen wird auf Fr. 4000.– festgesetzt.

Eine eventuelle Neufestsetzung bedarf der Abänderung des Vertrages mit Zustimmu[ng] beider Gemeinden. Dabei soll jederzeit auf die finanziellen Verhältnisse der Gemein[de] Dättlikon Rücksicht genommen werden.

Vertragsdauer

Art. 9

Dieser Vertrag ist auf vier Jahre fest, d. h. auf die Amtsdauer der Gemeindebehörden. Wird er nicht auf Ablauf einer Vertragsdauer gekündigt, so ist er auf je vier weitere Jahre verlängert.

Eine Kündigung hat ein Jahr vor Vertragsablauf bis spätestens 1. Mai zu erfolgen.

Vertragsbeginn

Art. 10

Der Vertrag tritt nach der Genehmigung durch den Regierungsrat mit Wirkung auf Beginn des Schuljahres 1962/63 in Kraft.

Er ersetzt den Vertrag zwischen der Primarschulgemeinde Dättlikon und der Schulgemeinde Pfungen vom 30. Dezember 1953.

Differenzen

Art. 11

Über allfällige Differenzen entscheidet die zuständige Oberbehörde.